誤りから学ぶ
教育に向けて

20世紀教育理論の再解釈

Learning
From
Our
Mistakes

H・J・パーキンソン
Henry J. Perkinson
平野智美
五十嵐敦子
中山幸夫【訳】

勁草書房

Translated from LEARNING FROM OUR MISTAKES :
A Reinterpretation of Twentieth Century Educational Theory,
by Henry J. Perkinson,
originally published in the English language
by Greenwood Press,
an imprint of Greenwood Publishing Group, Inc.,
Westport, CT, USA.

Translated and published in the Japanese language
by arrangement with Greenwood Publishing Group
through The English Agency (Japan) Ltd.

日本の読者へ

ニューヨーク大学の大学院クラスで、私は何度か日本からの留学生を担当したことがあります。私が彼らに誤りから学ぶ理論を紹介すると、彼らは懐疑的になります。彼らは日本の学校教育で、誤りは悪く、誤りは避けるべきである、と教えられたと私に語ります。

私たち人間はみな誤り易く、私たちの現在の知識が不十分であることに気づくと、彼らは私の理論に同意します。彼らが同意するのは、私たちの知識が不十分であり、その知識をより良い知識に成長させなければならない、と思うからです。また、私は彼らに、私たちの知識がいかに不十分で誤りに満ちているかを明らかにして、それを改善する理論と方法を提案します。要するに、私たち人間は誤りから学ぶ存在なのです。

日本からの留学生は、誤りは避けられるはずだと教えられてきたアメリカの学生たちと全く変わりません。アメリカの学生たちも、学生は教師が伝達する知識の受容者である、と信ずる教師によって教えられてきたのです。しかし、学生は決して知識の受容者ではありません。

私たちは、既存の知識の誤りと不十分さを明確にすることで、それを修正し、洗練しながら知識を創造することができるのです。知識はこうして成長するのです。その意味で、教師の役割は知識の成長を促進する環境を創造することです。知識伝達型の教師は知識の成長を促進するよりは、むしろ阻害するような環境を作り上げています。

私は二〇世紀の教育理論の再解釈を試みた私の理論を、日本の読者に提示できることを大変嬉しく思います。また、二一世紀において世界中の教師たちが、私の理論を実践してくれることを期待しています。

一九九九年五月

ニューヨーク大学名誉教授
ヘンリー・J・パーキンソン

謝　辞

本書において、私はカール・ポパー博士の哲学に基礎づけられた教育理論の解明を試みようとした。私の研究を激励してくれたポパー博士に心より感謝を捧げたい。ポパー博士の哲学に基づいた本書の内容についての責任はすべて私にあり、ポパー博士にないことは当然である。

本書の刊行に当たり、私は友人であり同僚でもある、ステファニー・エドガートン、クリスティーン・ニュストロム、ニール・ポストマンの三氏と多くの有益な討論の機会をもつことができた。また、マルティン・ハンブルグ、ゴードン・プラドルの両氏は、本書の草稿に目を通し、示唆に富む批評をしてくれた。とりわけ、誤りからの学習について私を手助けしてくれたニューヨーク大学の学生諸氏に感謝したい。

また、私の草稿を何度も辛抱強く、また的確に清書してくれたマリリン・コッピンジャー女史のご厚意に対しても、心から感謝申し上げたい。

終わりに、グリーンウッド出版社編集部の稀にみる卓越した技術と献身的な援助、並びに心遣いに対して、心から感謝申し上げる次第である。

序　文

教師であることが難しい時代である。

それは生徒や親、学校の管理者、教室の形態などが、かつてと比べて変わったことに理由があるのではない。私たちの教育についてのとらえ方が、今日でも変わらぬことが教師であることを難しくしているのである。担当するクラスの教育において、多くの教師たちが、一七世紀の教育概念ともいえる「教育の伝達理論」に固執している。そのような教師たちは、教育を印刷と同様の過程と見なしているのである。彼らは、教育を生徒に対する知識の伝達・注入としてとらえるのであり、これはまさに印刷機で文字を白紙に打ち込むようなものである。

教育の伝達理論は誤りであり、道徳的にも問題がある。教育とは、その本質において決して伝達の過程などではなく、またそうであってはならない。教師が教育を伝達の過程と見なすことは、生徒の人間性を否定し、教師自らが権威主義的人間となることである。

私たちが本当に必要としているのは、新しい教育の概念である。現に、私たちは身近にある新しいと思われる教育の概念——「成長としての教育」という概念——を知っている。しかし、実際には、それは新しい概念ではない。ルソー（J.J. Rousseau, 1712–78）が一八世紀に提唱したものである。それは一九世紀後半、デューイ（J. Dewey, 1859–1952）が進歩しつつあった生物学の影響のもとに人間の成長についての自然理論を発展させるまで、ロマン主義的でやや形而上学的な教育概念として残っていたものである。しかし、私はデューイの唱えた成長理論を理解するが故に、それが旧い伝達理論の新たな作り替えにすぎないと考えている。したがって、教師たちが教育を成長として語るとき、それらは通常彼らの心に浮かんだデューイの「伝達」理論についてなのである。

本書は、M・モンテッソーリ、J・ピアジェ、C・ロジャーズ、A・S・ニイル、B・F・スキナーらの業績に見られる、もうひとつの固有の成長理論について論じようとしたものである。私は、彼らに共通する教育理論を「誤りから学ぶ」こと、つまりダーウィン的教育理論であることを明らかにしたい。そのためには、これらの理論家たちの業績を解釈し直し、また彼らの思想を彼らの手法とは対極の方法で再構成しなければならない。なぜ、そのようなことをするのか。なぜ、これらの理論を解釈(ないし再解釈)などせず、創作者が提示したものを容認しようとしないのか。思うに、それは彼らの理論はそのすべてが教育的な実践としては成功であったが故に、解釈ないし再解釈されなければならないのである。

そして、このことがまた問題を引き起こすのである。

デューイの実験学校はうまくいっていた。同様にモンテッソーリ・メソッド、ニイルのサマーヒル学園、スキナーの行動修正、ロジャーズにおける学習者中心の教育学、そしてピアジェの認知発達に基づく教育実践もうまくいっていたのである。ここで、私の言いたいことは以下のことである。つまり、(うまくいくという)結果は、その実践が拠り所とする理論によって予測されていたということである。

しかし、これは同時に各々の理論が適切であったか否かを問い直すことでもある。各々の理論が一見して異なり、また互いに相入れないようでは、各理論は他の理論を拠り所とする実践の成功を説明することができない。同様に、スキナー理論で児童中心教育の成功を説明することもできないのである。デューイとニイルの教育理論は著しく異なるが、両者は、彼らの理論ではその成功を説明できないモンテッソーリの理論をともに厳しく批判していたのである。

これらは教育的には成功した実践であるが、その背景にある理論は極めて異なっている。こうした事実を直視しつつ、理論とはそもそも不十分なものである、と結論づけておこう。しかし、それだからと言って、私たちはこれらの理論を放棄する必要はない。私たちにとって必要なことは、これらの理論を再解釈することである。

私たちにとって、モンテッソーリ・クラスについてのより実験的な研究は必要ではない。モンテッソーリ・クラスはうまくいっているからである。私たちが本当に必要とするのは、モンテッソーリ・クラスがなぜうまくいっているかを説明し得る概念を分析することである。また、このこと以上に私たちが必要とするのは、ロジャーズ的な教育へのアプローチやニイルのサマーヒル、またスキナーのオペラント条件づけなどがうまくいく（いった）ことを説明できる理論である。

教育以外の学問領域では、第一級の理論家たちの業績は絶えず再検証されている。その典型的な例が自然科学であり、代表的な例としてはプトレマイオスの業績を再検証したコペルニクスの理論や、ニュートンの業績を再検証したアインシュタインの理論などがある。私たち教育者は、他の学問領域において引き継がれてきた、そうした方法に従うところから始めなければならない。

今こそ、今日の教育において当たり前となっている信仰至上主義を捨て去る時である。「あなたはデューイが好きで、彼女はロジャーズ、私はモンテッソーリだ」と教師たちは言う。そして、「私たちはそれぞれ教育への独自のアプローチをしている。どの理論が正当であるかなどについて議論することは無駄だ」と続けるのである。「実践者にとって有益な理論ならば何でも最高の理論である」。このように折衷主義的な教師たちもいる。彼らは種々の理論について、その最も気に入った部分を取捨選択し、彼らに合った「私の」教育理論を作り上げるのである。

これは一見すばらしく自由で開放的であるように思われるが、教育理論の選択が個人の好みの問題に帰着することは、多様な教育理論についての合理的評価が存在しないことを意味する。「あなたはデューイが好き、彼女はロジャーズ、彼はスキナーが好き」では、「彼女はコカコーラが好き、彼はルートビアー（訳注：アルコール分の少ないコーラに似た飲料）が好き」と同じようなものである。

もし教育理論が単に個人の好みの問題であるならば、私たちは自分の好きな飲み物や洋服、家具、ヘアースタイルを選ぶように、教育理論を選ぶであろう。ある者は現代風で、またある者は古風な教育理論を。しかし、誰もがそれらの理論について、その善し悪しを評価することはできないのである。そこには一時的な流行はあっても、進歩はない。

他の学問領域においては、それがたまたま満足のいくものであったからといってそれを理論として採用するようなことはしない。またアインシュタインとニュートン、コペルニクスとプトレマイオスのいずれか一つを選ぶようなこともしない。アインシュタインの理論を選ぶのは、それがニュートンの理論よりも優れているからである。

教育における信仰至上主義は、次のような状況でより複雑なものとして現れる。すなわち、例えばモンテッソーリの理論はある教育的状況や子どもたちにとって有効であり、またロジャーズの理論は他の教育的状況や他の子どもたちに対して有効である、と教育者たちが述べた場合である。そして、ある教育的状況ではモンテッソーリの理論が用いられ、また他の状況でロジャーズの理論が選ばれる理由は、モンテッソーリの理論がまず最初にうまく機能し、ロジャーズの理論が二番目にうまく機能するということである。

しかし、なぜなのか。なぜ、モンテッソーリやロジャーズの理論がある状況のもとではうまく機能し、他の状況下ではそうでないのか。

これを説明するためには、一段と高い論理性をもつ第三の理論が必要となる。つまり、その理論とは、モンテッソーリとロジャーズの理論を受容しつつ、それらの理論の本質と限界を説明しうるものといってよい。これはアインシュタインの理論がなぜニュートンの理論にまさっているかを説明する場合も同様である。つまり、ニュートン理論を受容しつつ、その限界についても明らかにして、ニュートン理論の本質とその限界を説明するのである。教育理論を進化させることが私の希望であり、教育実践を成功に導いてきたこれまでの諸理論を再解釈する新しい教育理論の構築によってこのことを達成できれば、と考えている。

本書における私の命題は、二〇世紀の教育理論が、実のところ今まで正当に認められず分析が不十分であった理論、すなわちメタ理論が「誤りから学ぶ」というダーウィン的理論を共有していたことを明らかにすることである。ダーウィン的理論は、教育内容や教育目的についての新しい概念だけでなく、生徒、そして教師の役割についての新しい概念をも含むのである。

目次

目次

第一部　隠喩と常識

第一章　教育の三つの隠喩

「教育に関する論文ほど無益で、ある種の退屈さをもたらすものはない」とエマーソン（R.W. Emerson,1803-82）は書いている。教育に関する集会や講演、制度なども同様である。エマーソンが不満を抱いたように、まさに「教育」という言葉そのものが、冷たく、絶望的な響きをもつのである。

エマーソンの指摘は正しい。大半の人々は、教育が退屈な仕事であることに同意する。しかし、なぜであろうか。教育をめぐる話合いはなぜそれほど退屈なのか。教育に関する書物はうっとうしいものなのか。教育者は面白味のない人間なのか。この仕事には固有の退屈さがあるのか。

多分そうなのであろう。

しかし、別の説明も可能である。私は次のように考える。つまり、教育的話題に対する物憂い反応とは、実際には一般的に教育を語る際に用いる隠喩（すなわち、教育を伝達の過程として解釈する隠喩）に対する反応である、と。

この伝達の隠喩は、エマーソンの時代において支配的だっただけでなく、今日でも未だに一般的なものとして存在している。この隠喩に従えば、教育とはすなわち伝達であり、印刷の過程とほぼ同じ伝達の過程ということになる。実際、隠喩というものは西洋においては印刷術の紹介に伴って流行し始めた。「近代教育学の父」と呼ばれるコメニウス（J.A. Comenius, 1592-1670）は、教育がいかなるものかを説明するために印刷機を手本にした。彼は次のように述べている。

紙の代わりとなるのが、知識を刻み込まれるべき生徒である。活字の代わりとなるのは、教授効果を高めるために考案された出欠・採点簿と一連の教材・教具である。インクは教師の声であり、聞き手に情報を伝える。また、印刷機は学校の規律に例えられ、生徒を学業に打ち込むようにさせるのである。(1)

コメニウスがこれを記したのは一七世紀のことであるが、それから二〇〇年も経たずに（すなわち、エマーソンの時代までには）、この伝達の隠喩は教育に関する集会、講演、制度のすべてを支配する常識となっていたのである。教育という言葉に冷たく絶望的な響きを与えたのは、実に伝達の過程という教育の構造なのである。そして、教育は技術となり、これに従事する専門家を生み出したのである。しばしば忘れられがちなことであるが、伝達の隠喩は教育についてのそれ以前の隠喩に取って代わったものである。その古い隠喩は、現在では教育論文のみならず、今日的な教育制度や講演、集会などにおいても、ほとんど見出すことができない。

この古い隠喩とは、プラトンの時代からほぼ二〇〇〇年間、教育についての全ての思想と話題を支配してきた。これによれば、教育とは印刷術のごとく機械的な過程ではなく、人間的な導きの行為であった。何への導きであったのか。これについては意見の相違もあろうが、教育が若者たちを彼らの現実的経験を超えてよりよい人生を送ることができる世界、すなわち精神世界へと導くものであるという点では一致していた。

すでに示唆したように、教育をめぐるエマーソンの不満は、伝達の隠喩に対する彼の意思表示でもあった。しかし、それは導きとしての教育という古い隠喩に憧れるところから生じたわけではない。伝達の隠喩に反対するエマーソンの意思は、第三の隠喩（成長としての教育という最も新しい隠喩）を彼が唱道するところから生じているのである。

第三の隠喩に従えば、教育とは人間の自然な成長ということになる。教師は、古い隠喩の下に若者を精神の世界に導いたり、現代の隠喩がそうするように知識や情報を伝達することもしない。その代わりに、教師は「個人の成長」を促進する適切な環境を創造するのである。

これら三つの隠喩について、以下でその歴史を略述しつつ、各々について論評してみたい。

第一節　導きとしての教育

教育を導きとしてとらえる最も有名な隠喩は、プラトン（Plato, 427-347 B.C.）の洞窟の神話である。著書『国家』において、プラトンは教育を洞窟のような暗い影の世界から真実と啓蒙の光に満ちた「真実の」世界に導く、長く困難な過程として描いた。洞窟とは、人々が感覚を通して経験する日常的世界を象徴する言葉である。プラトンによれば、この日常的世界は真実の世界ではない。私たちは、感覚による知覚では真実をとらえることができない。それらは現実に存在するものの影、あるいは印象をとらえたにすぎないのである。真実なるものは、感覚によって知覚された形而下的世界ではなく、精神の世界、すなわちイデア界に存在する観念もしくは（理想的な）原型である。洞窟である日常的世界から真実の世界であるイデア界へと超越することによってのみ、私たちは真理を把握し、事物の本質を理解することができる。私たちは洗練された知性を通してのみ、真理を把握することができるのである。そして、これこそが教育の本質である。つまり、教育とは知性を開発し、それによって若者を精神の生活へと導くものである。

このように、プラトンにおける教育は若者たちを真実の世界、すなわち真理と啓蒙の光に満ちたイデア（観念）の世界へと導く行為であり、彼らはこのイデアの世界においてこそ精神的生活を送ることができる。教育されない人間は洞窟としての形而下的世界に留まり、たとえ意見を述べたとしても、決して事物の本質に関わる真の知識をもつことはできないのである。

プラトンの洞窟の神話は、導きとしての教育の隠喩に関する一つの説明にすぎない。もう一つの説明は、歴史的にはプラトンの時代においてさえ誤りであるとされた、教育を若者たちを文化的伝統へ導くものとして解釈する見方である。プラトンと同時代の思想家であったイソクラテス（Isocrates, 436–338. B.C.）は、プラトンが展開した哲学的・ユートピア的理論体系に対して、導きに関する著しく対照的な見方を構築した最初の人物であった。イソクラテスが論ずるには、たとえイデアの世界が存在するとしても、そこに辿り着くには長い時間を要するし、また辿り着けるかどうかも不確かである。したがって、プラトンが理想とする社会、すなわち人々が理想を見つめ、事物の本質を正しく理解することを土台として社会の状勢に対処する、という精神的生活を送ることができる社会は簡単には実現しないということになる。究極の理想である真の知識は、人間が容易に理解できるものではない。

イソクラテスは、「正しい判断」によって人生と社会の状勢に対処すべきことを勧めたのである。イソクラテスによれば、人は正しい判断に従うとき、事物の本質についての真理や確信を必要としなくなるという。しかし、解決すべき問題や決定すべき課題に直面した時、正しい判断に従う人は、大抵は最善の答を見つけることができるという。最善の答とは、その人が住む社会の文化的伝統と密接な関係をもつ。そのため、正しい判断に従う人々は、文化的伝統と符合した解決策を見出すことになる。

イソクラテスが結論づけているように、教育とは若者を文化的伝統へと導くものである。彼はこのことを具現化するために、遺産として残された最高の文化財——詩人や歴史家、哲学者、政治家たちの著作を含む人類の業績——を若者たちに学ばせようとした。それはギリシャ人がパイデイア（paideia）と呼んでいた、彼らの文化から成るものであった。パイデイアの持ち主は、正しい判断を下すことができるのである。紀元前一世紀の頃、ローマの雄弁家にして政治家だったキケロ（Cicero, 106-43 B.C.）は、パイデイアという言葉をラテン語に訳し、フマニタス（humanitas）と呼んだ。その結果、文学や歴史、そして時折は哲学——若者たちを文化へと導く諸学科——は、古典文学と呼ばれるようになった。そして、導きの行為として教育の隠喩それ自体は、古典研究者のとらえる教育の概念そのものとなったのである。

古典文学の研究は、人が人間となるうえで大いに役立つものであった。実際、イソクラテスのような古典研究者は、人は人間として生まれるのではなく、偏にその文化への導きを通してのみ人間となる、と考えていた。イソクラテスや多くのギリシャ人にとって（また、後にローマ人にとって）、ギリシャ人（ローマ人）でない者は、すなわち野蛮人であった。そして、ギリシャ人（ローマ人）であるためには、人種や出生場所が問題となるのではなく、その文化を身につけているかどうかが問題であった。「私たちは同じ血のつながりではなく、同じ文化をもつ者をギリシャ人と呼ぶ」とイソクラテスは述べている。

文化的世界は、プラトンの言うイデアの精神的世界ではないが、イデアの世界と同様に多くの人々が容易に理解できない世界でもある。それは、多くの人々が身を置く日常生活からは隔たった、知性を伴う高貴な魅力に満ちた次元の高い世界であった。それは青年期を学校で過ごすことができ、生活のための労働を必要としない人々――貴族（aristoi）――のための世界でもあった。学校（schola）とは、日常の世界やそこでの出来事とは切り離された別の場、と定義できることに注目してほしい。それは、現実世界に存在するあらゆる文化的伝統を、常に簡潔な形で陳列する場であった。

しかし、たとえ現実の世界と関係をもたないにしても、教育を受けることは相当な努力を要することでもあった。教育を受けるためには勉強しなければならず、それに伴う勤勉さや忍耐力、正確さ、注意力などが求められたのである。教育の進め方は、最高の古典的著作を中心に進められた。学生たちは各々に古典的著作と取り組み、その程度に応じて中身を自分のものにしていくのである。つまり、学生たちは理解力や感受性、想像力、信念という自らの遺産を獲得することによって教養人となるのである。

今日、私たちはこのような教育のあり方からあまりにも離れてしまった。そのため、ここで「教養人」となることの意味について、若干述べておきたい。人はスーツを作ったり、日焼けを促進するような方法で教養を獲得するわけではない。教養の獲得とは、単なる交換処理や人前で何かを露出することではない。教養の獲得は、その多くが禁欲を伴うため、服従の行為となる。私たちは、その人を慎みある態度によって「教養人」と認めるのである。しかし、それが禁欲的であるにもかかわらず、古典研究者たちは教養の獲得は肉体的欲求や物質的欲望からの解放、すなわち人間の解放的行為であると見なした。同等に重要なのは、教育が人を現在の監禁状態から解放するということである。このように、教養への導きは、「自由」教育を成立させる。現在の欲求や欲望の支配から解放されることによって、若者はよりよい人間へと向上し、精神的生活を送ることができる。教育は人を自己実現へと、すなわち人間となる目的の旅へと導くのである。

教師は、この導きの行為に欠くことのできない存在である。教師は高い教養の仲介者として存在する。つまり、教師は文化的伝統の一領域である教科に精通することによって、生徒にテキストの内容を教授しつつ、彼らを教養を獲得するための禁欲的服従へと導くことができるのである。

この古典研究的教育の成果こそが、自らの欲求による支配から解放され、現在の監禁状態から自由となった教養人である。教養人はエリートたる善き紳士でもある。十分に教育された人間は、知的かつ道徳的アイデンティティーをもつ存在であり、その教養的遺産によって培われた人間としての高みに到達しているために、正しい判断を下すことができるのである。

古代ギリシャとローマ時代に盛んとなった古典主義の教育観は、中世「暗黒時代」には人々に顧みられなかったが、やがて一五世紀ルネサンスの時代に至って「新しい学問」として再び注目を集めるようになった。キリスト教の聖なる研究書と再発見された古代ギリシャ・ローマの世俗的文献とを結びつけながら、ルネサンスの人文主義者たちは、教育を西洋の文化的遺産（当時においてはギリシャ・ローマ、ユダヤ・キリスト教的遺産として再定義されたもの）へと導く行為として蘇らせたのである。

一六世紀には、プロテスタント勢力による宗教改革とそれに引き続くカトリックの側からの反宗教改革によってヨーロッパは分裂したが、やがて新興の民族国家を結合させた。これらの宗教運動によって、人々は今や西洋文化の伝統となったものを保存して後世に伝えるため、教育と教育機関への要求を強めていった。そのため、一六〜一七世紀において、各国の君主たちは人文主義的学校を創設し、またそれを奨励したのである。その結果、イギリスではグラマー・スクール、ドイツ諸国においてはギムナジウム、カトリックの国々においてはイエズス会の中等学校が誕生した。これらの新しい教育機関の創設と連動しながら、各国の教育機関における準公式本ともなる新しいラテン語文法の入門書が現われるのである。

この時代は教育が整備されるうえで宗教的影響とともに、政治的影響もあった。一六世紀、ヨーロッパ新興国家の君主たちは国家的問題を処理することを助ける行政官や裁判官、長官などを必要としていた。人文主義の教育家たちは、「新しい学問」によって上流階級の者たち（それに加えて、中流階級出身者たちの中にも）が、こうした政府の役割を果たすことによって君主を助けることを請け合った。人文主義者が指摘しているように、人文主義の教育とは「正しい判断」を促す教育である。文化遺産への導きは、前述したように、教養を身につけるために禁欲を強いた。そして、それによって少年たちを高潔な紳士に一変させたのである。それはトマス・エリオット（T.Elyot, 1490-1546）が述べている「多くの民衆にさまざまな役割を分配」[2]するための準備として適確になされたのである。

ルネサンスの時代に生まれた「新しい学問」は、一七世紀までに教育に関するあらゆる思想と話題を支配するようになった。若者たちを文化的遺産へと導く行為は、注意深い教師のもとで過去の古典的テキスト――聖俗の両方とも――を学ぶことから成り立っていたのである。

だが、この時代においてもやがて新しい知的運動が現われる。そして、教育を導きの行為とする人文主義の思想に挑戦し、ついにはそれを凌駕してしまうのである。「新哲学」と呼ばれたこの運動は、元々は運動でも哲学でもなく、端的には人間生活の質を改善しようとする気遣いであった。生活の質を改善するための手段が実際に発見されたという確信と結びついた時、それは「新哲学」となって突如現れたのである。やがて、この「新哲学」は教育のための新しい隠喩を生み出すことになる。すなわち、知識の伝達としての教育がそれである。

第二節　伝達としての教育

伝達としての教育の隠喩に最も責任を負うべき人物の名をあげるとすれば、それはフランシス・ベーコン（F.Bacon, 1561-1626）ということになるであろう。ベーコンを古典研究の軽視へと導いたのは、彼が好んで用いた「人間の暮らし向き」なるものを改善しようとする脅迫観念であった。書物は言葉を除くと無に等しい、とベーコンは言う。また彼は、言葉は「事物の印象に過ぎず……印象に惚れ込むことは、絵に惚れ込むことと同じである」と嘲笑的に述べた。人間の暮らし向きを改善するためには、事物そのものの本質に注意しなければならない、とベーコンは主張する。私たちは、書物ではなく事物の本質を研究しなければならない。読書ではなく、直接経験によってこそ、事物の真意は明らかにされるのである。そして、事物の本質を理解すること――すなわち、起こりうる全ての事柄の根底にある科学的法則を知ること――によって、私たちは人間の暮らし向きを改善することができるのである。

勿論、ベーコンは宗教的心情を持ち合わせていなかったわけではない。事物の本質を知ることにより、キリスト者は造物主である神の全知全能をより理解し、さらに敬虔な信徒になる、とベーコンは信じていたのである。

しかし、最も大きな誤りは、知識の究極の目的を履き違えることである。なぜならば、人間は知識や学問を求めながらも、時にその生まれながらの好奇心や欲望に走るからである。つまり、時には装飾品や己の名望に心を奪われ、また往々にして自らの利益と商売に腐心するのである。人間としての恩恵を受けるために、理性という天賦の資質を活かすことは稀である。それはあたかも利益を得るために探求された知識である。それは神の栄光と人間の暮らし向きを改善するための知識とは言えないものである。(3)

ベーコン直系の弟子たちは彼と同様に宗教的であり、知識の進歩をキリスト者としての敬虔さを生み出すものと捉えていたが、「新哲学」はやがて宗教的信条を批判するようになる。それは、「新哲学」が宇宙を支配しようとする企てを代表する立場であったからに他ならない。ベーコンは「知は力なり」と簡潔に表現している。そのため、西洋人は科学的知識を獲得するにつれて、懇願し、かつ慰めを見出すべき神への信仰心を徐々に失っていったのである。今や重圧を感ずる時、西洋人は自らの暮らし向きを改善するために科学を頼るようになったのである。

ベーコン没後三〇〇年以上が経過し、人間の現状を改善しようとする知識の進歩、知識の活用によって、西洋文明をめぐる政治的、経済的、社会的状況は全体的な再構築を余儀なくされた。この間、封建的政治制度は、計画的な立憲的政治体制にとって代わられた。そして伝統的経済制度は、農業技術経済が産業都市を造り上げ、経済の中核となる技術的進歩による発明に道を譲るにつれて消えていった。社会制度も変わり、聖職者や特権階級、また地主貴族などが社会的特権の大半を失うことによって、「より合理的な」社会秩序が形成されるようになったのである。

人間の暮らし向きを改善するための新しい啓蒙的文明を創造するという、まさにその行為において、「新哲学」は伝統的な政治や経済、社会制度に固有であった社会的統制を打破した。産業化、都市化、世俗化、国家化——これらは、すべて新哲学のもたらしたものである——は伝統的束縛から人々を解放し、規律と統制をめぐる新しい様式を打ち立てようとした。暮らし向きを改善するという人間の能力を常に楽観視しつつ、「新哲学」の唱道者たちは社会の統制をめぐる問題、すなわち教育の問題に対して、啓蒙的な解決策を示した。彼らによって、教育は新しく構築し直された。教師の役割は変わり、生徒や教育の内容についての新しい概念が現れたのである。

「新哲学」によれば、知識は経験から得られることになる。そのため、限られた経験しか持たない子どもたちは、いかに行動すべきかを自ら「知る」ことはできない。しかし、経験を積み重ねて事物を熟考できる大人たちは、自分がどのように行動すべきかを知っている。そして、この知識を大人たちは規則や格言の形で、さらにはジョン・ロックが示唆するような習慣の形で、若者たちに伝えることができるのである。子どもは主人の思い通りの型に仕上げられる「蜜蠟」のようなものだ、とロックは言っている。「新哲学」は真の知識は力なりと宣言した。真の知識をもつことによって、人間は自分の住む世界を統制し、また「改善」することができる。このことは、真の知識によって、人間が自らの行動や子どもたちの行動を統制・「改善」し得ることを意味するものである。

ここに新しい教育観、新しい隠喩を見出すことができる。教育はもはや若者たちをその文化への禁欲的服従へと導く行為ではなくなった。教育は若者たちに規律を守らせ、彼らを訓練し、社会化することを可能とする伝達の過程となった。伝達という教育についての新しい隠喩は、人間は経験から学ぶ存在であるとする信念にその特質を見出すことができるのである。

この新しい教育観は、ベーコンとその支持者たちの認識論上の楽観主義がもたらしたものである。彼らは人間が感覚的経験、すなわち感覚による観察を通して、真の知識を獲得できると信じていたのである。プラトンはこのような楽観主義を否定し、感覚的経験は単なる個人的意見をもたらすに過ぎない、と主張した。しかし、ベーコンとその支持者たちは、私たちが帰納法に従って同じ事象をめぐる若干の特徴を注意深く観察し、そこから一般的真理を引き出すならば、感覚的経験を通して真の知識に到達できることを約束したのである。（例えば、多くの白鳥を注意深く観察した後、すべての白鳥は白いという一般的真理を引き出すことができる。）

真理に到達するための帰納法は、教授と呼ばれる教育「科学」の思想を生み出した。教授は、感覚あるいは感覚的経験を通して生徒に知識を伝達するための技法である。生徒に「教材」を繰り返し観察させることによって、教師は「教える」。そして、生徒はそれに調子を合わせるかのように「学ぶ」

のである。

「教授の基盤とは、感覚の対象となるものが正しく提示されることである」とコメニウスは述べている。しかし、その時代以前の教師たちは、感覚に訴えるように対象物を正しく提示してきたわけではない。そのため、コメニウスは「教授と学習をめぐる作業はなかなか改善されず、全く益するところがない」(4)と不満を述べたのである。

対象物を感覚に訴えるべく正しく提示するために、教授される事柄は単純な構成要素に分解され、また系統化される必要があった。この点で、古典的教科書は近代的教科書に取って代わられることになった。この教科書には生徒が学ぶことになる内容が含まれ、それらは各段階順に配列され、絵や図表が添えられていることもあった。

近代的教科書が古典的教科書に取って代わったことは、伝達という新しい隠喩によって成し遂げられた教育実践上のごく小さな変化に過ぎなかった。最も顕著な変化は、教師と生徒の役割におけるそれであった。もはや教師は若者たちを文化的遺産へと導く「師匠」ではなく、生徒に知識を伝達する「教授者」となったのである。そして、生徒も古典的な文化遺産を収めた書物を勉強する「学問の研究者」ではなく、今や自らの感覚的経験を通して積極的に知識を獲得しようとする「学習者」となったのである。

教師が教授者、知識の伝達者となり、生徒が学習者となることによって、新しい問題が生ずることになった。すなわち、教師は何を伝達し、生徒は何を学び、そして何が知る価値のあるものか、という問題である。導きとしての教育においては、何が知る価値のあるものかは大した問題ではなかった。

そのため、若者は人間となるために文化的伝統を勉強したのである（「学習」したわけではない）。しかし、今や伝達の隠喩によって、教育は、経験に基づく学習をめぐる問題となったのである。では、若者はいったい何を学ぶべきなのか。

「新哲学」が人間は事物をめぐる真実を知ることができる、と宣言したことを思い起こして欲しい。このことこそ、生徒が学ぶべきこと、つまり物質界と社会的世界の両方を含む実際の世界をめぐる真実である。

このような教育は、方法こそ違えども、伝統的人文主義の教育と同様に、それを受け入れる人々を自由にした。事物の本質に関わる真実を知ることにより、人々は自らの運命をコントロールしながら生活状況を改善することが可能となるため、無知から解放されるのである。真理の発見を可能とする人間の能力への信頼は、楽天的ともいえる人間賛美の思想であり、それは伝統を権威とする人文主義者の信念とは際立って対照をなすものであった。伝統は人々を正しい道へと導き、愚かさや邪悪から人々を救うのだ、と人文主義者は言う。しかし、新しい思想の持ち主たちは、それを否定する。真実こそが人々を正しい道へと導くものであり、人々は経験と理性に基づいて真実を知ることができるのである。

しかし、人間を伝統的権威から解放するというその行為において、教育の伝達理論は伝統的教育において解放されたものに気がついていなかった。若者を文化的遺産へと導くことによって、伝統的人文主義教育は、彼らを現在という監獄と物質欲の支配から解放しようとした。しかし、新しい教育は、人間の暮らし向きの改善を目指す「新哲学」から出現したものである。新しい哲学者たちにとって、知識は事物を統制し具体化するための力そのものであった。そのため、新しい教育によって人々はより深く現在と向き合い、また十分に物質欲を満たすことになる。新しい教育は、解放的であると言うよりは若者を社会生活に順応させるものであった。すなわち、それは若者たちを物質界に関わる支配的理論に順応させ、また彼らを現実の社会的、経済的、政治的体制に順応させる役割を果たしたのである。

新しい教育が若者たちの社会化を保証するものであることを示し得るのは、それがそもそも下層階級を視野に入れた教育として登場したという事実である。下層階級の人々は、伝統的な人文主義的教育には関知しない存在であった。そうした人々が、指導者として必要な正しい判断を下すために古典文学の勉強をするなどとは考えにくいことであった。彼らを精神的生活へと解放することを夢想した者は誰もいない。また、彼らを文化的遺産へと導くことを考えた者もいなかったのである。

しかし、一六～一七世紀の宗教戦争による社会的、政治的、経済的激変の中で、下層階級の人々が求めるべき何かを必要としていることは明らかとなった。彼らは新しい強制を必要としていた。勤勉な働き手、真面目な社会の構成員、そして支配者に忠実な臣民になることが求められたのである。彼らは形成される必要があった。現実の世界に適応して生きていけるような教育的経験が必要とされた。彼らは社会化される必要があったのである。

一七世紀から二〇世紀にかけて、教育における伝達の隠喩は大衆を教育するために創られたあらゆる学校と教育制度を支配した。しかしながら、この間、上流階級の人々は導きの隠喩に基づく教育を受けてきた。上流階級のための学校は彼らを教養の世界へと導き、そして彼らに社会の指導者としての地位を与えてきたのである。しかし今日、すべての指導者は事物の本質についての専門的知識——古典文学からの知識ではなく、現実の世界についての科学的知識——を持たなければならなくなった。結局のところ、長きに亘り指導者の教育を特徴づけてきた導きの隠喩は、今日においてはほとんど消滅したも同然なのである。

今日、伝達の隠喩は、ほとんどすべての教育機構を支配するものとなっている。下層階級の子どもたちばかりでなく、上流階級の子どもたちも社会化を目的に学校に行かされ、現在の政治的、経済的、社会的制度に適応するために諸々の事柄を学ぶ。今日では、すべての人間が生産的な働き手となり、また積極的市民、社会の協力的構成員となるために必要な知識を学ぶ（あるいは学ぶことを期待されている）のである。ほとんどすべての学校は、教師たちが前述のような知識を生徒たちに伝達する（あるいは伝達することを期待されている）場となっているのである。そして今日、すべての生徒は、彼ら自身の感覚的経験を通してこのような知識を学ぶ（あるいは学ぶことが期待されている）のである。

伝達の隠喩は西洋世界における教育を支配し続けてきた。しかし、これまでそれに対して論理性と倫理性の面から反対する批判者がいなかったというわけではない。伝達の隠喩に対する最初の批判は一八世紀、デビッド・ヒューム（D. Hume, 1711-76）によって唱えられた。ヒュームは、経験からは帰納的に学習することが不可能であることを論理的に証明した。彼は、個々の経験の総和——それらが白鳥、オレンジ、三角形、動詞であろうとも——からは観察、経験された対象についての一般的真理を推断できないことを指摘した。私たちはすべてのオレンジ、すべての三角形、すべての動詞、すべての白鳥について、いかなる一般的真理をも論理的に帰納することはできない。私たちはたとえ多くの白鳥を観察したとしても、「すべての白鳥は白い」という一般的主張を引き出すことはできないのである。

しかし、たとえヒュームが帰納法（あるいは経験の繰り返しからの学習）は論理的に不可能であることを証明したとしても、彼自身は私たちが経験から学ぶことを信じ続けていたのである。ヒュームが示唆するように、帰納法は論理学上のものというより、むしろ心理学的なものであるに違いない。彼が主張するように、私たちは自らの感覚的経験を通して個々の事実について学ぶ。例えば、「これは白鳥です。そして、あれもまた白鳥です」というように……。そして、これらの多くの類似経験によって、すべての白鳥が白いという結論を導く論理的基礎が与えられるわけではないが、ヒュームが主張するように、私たちは確かに「すべての白鳥は白い」という心理学的確信をもつ。帰納法の過程をめぐる「心理学的」解釈は、私たちが経験から帰納的に学ぶという理論を「守る」ことになった。つまり、ヒューム自身の批判からこの理論を守ったのである。実際、私たちが経験から帰納的に学ぶのだという確信は、新しい時代の人々にとってはすでに常識の一部となっているのである。

そのため、伝達の隠喩はその論理性が十分でないにもかかわらず、一八世紀から二〇世紀にかけて生き残ったのである。それは今日においても存続し、多くの教師たちが未だにその呪縛のもとにある。私たちが経験から帰納的に学ぶことを確信しながら、教師は生徒たちに知識を「伝達」すべく奮闘する。そして、このことは必然的に教師を権威主義へと導き、教育の過程全般について教師の統制をより強化しようとする企てに繋がる。教科内容を例に取るならば、知識を伝達するために、教師は教科内容を様々なカリキュラム——らせん型カリキュラム、経験カリキュラム、コア・カリキュラム、統合カリキュラム、あるいは教授に寄与する他のプログラム——の中に盛り込むことによって統括しようとするのである。権威主義をめぐる他の例として、生徒のあつかい方について取りあげてみよう。知識を伝達するために、教師は生徒たちを管理しようとする。生徒たちに「準備させ」、また生徒たちを「刺激」し、「動機づけ」し、さらに「注意を払い」、教師の意に沿って「動く」ことを求めるのである。これらすべての方法は、知識の迅速かつ効果的な伝達を可能とする、生徒を管理するための企てである。したがって、導きの教育理論における固有の伝統的権威を否定したとしても、それは伝達理論における教師の権威に取って代わられただけなのである。

伝達の隠喩に見られる必然的な権威主義に対して、一時期ヒュームと親しく交わったルソー（J.J. Rousseau, 1712-78）は道徳的根拠からそれを厳しく批判した。以下は『エミール』における有名な冒頭の一節である。

万物をつくる者の手を離れるときすべては善いものであるが、人間の手にうつるとすべてが悪くなる。人間はある土地にほかの土地の産物をつくらせたり、ある木にほかの木の実をならせたりする。気候・環境・季節をごちゃまぜにする。犬、馬、奴隷をかたわにする。すべてのものをひっくり返し、すべてのものの形を変える。人間は醜いもの、怪物を好む。なにひとつ自然がつくったままにしておかない。人間そのものさえそうだ。人間も乗馬馬のように調教しなければならない。庭師みたいに好きなようにねじ曲げなければならないのである。(5)

ルソーは教育を伝達の過程として解釈することを拒んだ。教育は印刷のような機械的過程ではない、と彼は主張した。教育は植物の生長のような有機的な過程であり、そのため伝達の過程ではなく成長の過程である、と解釈した。教育者は知識を伝達することによって教育された人間を作り出せると信じているが、実際には全くこのことができていないのである。教育者は庭師が花を作るように博学な人間を「作る」ことはしないし、またできない、とルソーは主張した。花は自然に生長し、開花する。庭師は花を作るのではない。庭師は、花が自然にのびのびと生長できるよう苗木を優しく世話する。ルソーは子どものことを、知識の注入を待つ白紙のような存在とは見なかった。彼が見た子どもとは、適切な世話と保護によって、自然な成熟の段階を経て自発的に成長・発達する生き生きとした生命体であった。

ルソーの先導によって、成長の隠喩は教師の役割と生徒の概念を革命的に変えた。教育は教師や教科中心ではなく、子ども中心であるべきものとなった。教師はもはや教授者、知識の伝達者ではなく、教育的環境を創造し維持すべき存在となった。このため、生徒は教師に強制されることなく、自然に学び、成長できるようになったのである。

不幸なことに、ルソーの成長としての教育観は、全体として人間の成長についての不適切な概念を含んでいた。彼のそうした捉え方によって、人間の成長とは、子どもが――干渉や規則の押しつけ、取り締まり、習慣づけ等を排除した状態で――自然に育った場合に見出される過程である、自然な善性の自発的開化となった。これは人間の成長についての抽象性の高い概念であった。それは知識よりも信念に基づくところから生じた概念であり、教育の方法よりも教育的寛大さを求めるものであった。

一九世紀終わりから二〇世紀初頭にかけて、アメリカの哲学者デューイが成長としての教育の隠喩を再構築することで、上記の問題をめぐる一応の論理的克服がなされた。生物学的進化論の影響を受けながら、デューイはルソーの理論における実践的、空想的、形而上学的性格を排除した教育的成長の概念を構築した。しかし、ルソーが引き起こした問題を排除する過程で、デューイもまた成長としての教育という概念をめぐる新しい問題を引き起こしたのである。

デューイが生まれたその年（一八五九年）はダーウィン（C. Darwin, 1809-82）の画期的著作である『種の起源』が出版された年でもあったが、デューイはダーウィンの進化論ではなく、それ以前のラマルク（J. Lamarck, 1744-1829）の進化論について研究を始めた。そして、ラマルクに従いながら、デューイは成長の隠喩を教育の伝達理論へと変換したのである。

ラマルクによれば、進化には環境の変化への適応という問題が伴うという。問題の発生は、生物にその環境での限界と不適切な状態であること、すなわち生物とその行動に固有の誤りを知らせる。不適切な状態であると、生物は必要とするもの——食物、水、空気、あるいは生き残るために必要なものは何でも——を確保することができなくなる。問題を解決するために、生物は自身とその行動を一部修正しなければならなくなる。これがラマルク主義の主要な特徴である。つまり、生物は後天的に獲得した特質をその子孫へと伝達する。以上、ラマルクが説明するように、生物は各々その種に固有の特質をもちながら進化したのである。

長い首を持ち、それを著しい特徴とするキリンの場合を取りあげてみよう。この動物はどのように進化したのであろうか。ラマルクが語るには、はるか遠い昔、キリンの先祖は樹の最も高いところにある葉を食べるために首が長くなったと言う。そして、彼らはその長い首を子孫へと遺伝させてきたのである。やがて、すべてのキリンは首が長くなったのである。

その教育理論において、デューイは明らかにラマルク主義者であった。「新しい境遇に応じて適応の様式を修正・維持する能力は、生物進化と呼ばれる生物のより広遠な発達の源泉である」とデューイは述べた。彼はこの適応能力と問題解決能力を自らの教育理論の主要な特徴とした。教育とは成長である、とデューイは言う。成長とは、すなわち変化した環境的状況への適応に他ならない。生物は、ラマルクが言う問題解決をする存在であるために適応・成長が可能となる。だから、子どもたちも問題に直面することによって――ちょうど問題場面を経て、キリンの首が長くなったように――適応的行動を自然に学んで身につけていくのである。

教育を問題解決を通した成長の過程と解釈することによって、デューイはルソーの形而上学的成長概念を自発的開化と理解し、それを自然な過程としての成長概念に置き換えた。しかし、このことによって、彼は教育的な成長を伝達の過程へと変質もしくは再変質させたのである。

ラマルクに従って、デューイは人間が適応をめぐる問題解決を通して知識を身につけることを主張した。そのため、彼は教師たちが生徒に問題を――真の問題、意味のある問題を――与えることを望んだ。しかし、これは教師たちにとっても知識を伝達するためのよりよい方法であった。というのは、問題解決において、生徒たちは大人たちがすでにもっている知識を身につけ、再発見するからである。すなわち、生徒たちは、いかにして食物や衣服、住居を手に入れるのか、いかにして連絡を取り合い、物資を輸送し、今日の社会的、政治的、経済的制度を維持するのか、また一般に大人たちはいかにして多くの人間に関わる問題を解決してきたかを学ぶのである。このように、ラマルク主義の影響によって、デューイは教育的な成長を伝達の過程として捉えるようになる。それは大人から子どもたちへの獲得された文化の伝達であり、当然のごとく生物学的な伝達としてではなく、教授による伝達としてなされるのである。

教育における伝達理論をめぐるデューイの独創性とは、教授過程を生徒に大人のもつ知識を再発見させるものとして、また型にはまった授業ではなく、問題解決的な授業によって知識を再発見させるものとして位置づけていることである。

ここでデューイは、教師に実行困難な役割を割り当てている。教師は、生徒と問題との間の、的を射た「適合」、「調和」を発見しなければならなかった。教師は各々の生徒の過去・現在・将来の経験内容について、また彼らの興味や成熟の度合いについて精通すべきであった。また、生徒に関するこのような知識と併せて、教師は教えるべき教科内容についての広く、深い、そして洗練された知識や理解力を持たなければならなかった。なぜならば、教師の仕事とは、生徒がそれと向き合うことによって自らの学習と成長を促すような問題を与えることだったからである。

予想できることではあるが、多くの教師たちは上記のことをうまく進めることができなかった。すべての生徒が学ぶことになっている事柄をしっかり学んだわけではない。超人的な教師は例外として、教師に課せられた役割は一般に過酷であり、それは実行不可能だと言った人さえいた。

デューイは、成長としての教育という新しい概念が教師にとっては厄介な問題であることを認めていた。しかし、彼はその問題を解決する方法があると主張した。それは科学的実験という方法であった。教師は、学習を促進させるべく生徒に与えられた問題の最善の解決法を科学的に発見するために、まず実験しなければならなかった。

デューイは、教師がこの科学的方法を生徒に教えるべきだとも言っている。この実験的方法は、まさに科学的方法であり、継続的な成長の秘訣でもある、とデューイは考えていた。それは適応の方法、そして問題解決の方法であり、さらには私たちの現在の知識あるいは行動の限界、不十分さを克服するための方法でもあった。

了解すべき重要なことは、デューイが科学的方法を解答に到達するための手段、問題解決の手段、さらに言えば適応の手段、最善の解答と最も的を射た解決法を提供するための手段として捉えていたということである。

しかし、デューイは科学的方法に関しては間違っていた。環境に適応する方法、問題解決のための方法、私たちの知識の限界を克服する方法というものはない。知性、思考、科学的方法とは、解答ないし解決法を提供するための方法ではない。それらは、解答あるいは解決法を吟味・批評するための方法である。私たちがどれだけ注意深く考え、またいかに徹底して知性を活用しようとも、あるいはその解答ないし解決法を正当化するためにどれほど「科学的方法」に従順であろうとも、解答は不十分であり、解決法には間違いがある。いかなる解答についても言えることであるが、それらの大部分はこれまであらゆる批判、吟味、拒否の試みを乗り越えてきたのである。

デューイは、問題解決を通して解答を導くという人間の能力をあまりにも過大評価していた。人間の知性と未来を切り開く能力を過大評価してしまうのは、ラマルク主義の進化論に固有の傾向であった。ラマルク主義者は、人間が意識的かつ慎重に問題を解決し、併せてその解決法を子孫に伝達し得ると思い込んでいる。しかしながら、ダーウィンの進化論においては、このような自意識の強い知性は認めないのである。ダーウィンによれば、進化とは狡猾さではなく運の問題である。また、盲目的な試行錯誤を排除する問題であり、自然淘汰に関わる問題なのである。ダーウィン主義的な進化あるいは成長とは、人間が無知であり、誤りを免れ得ない存在であることに根づいている。今日、ほとんどの人々は生物学的進化の領域における無知と誤りをめぐる以上のような見解を受け入れるが、一方でそれが人間における教育的成長の問題ということになれば、これを試行錯誤を排除する問題としてとらえることは難しくなるであろう。教育的成長が試行錯誤の排除から生ずるという見解は、常識を無視するものである。

デューイが成長としての教育の隠喩を再構築する際にダーウィンではなくラマルクの説に従ったのは、彼が知識についての常識的な理論に――少なくとも部分的には――固執していたからである。そして、これによって、教育的成長は伝達の過程へと切り換えられたのである。二〇世紀の間、他の理論家たちは成長としての教育の隠喩を支持してきた。デューイと同様に、その後の理論家たちは、現実の学校教育に対してほとんど影響を及ぼすことがなかった。というのも、今日の学校教育はその現実において、相変わらず伝達の隠喩（それも初期の様式）の呪縛下にあるからである。

しかし、その後の理論家たちが影響力を持ち得なかった理由は、デューイにおけるそれとは全く事情が異なる。これまで論じてきたように、デューイは、ラマルクの説に従って人間の知性を過大評価したがゆえに失敗したのであった。デューイは、科学的方法を身につけることで人間は問題を解決し、教授を媒介にしてその解決法（と併せて科学的方法）を若者たちに伝達することができると思い込んでいた。デューイとは対照的に、その後の理論家たちはダーウィンの説に従った。だが、彼らの「ダーウィン主義」はデューイの「ラマルク主義」と同様に、必ずしも自覚的で慎重なものとは言えなかった。そのため、彼らにおけるダーウィン主義は顧みられなくなってしまっている。その上、教育的成長をめぐるダーウィン主義理論の見解それ自体が、知識についての常識理論を無視し続けるものであった。その後の理論家たちが学校教育に対して影響を及ぼしていないのは、教師たちがそれらの理論を未だに理解していないということ、すなわちそうした理論におけるダーウィン主義の本質を理解していないという事実に帰着する。

これら二〇世紀の教育理論家たちに関する私のダーウィン主義に基づく解釈を容認してもらうために、まず次章では知識についての常識理論の魔力について解明してみたい。

第二章　カール・ポパーの進化論的認識論

第一節　知識についての常識理論

知識についての常識理論は、知識をめぐる次の四つの基本的疑問に対する伝統的もしくは「常識的」解答から成り立っている。知識の本質とは何か。知識はどこから生ずるのか。知識はどのように発展するのか。知識を受容するための理論的根拠とは何か。

知識の本質をめぐる最初の疑問について、常識理論では知識が「心の中」に存在する観念あるいは概念から成り立つ、と捉えるのである。プラトンがこの知識の主観的本質に関する理論を創案したと思われるが、仮にそうでないにしても、プラトンはこの理論を認知せしめた最初の思想家であった。(1)プラトン以前は、知識を行為の本質、あるいは行動の様式、行動の手段としてとらえていた。すべての知識は、それらがいかなるものであるかを知ることであった。例えば、アキレスの戦争技術に関する知識、ヘシオドスの歴史についての知識、アイスキュロスの劇についての知識などがそうであった。知識に関するこれらすべての例を、ギリシャ人はいかに行動し、演じ、振る舞うかを知るための好例とみなしたのである。しかし、プラトンにとって、知識は新たな装いをもつものであった。彼は知識が観念もしくは概念から成り立つものであると述べている。正義の「観念」、馬の「観念」、国家の「観念」などがそうであるように、馬や国家、正義を知ることは、各々についての正しい観念をもつことである。

プラトンにおいて正義に関する知識はもはや行為などではなく、正義という観念でとらえられる事柄そのものであった。プラトン以前の時代においては、馬を知ることは、向かい合ったその特定の馬のように振る舞うことを意味した。これに対して、プラトンは馬を知ることは、馬についての「観念」をもつことであるとしたのである。

プラトン以降の哲学者たちの多くは、知識の本質に関する彼の解釈を受け入れてきた。そのため、プラトン哲学は知識についての常識理論の一翼を担ってきた。しかし、同時に大多数の哲学者は、第二の基本的疑問に対するプラトンの回答を拒否してきたのである。

知識に関する第二の基本的疑問は、知識がどこから生ずるかということである。(すなわち、もし知識が観念であるならば、それはどこから生ずるのか、ということである。)プラトンは観念が人間に生得的なものであり、人間は努力と訓練によって観念を想起して、理解できることを示唆していた。彼の弟子であるアリストテレスはプラトンの見解を受け入れながらも、知識の根源に関する補充的な説明を加えた。アリストテレスによれば、私たちは自らの知識を外界から得る。観念は、経験を通して私たちの心に刻み込まれるのである。心は生まれた時は空のバケツのようなものであるが、感覚を通して観念がそこに入り込む。「精神のバケツ理論」は、知識についての常識理論を最も明白に特徴づけるものであると言ってよい。

第三の疑問——知識はどのように発展していくのか——に対するアリストテレスとF・ベーコンの回答——ベーコンのそれは常識理論の近代版の中核をなしているが——は、知識は帰納によって発展するというものである。つまり、私たちは経験による概念の蓄積によって事物を推断し、一般化する。「すべての白鳥は白い」は、帰納的推論によって導き出される普遍的概念もくしは観念である。私たちは多くの単一の観念もしくは概念（「これは白鳥です」「これはもう一羽の白鳥です」「これは更にもう一羽の白鳥です」など）から普遍的な観念もしくは概念を導き出すのである。

知識についての常識理論をめぐる最後の疑問は、理性の働きを問題にしなければならない。常識理論によれば、理性的であることは、正しい観念もしくは概念を受け入れることを意味する。正しい観念とは、正しいと証明することができるものである。理性の働きをめぐる理論は、知識と意見との間に重大な違いを見出したプラトンにさかのぼる。プラトンによれば、もし私たちが概念もしくは観念を正当化できないのであれば、それは単なる意見であって知識ではない。意見を知識として受け入れることは、理性的とは言えないのである。

1　常識理論の魔力

知識の本質、源泉、発展、受容をめぐる疑問に対する伝統的回答——それらが、いわゆる知識についての常識理論を構成することになる——については、目下のところ大半の人々が同意している。この理論への固執は、教育に関する伝達の隠喩とラマルク主義の文化的進化論を受け入れることにつながる、と思われる。というのは、ここで依って立つことになるのは、相互に関連しながら深い結びつきを持つ知識、教育、発展についての諸原理だからである。ラマルク主義の発展理論を受容することは、教育に関する伝達理論の受容を推進し、それが更には知識についての常識理論の受容を推進する。また逆に、知識についての常識理論の受容は、人々を知識に関する伝達理論へと傾斜させ、更にはラマルク主義の文化的進化論の受容へと傾斜させるのである。

私が主張するように、二〇世紀教育理論はダーウィン主義の教育及び成長理論に基づくものである。そのため、ラマルク主義の発展理論への固執は、二〇世紀教育理論についての理解を妨げる障害となる。しかし、ラマルク主義の理論は知識についての常識理論を根源とするため、ラマルク主義の理論を否定し、それに取って代わる理論を設定するためには、知識についての常識理論を直接的な批判の対象とする必要がある。この点においてのみ、私たちは二〇世紀教育理論の理解と活用を妨げている常識理論の魔力を打ち払うことが可能となる。

カール・ポパー（K. Popper, 1902–1994）の業績には、哲学史におけるこの常識理論に対する最も支持し得る批判が含まれている。ポパーは自ら反駁したこの常識理論に代わる知識理論を提示している。この常識理論を拒否するポパーの姿勢は、ダーウィン主義に基づく科学的知識の発展に関する彼の長年に亘る研究の結果である。すなわち、科学的知識とは不適切な諸理論を批判的に排除することを通して発展するのである。この発見によって、ポパーはラマルク主義の文化的進化論に挑戦し、文化の進化とは、種の進化と同様にダーウィン理論によってよりよく説明できるとした。ダーウィン主義に基づく科学的知識の発展に関する自らの理論を構築する中で、ポパーはあらゆる面において、知識についての常識理論に立ち向かったのである。[2] 以下において、私はポパーの論説に依拠しつつ、この常識理論の魔力を打ち破るためのダーウィン主義に基づく彼自身の進化論的認識論を紹介してみたい。

第二節　誤りを証明し得る可能性——科学的知識のための新しい規準

カール・ポパーの科学哲学に関する初期の関心は、科学と非科学を区別するという問題に集約されていた。科学的知識と非科学的知識はどのように区別することができるのか。マルクス主義の理論に関してはどうか。フロイト学派の理論についてはどうか。

ポパーはその自伝の中で、彼に最も影響を与えたのはアインシュタイン（A. Einstein, 1879–1955）であると述べている。一九一九年、一七歳のポパーはアインシュタイン理論を見事なまでに吟味した。これによって、ニュートンの宇宙論を真の意味で克服し得る新しい宇宙論が誕生したのである。しかし、アインシュタイン自身が確かな吟味を欠く場合は自分の理論を擁護すべきでないと明言していたため、それはポパーを納得させるほどの成功ではなかった。理論への批判的アプローチこそ真の科学的態度である、とポパーは判断した。理論の検証を求める代わりに、ポパーは吟味された理論を更に反駁し得るような厳しい吟味を求めたのである。たとえそうした厳しい吟味が理論を確立することがないにしても……。

ポパーはこの反駁という考え方によって、科学と非科学を区別するための規準を持ち得たのである。

「もし誰かが科学的理論を持ち出すならば、彼はアインシュタインがそうしたように次のように応ずるべきであろう。『自らの理論を擁護すべきでないと判断するのはいかなる状況においてか。言い換えれば、自らの理論についての反駁ないし反証を受容するために考えられ得る事実とは何か』」[3]。その著作『探究の論理』（一九三四）において、ポパーは区別する規準としての理論に関わる「誤りを証明し得る可能性」という考え方を紹介している。

今となっては、科学を区別するというポパーの規準は、多くの人々にとってはほとんど意味をもたない。しかし、それは知識についての常識理論を打ち破った。批評家たちは次のように主張する。誤りを証明することと「誤りを証明し得る可能性」によって、私たちが受容すべき理論を知り得るというわけではなく、また同様にどの理論が真実かを知り得るわけでもない、と。それらは、科学のための論理的基礎となるものは全く与えてくれないのである。

ポパーの持ち出した規準に対する反対意見は、当然のことながら「知識についての常識理論」の一部である合理性の正当化理論から生じている。

実際のところ、この合理性の正当化理論は、ベーコンの時代より科学と非科学を区別するための規準として機能してきた。すなわち、科学とは実験によって正当なものと確認されてきた諸原理の中に存在する。このように、区別する規準としての「誤りを証明し得る可能性」を活用しようという自らの提案の卓越性を確かなものとするため、ポパーは合理性の正当化理論を批判し、それに代わる新しい理論を打ち立てなければならなかったのである。

1　批判的合理性

合理性の正当化理論に反対して、ポパーは理論なるものを正当化することは断じてできないと主張した。理論を正当化することは論理的に不可能であり、またそうしたあらゆる企ては無限の後退をもたらす。なぜならば、私たちはそれが正当である理由を求めて、いかなることをも「正当化」しようとするからである。しかし、そうした正当化が正しいとされないならば、主張が正当化されることもなく、正当化は論理的に不可能となる。もし正当化が不可能であるならば、結局のところ合理性もあり得ないものとなる。

A　この主張cは真実である。
B　あなたはcが真実であることを、どのようにして知りましたか。
A　なぜならば、cはdから生じ、dは真実であるからです。
B　あなたはdが真実であることを、どのようにして知りましたか。
A　なぜならば、dはeから生じ、eは真実であるからです。
B　あなたはeが真実であることを、どのようにして知りましたか。
A　なぜならば、eはfから生じ、fは真実であるからです。
B　あなたはfが真実であることを、どのようにして知りましたか。
A　なぜならば、……

無限の不毛性を避ける方法の一つは、それ自身正当化を必要としない究極の権威（例えば、感覚的経験、直観、自明であること、その他究極の権威）を受け入れることである。

B　あなたはfが真実であることを、どのようにして知りましたか。
A　なぜならば、自らの目でfを見ることができるからです。（あるいは、fは自明のことであるからです。）
B　あなたは自らの目で見ることが真実であることを、どのようにして知りましたか。
A　なぜならば、感覚による観察は真実に対する権威だからです。

しかし、究極の権威（感覚的経験など）に訴えることは合理性を捨てることである。さしあたり、すべての感覚による観察が正しいとする主張――それ自身正当化され、確認されたわけではないが――を受け入れることはやめにしよう。ここで改めて、私たちは正当化された合理性が論理的に不可能であることを理解するのである。

論理的根拠のない正当化された合理性に関する常識理論に代わり、ポパーは自らの批判的合理性に関する理論を発表した。それによれば、私たちは知識を正当化することを期待すべきでなく、それよりも私たちの今現在の知識に固有のものである誤りや不正確さ、限界に期待すべきなのである。

合理的であるということは何を意味するのであろうか。ポパーによれば、批判に耐え得る理論や言説、また提案、行為などを仮説的に受け入れる（あるいは選ぶ）ことが合理的であるということになる。これは、私たちが批判に耐え得る理論を選ぶことを「正当化」する（別の言葉の意味で）ということでもある。

ポパーの批判的合理性が確実性の探求と結びついているわけではないことに注目してほしい。ほとんどの人々が知識と論証可能な真実、そして（それゆえに）合理性と正当化を同等視するようになるのは、確実性の探求によってである。しかしながら、批判的合理主義者はその言説の真偽を確かめようとはしない。そのため、批判的合理性は正当化された合理性の誘惑を免れるのである。批判的合理主義者にとって、ある理論についての批判を止めることでその理論が正しいという結論を導くことは、いかなる利益にもならない。批判は際限なく続くのである。あらゆる分析に耐えて、十分に検討された理論について常に言われることは、「これまでのところ、それは誤ってはいない。それゆえ、批判に耐えられなかった他の理論よりこちらを選ぼう」というものであった。

正当化された合理性の論理的難点を回避しているため、批判的合理性は合理性をめぐる理論の中では明らかに優れている。ここで私たちは誤りを証明することこそが、科学と非科学を区別するうえで正当化よりも優れた規準であることを理解するのである。なぜならば、私たちはたとえ科学的見解を批判することができたとしても、それらを正当化することは決してできないからである。すなわち、正当化は論理的に不可能である。私たちは、自らの批判が今のところは現実的に誤っていないという見解を（仮説的に）受け入れるのである。ここで、私たちはポパーの批判的合理性をめぐる理論が、どのようにして彼の提案（すなわち、誤りの証明を、区別するための規準として用いるということ）の基盤となっているかを知る。私たちは、事実として誤っている見解のみを批判することができる。したがって、誤りのない見解は科学ではない。

しかし、その論理的卓越性にもかかわらず、ポパーの合理性に関する理論は多くの場合、正しく受容されておらず、そのため「誤りを証明し得る可能性」も科学と非科学を区別するための規準としては未だに受け入れられていない。ポパー理論へのこのような抵抗は、知識についての常識理論の他の部分——知識の起源についての常識理論——への賛同から生じているのである。

2　客観的知識

常識理論に従えば、知識は人間の観念ないし概念から構成される。では、もしすべての知識が主観的であるならば、誰が知識の批判家たり得るのか。私たちはだれか他人の「知識」を批判することはできるが、私たちはそのことを自らの主観的知識に基づいて行うのである。私たちが自らの知識を批判することなど、実際には決してできないことである。

知識の源泉をめぐる常識理論の混乱とは、以下のことである。それは、もしすべての知識が主観的であるとすると、科学的知識は説明できないということである。なぜならば、すべての知識が主観的であるならば、同じ現象をめぐる二つの理論について、一方の理論はもう一方の理論より優れているとは言えなくなるからである。私たちは一方の理論を信ずる場合、もう一方については疑わざるを得なくなる。しかし、確信をもったからといって、私たちは科学と非科学を区別できるわけではない。このように、すべての知識が単に主観的なものであるならば、例えば物理学の諸概念とは物理学者たちが正しいと信ずる諸概念ということになってしまう。しかし、これでは物理学と天文学を区別することはできない。占星学も同様に信じる事柄をその内容とするからである。物理学者の信じる事柄が占星学者の信じる事柄より優れていると誰が言えようか。実際に、もし知識が単に信じる事柄そのものであるならば、意味をなすものとそうでないものを区別する方法もないということになる。自らをココナッツであると信じる狂人は、そうした信念が極めて稀であるという理由によってのみ非難され得るのである。要するに、すべての知識が主観的であるという理論は、理性の働きを不可能とするのである。

知識の本質をめぐる常識理論に対して、ポパーは客観的知識に関する理論を提案した。彼は私たちが次の三つの世界を識別するであろうことを示唆している。第一番目は、物質的状況の世界、二番目は精神的状況の世界、そして三番目は諸問題、諸原理、諸議論などから構成される思考に関する客観的内容の世界である。第二の世界には主観的知識が含まれている。そして第三の世界は、客観的知識の世界である。

第三の世界の「住人」――諸原理、諸問題、諸議論など――に関するポパーの最も驚くべき推測の一つは、これらが単に主観的な精神的状況を表現するものではないということである。これらは本質的には第二の世界と無関係に存在する、とポパーは言う。これらは私たちの心の外に存在するのである。こうした客観的感覚における知識は、いかなる人の知ろうとする要求とも全く無関係である。同意し、主張し、行動しようとする信念などとも無関係である。「客観的感覚における知識は、認識主体（知る人）の外にある知識である。(4)」すなわち、認識の主体の外にある知識である。

ポパーが第三の世界の独立的存在を説明するために用いる一例は、数である。

数の体系は、人間にとっては発見というよりも発明であると言えよう。しかし、偶数と奇数、また整除できる数と素数の違いについては発見によるものである。これらの特徴的な数の集合は、ひとたび数の体系が存在すれば客観的なものとしてそこにある。そして、それらの特性は発見されたものである。(5)

こうした状況は、科学的諸原理に関しても同様である。各々の科学的理論は、客観的には重要な結論的体系——それが発見されているか否かはともかくとして——を持つものである。科学者の客観的課題——第三の世界の課題——は、新しい理論に関する適切な論理的帰結を発見し、現存の諸原理に照らしてそれを検討することである。

これらの問題を考慮するためには、客観的かつ自律的な存在としての第三の世界——諸原理、諸問題、諸議論の世界——を確立することが必要となる。しかし、多くの人々は、ポパーの批判的合理性に関わる理論の根底にある客観的知識をめぐる理論——それは区別する規準として「誤りを証明し得る可能性」を用いる彼の提唱の根底にある考え方でもあるが——を容易に受け入れようとはしない。人間はいかにして客観的知識を獲得することができるのか。人々は、経験や感覚による観察から知識が生じるという常識理論に沿ってこのように尋ねる。人間はいかにして感覚的経験を通して客観的知識を獲得することができるのか。ポパーはこれを「精神のバケツ理論」と呼んで、知識の根源を説明するには全く不適切なものとして退けているのである。

3　推測的知識

盲聾者でありながら驚嘆すべき知性の発達を示したヘレン・ケラーの事例を想起すると、「精神のバケツ理論」には疑念が生ずる。ポパーはヘレン・ケラーの事例をしばしば取り上げているが、この理論に対する彼の議論は、主にその論理性に向けられている。知識が感覚による観察において生ずることは論理的に不可能である、とポパーは主張するのである。

多くの講演や論文において、ポパーは人々の関心を喚起することによってこのことを説明したのである。「観察せよ！」このように言われたとき、大抵の人々は「あなたは私に何を観察してほしいのか」と尋ねるであろう。

観察とは予想の産物である、とポパーは論ずる。問題や疑問――予想を伴うもの――抜きで観察することは論理的に不可能である。そのため、人は観察ではなく、まず予想することから始めなければならない。論理的に予想が観察に先立つものでなければならないとすれば、そこには生得的予想とも言うべきものが存在するに違いない、とポパーは推断する。新生児は全く観察することができない。だが、生得的予想をもって誕生したに違いないのである。勿論、ポパーは生得的観念の存在を認めているわけではない。彼によれば、それは不条理なものということになる。しかし、すべての生物は生得的な反応をもって生まれてくるのであり、ポパーはそれらを「自然な傾向」、「生得的予想」、もしくは「同等な諸原理」と呼んでいる。

新生児は、生まれ出た世界と自らの関係についての諸原理とともに生まれてくる。自分の近くにあるものすべてを手でつかみ口に運ぼうとするのも、新生児の自然な傾向である。それは生得的なものなのである。それが生まれ出た世界と新生児との関係における原理でもある。新生児にとって、生まれ出た世界はおしゃぶりの対象なのである。

こうした原理（自然な傾向、生得的予想）のいくつかは、実際に感覚器官の中に組み込まれている。下等生物であるゾウリムシの単純な感覚器官を取り上げてみよう。ゾウリムシは障害物にぶつかると後退し、その運動を他方向へと変える。この生物の感覚器官に組み込まれているのは、このように反応するメカニズムである。ゾウリムシは、障害物があると後退しつつ他方向に進むという生得的傾向をもって生まれてくるのである。また、ゾウリムシは揺らしたりして衝撃を与えると、そのまま動かなくなるという生得的傾向も併せ持つ。さもなければ、進む方向を変えて障害物と衝突してしまうからである。(6)

最も重要な生得的予想のひとつは規則性の発見である、とポパーは言う。生物は規則性を捜し出そうとする生得的傾向をもつ。エルンスト・ゴンブリッチ（E. Gombrich）が述べたように、私たちは生まれながらの秩序感をもっている。秩序についての予想は、論理的には観察の前に来なければならない。すべての観察は類似性と相違性の認識を必然的に含む、とポパーは論じている。しかし、類似性と相違性は私たちにとっての類似性、もしくは相違性を意味するにすぎない。ある状況に対して、それが他の状況と同等であるか否か、類似性があるか否か、また反復か否かについて応答するのは私たちである。したがって、私たちは規則性についての生得的予想をもつに違いないのである。

ここでポパーは、一つの実験を引き合いに出す。それは火をつけたタバコを数匹の子犬の鼻の近くに置いておくというものであった。子犬たちはタバコの臭いを嗅ぐと直に向きを変え、再びその臭いを嗅ごうとはしなかった。そして数日後、子犬たちはタバコを少し見ても、また丸められた白い紙を見ただけでも、逃げたりくしゃみをするようになった。ポパーはこの出来事――動物の子どもを飼っている人が皆共通に経験することの一つでもある――を以下のように解説する。すなわち、子犬たちは二度目の状況を最初の状況の繰り返しととらえ、そこにおける主要素を不愉快な臭いであるとして、上記のような行動を示したのである。子犬たちにとって、その状況は以前のそれと類似しているがゆえに繰り返しであった。(7)

生物がいかなる時にももつ予想の全体は、ポパーの呼ぶ「予想の範囲」を構成する。予想の範囲は関係の枠組み、すなわち認知地図の役割を果たす。(8) しかし、私たちが生まれながらにして持つそうした認知地図や諸原理は、必ずしも確かなものというわけではない。私たちの予想は、しばしば当てが外れる。予想が外れたことにより、問題が生ずることもある。

外れた予想、問題と直面しながら、すべての生命有機体と同じように、私たちは試験的解答――新しい推測、新しい仮説――を提示しようとする。新しい試験的解答は、当てにならない諸原理や自然の傾向、行動を修正ないし変化させる。ゾウリムシの行動を思い出してほしい。ゾウリムシは、自らの予想が外れたことにより絶えず行動を修正する。衝撃を与えられると後退し、再び新しい方向へと動き始めるのである。同じことが新生児についても言える。新生児は、自らの予想が外れたことにより絶えず行動を修正する。また、熟練工や芸術家についても同様である。彼らも自らの予想が外れたことにより、絶えず行動を修正する。そして、科学者や歴史家も同様に外れた予想により、自らの諸原理を絶えず修正するのである。

要するに、原理は観察に先立つものという論理から、ポパーは感覚による観察は知識の源泉とはなり得ないと主張するのである。私たちは観察する前に予想することが必要となるのである。さらに、ある刺激や状況に反応する「原理」や自然な傾向は、私たちの身体的構造の中に組み込まれている、とポパーは指摘する。私たちは原理とともに生まれる。そして、こうした原理や自然な傾向、生得的予想が当てにならなくなった時、私たちはこれらを修正するのである。このことから、ポパーは知識が私たちから生ずる、すなわち知識は推測的なもの、と結論づける。私たちは知識を創造する。私たちこそが知識の源泉なのである。

推測的知識をめぐるポパーの着想が、科学的知識だけでなくゾウリムシによって啓発された知識をも含むことに注目してほしい。知識の源泉に関しては、ゾウリムシと科学者との間に違いはない。ポパーが述べているように、科学とは「私たちの予想の範囲において、科学以前の修繕仕事をそのまま継続させたもの」(9)である。ゾウリムシと同じように、科学者は決して無から出発するわけではない。いかなる場合においても、科学は予想の範囲を前提とする。仮説を集め、それらが不適当である場合は修正・変更するのである。

すべての生物は知識を創造するが、その中でも人間だけが客観的知識を創造でき、また理性的（すなわち、批判的）であり得る。そして、これは人間に固有の言語によって可能となる。多くの場で、ポパーは「言語の機能」について論じてきた。第一は、ポパーが言語における下位的機能と認定した、自己表現と合図の二つである。自己表現の機能において、言語は生物におけるある種の状態を示す

──例えば、恐怖や苦痛の叫び──ものとなる。合図するという機能において、言語は他の生物からの反応を引き出す──警告や嘆願など──役割を担う。すべての動物、すべての人間の言語は、これら二つの下位的機能を共有する。しかし、人間の言語はその他にも多くの機能をもつ。その中で、最も重要と考えられるのが記述と討論に関する機能である。

記述的言語の発達に伴い、言語に関する第三の世界が登場する。そして、それによって事実についての規則的な観念、すなわち事実に符合した記述が登場するのである。

人間の言語に関する四番目の機能、すなわち討論的機能は、記述的機能を前提とする。すなわち、討論は根本的には記述に関わるものである。それは事実についての規則的観念という視点から記述を批判するのである。このように、言語における記述的機能の発展は、客観的知識が存在する（第三の世界の）ために必要な必須条件である。そして、討論的機能の発展は、批評（批判的合理主義）のために必要な必須条件である。記述的言語は、私たちの批判的討議のための「対象」を生み出す。そして、討論的機能の進展に伴って、批判は知識の更なる成長のための主要手段となるのである。(10)

ここで、知識の諸問題をめぐるポパーの見解に注目してみたい。知識の起源ないし源泉をめぐる問題について、ポパーは生物が知識を創造するという理論を発表した。知識を創造するという点において、科学者とゾウリムシには何ら違いはない。しかし、科学者が創造する知識の本質は、ゾウリムシのそれとは異なる。ポパーは、科学者は客観的知識を創造するという理論を発表した。自らの理論を記述的言語に置き換えることにより、科学者は第三の言語的世界、すなわち客観的知識の世界を創造することができるのである。批判──ポパーが「批判的合理性」と呼ぶもの──が可能となるのは、知識が客観的なものとなる場合だけである。ゾウリムシは自らの予想や理論については、批判的になり得ない。それはゾウリムシが自らの予想や理論に直面するわけではなく、それらがゾウリムシの内にあるものだからである。主観的知識も、それが客観的なものとなれば批判の余地を与えられる。それは私たちが考えるところを述べ、さらに書いたり印刷したりする場合にのみ客観的なものとなり得るのである。(11)

ポパーの推測的知識をめぐる理論は、批判的合理性に関する彼の理論の基礎となっている。そして、彼の批判的合理性に関する理論について、なぜ人々がそれを受け入れる上で混乱するかを説明する補助となっているのである。もし誰かが知識についての常識理論の魔力にとりつかれている場合、その人は知識の根源が認識主体（知る人）の外にあると信じているからである。その人は、人間は感覚による観察から知識を与えられると信じる。したがって、知識の受容可能性をめぐる問題は、知識を正当化する事柄へと摩り代わるのである。しかし、ポパーが示唆するように、知識が推測的なものである以上、それは決して正当化されることはない。その知識はあくまでも推測的なものに過ぎない。私たちがその受容可能性を確かめる方法は、批判によってのみである。そして、私たちが科学的知識と非科学的知識を区別する方法は、「誤りを証明し得る可能性」という規準によってのみである。科学的知識（真実の世界についての推測）は誤りを証明し、論破することができる。

しかし、多くの人々は、すべての知識は推測的なものであり、それらは私たち自身から生ずるという理論を受容することを未だ容易ならざることと感じている。これらの人々は、私たちが外の世界から知識を与えられるという観念を捨て去ることができないでいる。このことを否定することは、私たちが経験から学ぶことを否定することだ、と彼らは言う。ここで、私たちは常識理論の第四の側面（知識はどのように成長するかをめぐる理論）に直面するのである。常識理論によれば、知識は帰納によって成長することになる。経験の繰り返しによって、私たちは某かのことを知るようになる。白い白鳥を繰り返し観察することにより、すべての白鳥は白いという観念に到達する。同様に、タイプライターを繰り返し使うことによって、その使用方法を知るようになるのである。

4　推測と反駁

ポパーの帰納に対する反対論は、常識理論の他の諸側面に対する反対論と同様、論理的である。すでに確認したように、彼は正当化された合理性について、それが無限の後退をもたらすという理由で反論している。その一方で、彼は知識の根源としての観察についても、それが論理的に不可能だという理由を示しながら反論するのである。帰納に対するポパーの反論は、ヒュームによって初めて唱えられた反論に続くものである。ヒュームは、私たちが「自ら経験した事実」から「経験したことのない他の事実」を推論することは論理的に不可能であるとする。例えば、私たちは観察した多くの白鳥をめぐる事実から、すべての白鳥が白いという結論を下すことはできない。私たちは白い白鳥の「事実」を経験として知っているのであるが、私たちが知らないすべての白鳥もまた同様に白いと推論することはできないのである。だが、白い白鳥のような事実について、私たちは過去の経験を信頼でき得ると主張する人々もいるであろう。つまり、もし私たちが一定の関係における多くの確かな事実を経験として知っているならば、そうした関係は未観察の事例においても継続的に適用され得るというのである。しかし、ここでもまた、同様の反論が返される。ヒュームは述べている。「私はここでまた自らの疑問を新たにする。この経験から、私たちは実際に経験してきた過去の事実を超えた結論を下すことが果たしてできるのであろうか」。

A_1　白い白鳥をx羽観察した経験から、私はすべての白鳥は白いと結論づける。

B_1　しかし、あなたは自ら経験したことから、自らは経験していないことをどのようにして推論できるのですか。

A_2　私の過去の経験から、xという数の事実における一定の関係を観察して、こうした関係はすべての事例において適用されることを知っているのです。

B_2　しかし、あなたは自ら経験したことから、自らは経験していないことをどのようにして推論できるのですか。

A_3　私の過去の経験から、xという数の事実におけるA_2のような関係を観察して、そうした関係がすべての事例において適用されることを知っているのです。

B_3　しかし、あなたは自ら経験したことから、自らは経験していないことをどのようにして推論できるのですか。

A_4　私の過去の経験から……

ヒュームの主張は、経験をアピールして帰納の働きを正当化するいかなる企ても無限の後退を招く、というものである。ポパーはヒュームの主張を帰納に関する決定的かつ論理的な反論として受け入れている。しかし、ポパーはヒュームの主張をヒューム自身が用いた主観的かつ精神的な（第二の世界の）言語においてではなく、客観的な（第三の世界の）用語を用いて改めて系統化している。ここで、ポパーによる問題提起は以下のようなものとなる。私たちは一つの主張（ヒュームにおける経験した事実）から普遍的主張という真実（ヒュームにおける経験していない事実）を推論することができるのか。(12)

ヒュームに同意しつつ、ポパーは否と言う。真の観察を主張することによって、普遍的原理の存在を正当化することは不可能である。そのため、帰納をめぐる論理的問題は否定的に解決される。帰納は論理的に不可能なのである。

しかし、人々は経験していない事実を経験した事実に従わせることを強く期待し、またそうであると強く信じる。例えば、人々は太陽は明日また昇ると強く信じる。

ヒュームは人間とはこうしたものだと考えた。そのため、帰納が論理的に不可能であるという事実にもかかわらず、人々は帰納的に推論すると主張したのである。そして、彼は人々は習慣によってそうすると考えたのである。ヒュームは、私たちの知識が反復によって条件づけされると信じていた。そのため、例えば、私たちが多くの白い白鳥を観察していると、すべての白鳥は白いことを期待するように条件づけされるようになる――このように断定する論理的根拠は何もないのだが――というのである。

ポパーは、人々が反復によって経験していない事実と経験した事実を連続させるようになる、というヒュームの主張には反論する。反復によって確信を得ることなど論理的に不可能である、とポパーは言う。ここでポパーは、ヒューム自身が帰納の理論を論破するために用いたのと同じ「無限の後退論」によって反論を展開するのである。ポパーによれば、反復とは類似性を前提とし、また類似性とはそれを見る観点——理論や予想——による。白い白鳥を繰り返し観察することにより、二番目に見た白鳥を最初に見た白鳥と類似したものと受け止めるとしたら、その人は二つの観察に関して、最初の観察が二番目の観察に類似するという予想や理論をもつに違いない。換言すれば、「すべての白鳥が白い」という理論は、白い白鳥を繰り返し観察した結果というわけではない。経験を繰り返す前に、その人は「すべての白鳥は白い」という理論を内面化していたに違いないのである。(13) ポパーはそれについて次のように述べている。

私たちにとっての類似性とは、(不十分かもしれない)解釈や(実現しないかもしれない)予想に期待を込めた、その反応の結果なのである。したがって、予想というものをヒュームが示唆したような多くの反復における結果として説明することは不可能なのである。最初の私たちにとっての反復でさえ、それは類似性を基礎としているに違いない。そして、それ故に予想——私たちが正確に説明しようとする事柄——を基盤としているに違いないのである。(14)

帰納とは条件づけの問題であるとしたヒュームの説明は、彼自身を無限の後退へと導いている、とポパーは結論づける。したがって、帰納というものは存在しないのである。動物も人間も帰納のような方法は用いないのだ。私たちが帰納を用いるという確信は、全くの誤りである。それは一種の錯覚

なのである。(15)

帰納の存在が否定されたため、知識が帰納によって成長することが不可能であるとすれば、一体どのようにして知識は成長するのであろうか。これについてのポパーの回答は、知識は推測と反駁、すなわち試行錯誤を排除するという方法によって成長するというものであった。何よりも、すべての知識が推測的であるというポパーの主張を想起してほしい。これは、知識の成長が、私たちの推測をよりよい推測に置き換えることによって成り立つことを意味する。

私たちはこれをどのようにして行うのか。

前述のように、知識は一つの理論——まず第一に自然の傾向と予想という形での生得的理論から生ずる。しかし、私たちの経験と観察によって、そうした理論の中には誤ったものもあることが明らかになった。このことが、私たちに問題を投げかけている。そうした問題は、私たちの理論が困難に遭遇する時に生ずる。私たちには秩序感、規則性を期待する感覚というものがあるから、新しい推測によって問題を解決し、また不十分だと証明された理論を修正、改善しようと試みる。しかし、そのうち主要な推測が部分的には問題を解決しながらも、それがまた新たな問題をも生み出すことを発見するのである。そこで、私たちはまた新たに推測し、新しい理論を創造することになる。

知識とはこのように成長していくものである。私たちは問題を孕んだ理論から出発する。そこから、新しい推測により、新しい理論、よりよい理論を打ち立てる。やがてそれらが問題を呈するようになると、さらに新しい推測によって、新しい理論を創造していく……。そして、更なる同様のことが行われていくのである。各々の新しい理論は、それ以前の理論と同様の誤りや問題点がない限りにおいて優れている。しかし、そうした新しい理論にも未だ露見しない誤りや問題点が内包されているのである。私たちの理論とは試案のようなものだ、とポパーは言う。試案の中に誤りを発見し、排除するとき、私たちは理論を改善し得るのである。知識の成長とは、試行錯誤を排除していく行為なのである。

試行錯誤を排除していく行為は帰納のように見えるが、その論理的構造は全く異なる。帰納の場合、その意味ある論理的構造は、私たちが経験する事実から類似の原則という事実、すなわち私たちが経験しない事実を推測するところにあった。これは論理的に不可能であるし、条件づけの問題でもあり得ないことはすでに見たとおりである。しかし、反例から類似の普遍的原則の「虚偽性」を推測することは論理的に可能である。「これは黒い白鳥です」は、「すべての白鳥は白い」という原則に対する反例である。「すべての白鳥は白い」に対する一反例を受け入れることは、「すべての白鳥は白い」という原則に誤りがあることを意味するのである。ここでの論理的構造は演繹的である。

一、すべての白鳥が白いとするならば、この白鳥も白いということになる。
二、しかし、この白鳥は白くない。
三、したがって、「すべての白鳥が白い」は誤りである。

演繹的論理においては、推論が誤りであることは諸前提の（少なくとも）一つに再伝達される。反証はこうしてでき上がるのである。ポパーが述べるように、「帰納は論理的な説得力に欠けるが、反証は一つの反例から類似の原則について論ずる――あるいは反論する――ための論理的にも確かな方法である」(16)。このように、知識の成長は特定の事実から一般的原則を帰納する過程のように思われるが、決してそうではない。なぜならば、知識の成長とは、推測と反証の行為であり、試行錯誤を排除するという問題だからである。私たちは推測するが、それについての反例や矛盾点を知るとその推測を修正するのである。そして、こうした行為において用いられる論理的立場が、演繹的論法なのである。

知識は反例を知ることによって成長していく。したがって、知識を成長させる最も有効な手段は批判である。私たちは批判を通して、自らの理論についての反例や矛盾点を発見する。また、自らの理論の限界と不十分さを明らかにすることが可能となるのである。もし私たちが知識の成長に寄与することを望むならば、知識への批判的アプローチをすべきだ、とポパーは言う。

科学であるという御墨付を与えられるのは批判である、とポパーは主張する。科学を非科学と区別するものは、すべての知識に対して自覚的かつ慎重に批判的にアプローチしようとする姿勢である。科学の歴史が知識の進歩の歴史でもあったのは、このような理由による。

もう一度、ゾウリムシと科学者を対比してほしい。科学者もゾウリムシも共に知識を創造することはすでに述べたとおりである。そして、共に試行錯誤を排除することによって、知識を発展させていくのであるが、科学者は自らの知識を言葉に置き換えることにより、誤りを容易に発見できるという限りにおいて優位に立つ。しかし、ここでポパーは両者における重大な違い、すなわち誤りに対する姿勢の違いを明らかにするのである。

ゾウリムシと違い、科学者は問題が起きると常にそれを検討し、誤りを発見しようと努める。つまり、自らの問題について批判的にアプローチするのである。知識に対して自覚しつつ批判的にアプローチすることによって、科学者は不適切な問題解決を排除することができ、よりよい問題解決を図る――換言すれば、知識を成長させる――ことができるのである。それは不適切な推測を、よりよい推測に置き換えることでもある。

ゾウリムシと科学者に関して、もう少し続けたい。両者は共に誤りを犯す存在である。科学者は誤った理論を排除するために批判的アプローチを用いるが、彼はそうした理論のうち限定されたものだけを排除できるのであり、すべてを排除できるというわけでは決してない。ポパーは次のように述べる。「アメーバが誤るのと同じように、アインシュタインも誤りを犯すのである」。このことは、真実が必ずしも私たちの理論によるものではないことを意味する。私たちが指摘できることは、その理論が正しくないとか、以前のものより優れているということだけである。

この時点において、私たちはポパーの人間観の核心――人間とは誤りを免れない知識の創造者である――に到達するのである。すべての知識は推測的なものであり、それらを正当化することはできないことを私たちは確認した。しかし、私たちはそうした推測を批判にさらすことにより改善することができる。こうした改善が「継続的に」なされる可能性は、直接的には私たちが誤りを免れない創造者であることによってもたらされる。知識は完璧ではあり得ないため、絶えず修正・改善されることが可能である。

誤りを免れない創造者という人間観から、さらに私たちは自らを（そして、すべての生物を）目的を追求する存在というより問題を解決する存在としてとらえるべきであろう。[17]なぜならば、私たちの推測は常に限定された、不適切で、誤りに満ちたものであるため、絶えず新しい問題を引き起こすからである。そのため、私たちは絶え間なく問題解決に携わるのである。そして、私たちが解決しようとしている問題は、前の問題を解決しようとして打ち立てた推測や理論によって生じたものである。このことを説明するためのもう一つの方法は、人間が絶えざる真理の探究者だということである。人間は真理についての探究を旧い消極的とも言える様式で——自らがすでに打ち立てた知識の中の誤りを排除することによって——行うのである。

ポパーは私たちが経験から学ぶことを否定しないが、経験が知識の成長において果たす役割については検討を重ねてきた。知識の成長は、現状の知識を修正ないし精練することによって成り立つ。しかし、私たちは現状の知識が誤っていることを発見した時だけその知識を修正する。したがって、知識の成長は、誤りや不十分さを経験するか否かで決まる。つまり、知識の成長とは、否定的な経験、期待に背くような経験によってもたらされるのである。私たちは自らの理論に対する反例や期待に背くような経験を全くしないと、自らの理論を変えようとはしなくなる。そうした状況では、私たちの知識は全く変わらず、したがって成長もあり得ないということになる。

これまで、私は科学と非科学との区別という問題についてのポパーの研究がいかなるものであるか、について述べてきた。ポパーの研究は、全く新しい認識論を創り上げたと言えよう。それは伝統的な知識についての常識理論を批判し、それに取って代わるものであった。

ここで復習をしておくと、ポパーの認識論は、知識をめぐる以下の四つの基本的疑問に対する全く新しい答を提示しているのである。

一、知識を受容することの基礎理論または論理的根拠は何か。科学と非科学を区別するためにポパーが用いた「誤りを証明し得る可能性」という規準は、「批判的合理性」という新しい理論を生み出した。すなわち、ある主張を容認できるか否かは、それがどれだけ十分批判に耐え得るかにかかっている。

二、知識の本質とは何であろうか。批判的合理性の理論は、「客観的知識」なる理論を生み出した。知識は、それが独立した存在であるがゆえに批判され得る。それはポパーの言う第三世界の主要な部分である。知識は認識の主体を抜きにして存在する。

三、知識はどこから生ずるのか。客観的知識をめぐる理論は、すべての知識が推測的なものであるとする理論に基づいている。私たちは知識を受容するのではなく、知識を創造するのである。知識は私たち自身から生ずる。

四、知識はどのように成長するのか。すべての知識を推測的なものとする理論は、知識が推測と反駁によって、すなわち試行錯誤の排除によって成長するという理論を導き出す。

5　進化論的認識論

近年、ポパーは自らの知識理論をダーウィン主義の理論として特徴づけ、それを「進化論的認識論」と名づけている。ダーウィンの理論によれば、種は自然淘汰に伴う突然変異の結果として進化したのである。同様のことが知識についても言える。私たちの知識は、いかなる時でも、存在し続けることによって（相対的な）適合性を示す推測から成り立つのである。すべての淘汰は誤りの排除である。「淘汰されて」——排除された後に——生き残ったものも、その時点まで排除されなかっただけに過ぎない。(18)

この見方からすれば、知識の成長とは、環境への適応の問題、すなわち淘汰と試行錯誤の排除による適応の問題である。この見方は動物の行動や科学以前の知識ばかりでなく、科学的知識をも包み込むものである。ポパーは次のように述べている。「アメーバからアインシュタインまで、知識の成長については常に同じである。私たちは自らの問題を解決しようと試み、誤りを排除する過程で自らの試験的解答の妥当性に近づく何かを得ようとするのである。」(19)

動物や植物でさえ、問題を解決しようとする存在である。そして、それらも試行錯誤を排除する方法で自らの問題を解決するのである。自らの問題に対する試験的解答は、それらの行動や器官に組み入れられる。これらは理論の生物学的相似性である、とポパーは言う。理論の特性を示して、それらは世界への推測的、試験的適応である。理論という形態であろうとなかろうと、これらの推測や行動、器官は世界（第一の世界）に影響を及ぼす。それによって、生態学上の新しい適切な場が創造されるのだが、このことがまた新しい問題の発生を促すのである。しかし、このような新しい問題こそ、新しい創造、新しい進化、新しい成長を刺激するのである。

ポパーは、成長をめぐるダーウィン主義の理論を以下のような図式で説明している。

P_1 → TT → EE → P_2

私たちはP_1という問題からスタートして、試験的解答であり仮の理論であるTTに進むが、それも（部分的もしくは全体的に）誤っている可能性がある。ともかくも、ここで必要となるのは誤りを排除することであり（EE）、それは批判的討議と実験的試験によって成り立つのである。新しい問題であるP_2は私たちの創造的活動から生ずる。そして、こうした新しい問題は私たちが故意に作り上げるわけではなく、新たに関わる分野より自律的に現れるものなのである。それは、たとえ私たちがそうであることを望まなくとも、その度に必然的に生ずるものなのである。(20)

第三節　二〇世紀の教育理論——誤りからの学習

すでに述べたように、教育についての伝統的な伝達理論は、知識についての常識理論の受け入れを当然のことと考える。この常識理論に従えば、知識とは主観的なものであり、認識主体（知る人）の心の中にのみ存在する。私たちは自らの外側から知識を受け入れるということになり、受容の可能性はその知識がいかに正当化されるかによる。そして最終的に、帰納によって知識は成長することになるのである。私はこれまで、カール・ポパーがこの知識についての常識理論をいかに批判し、また全面的に論破したかを紹介してきた。彼の見解は、次のようなものであった。すなわち、帰納というものは存在せず、知識を私たちが自らの外側から受け入れることは論理的に不可能であり、知識を正当化することも論理的に不可能である。そして、彼は次のように主張した。もし知識が単に主観的なものであるならば、理性の働きはあり得ず、科学と非科学、意味と無意味を区別する手段もなくなるのである。

したがって、このような知識理論に基礎を置く教育の伝達理論は誤りである、と結論づけることができる。教師は生徒に知識を伝達するのではない。そもそも、このようなこと自体、起こり得ないのである。

カール・ポパーは教育の伝達理論を徹底的に論破した。併せて、彼は私たちに新しい知識理論を提示したのである。それがダーウィン主義の理論に基づく進化論的認識論であり、これによって新しい教育理論――教育をめぐるダーウィン主義の理論――を構築することが可能になったのである。この教育理論は、「誤りからの学習」と名づけることができるであろう。その最も顕著な特質は、学習者および教師の役割についての新しい着想である。この理論によれば、学習者は受動的存在ではなく、能動的存在として位置づけられる。また、学習者は知識の受容者ではなく、知識の創造者である。そして、学ぶための動機づけや管理を必要としない、秩序の探求者なのである。学習者は、誤りを重ねながら学ぶのである。

教師の役割に関して、ポパーのダーウィン主義理論は教師が知識の伝達者・管理者であるという観念を否定し、教師は教育的環境、すなわち生徒が自らの誤りから学ぶ環境を構成する存在であるという観念を打ち出している。

以下の章において、私はこの新しい教育理論が二〇世紀を代表する教育理論家たちの業績にどのように内包されているかを紹介してみたい。これらの理論家たちは、自らの教育理論を意識的にポパーのダーウィン主義の知識理論に基づいて定式化したわけではない。しかし、ポパーの知識理論からこれら各々の教育理論を解釈することによって、私は二〇世紀教育理論の包括的統合が可能になるのではないかと期待するのである。

第二部　いかに誤りから学習するか

第三章　ジャン・ピアジェ

知識についての常識理論は、私たちが知識を受容することを意味する。私たちは経験から学ぶのである。したがって、ほとんどの人々が同じ種類の経験をしたとすれば、世界についてほぼ同じ理解を共有することになる。

ジャン・ピアジェ（Jean Piajet, 1896–1980）の業績は、知識の源泉についてのこの常識理論に反駁したことにある。ピアジェは、子どもが大人とは異なる方法で世界を理解することを発見したのである。ピアジェが実験によって検証した最も重要なことは、ある特定の時期の子どもは世界について同じ類の誤解をする、ということであった。

例えば、ピアジェは四歳、五歳の幼児は、水が一つのグラスから別のグラスに注がれるのを見ても、細長いグラスの方が、幅が広くて低いグラスよりも水量が多いと理解することを発見した。この年令の子どもはまだ保存性の概念をもっていない、とピアジェは言う。つまり、事物や量は外観の変化に関係なく変化しない――「保存される」――、という概念を持たないのである。この年令の子どもには保存性の概念がないので、細長いグラスの方が水量が多いと考える。両方のグラスの水量は同じであると理解できるようになるのは、六歳か七歳になってからである。

幼児を対象とする別の実験でピアジェが発見したことは、一歳頃までの赤ちゃんは、見えない事物には「興味を失う」ということであった。ピアジェは娘のジャックリーヌが幼児の頃、彼の懐中時計に夢中であったと語っている。しかし、ピアジェが毛布で時計を隠すと、娘は時計には興味を示さなかった。それから八ヵ月後に、娘は「消えてしまった」時計はどこにあるのだろう、と毛布の下を捜し始めたのである。娘に「事物の永続性」という概念が発達し始めた、とピアジェは述べている。すなわち、「見えない」物も、もう「忘れる」ことはなくなったのである。

子どもは世界について、なぜ、大人とは異なった理解をするのだろうか。その理由をどのように説明したらよいのであろうか。より重要なことは、なぜ、すべての子どもは大きくなるまで同じ誤りを続けるのかということである。それは子どもの精神的機能が大人と異なっているからではない。すべての子ども——幼児でも——は、現象を分類したり、関係づけたりすることができる。ピアジェが指摘しているように、子どもは因果関係、時間、空間、数量について理論を持っているのである。しかし、子どもはこれらの精神機能を大人とは異なる方法で働かすのである。子どもが大人と異なる点は、子どもの精神の構造である、とピアジェは言う。子どもは大人とは異なった認知構造を持ち、この認知構造は時を経過するにつれて発達する。すなわち、すべての子どもは認知発達の段階を経過するのである。

私たちは、この認知構造によって世界の理解を構築するので、子どもは同じ現象でも大人とは異なった理解を示すのである。

第一節　認知発達の四段階

ピアジェは、認知発達が四段階に区分されることを確認した。それは、一、感覚運動期（生後二年間）二、前操作期（二～七歳）三、具体的操作期（七～一一歳）四、形式的操作期（一一歳～大人）である。[1]

これらの各段階に、子どもはある種の行動ができる能力を発達させる。各段階を区分する際、ピアジェが注目したのは、それぞれの発達段階における子どもの限定された行動である。例えば、感覚運動期では、子どもは感覚運動的活動だけができるようになる。見る、聞く、触る、匂いを嗅ぐ、味わう、泣く、気持ちを表現する活動である。また、腕や指を動かすことができるようになる。二歳を過ぎると、幼児はこうした能力を入念に働かせて、物をつかんだり、投げたり、口の中や箱の中に入れたりすることができるようになる。また、幼児は音のレパートリー全体を発達させるようになる。さらに、這う、よちよち歩き、歩く、走る、ことが上達するようになる。

ピアジェが前操作期と呼ぶ次の段階で、子どもは話すことができるようになる。ピアジェは言語の異なる機能を区別してはいないが、私たちはここでポパーの考え方にしたがって、この前操作期に子どもは気持ちを表現する能力を発達させることに注目したい。すなわち、一、表示する　二、感情や要求を表現する　三、描写する　四、主張するが論理的ではない。同時に、感覚運動的技能を練習して、その技能の上達を続けるのである。

第三段階の具体的操作期で、子どもは具体的な事物に対して論理的操作を行なうことができるようになる。子どもは多くの事物の間に存在する関係が理解できるのである。例えば、「この青鉛筆は赤鉛筆より長い。したがって赤鉛筆は青鉛筆より短い」。「あひるは全部鳥であるが、鳥は全部あひるではない」というように。この段階の子どもは多くの事物の作用を理解して、その作用を説明することができる。子どもは具体的事物の性質を予測したり、テストすることができるようになる。例えば、「この木片は浮くが、この金属片は沈むだろう」と。子どもは具体的な事物についての論議を理解することができるのである。

ピアジェが形式的操作期と呼ぶ最後の発達段階において、子どもは命題についての論理的操作ができるようになる。「もしソクラテスが人間で、人間すべては死ぬとすれば、ソクラテスも死ぬ」と。また、子どもは命題間の形式論理的関係が理解できるようになる。例えば、「もしpがqならば、pすなわちqである」。このように命題から意味を取り出して、命題間の矛盾を認識することができるのである。

この発達段階の区分は、不思議なことでも珍しいことでもない。人々は長い間、子どもは二歳になるまで話し始めないし、七歳前まではよく考えることはできない、と理解してきたからである。ピアジェは、発達のこの時期について完璧なまでに入念に記述したに過ぎない。(2) しかし、ピアジェは発達段階を単に分類しただけではなかった。ピアジェが提示したのは、この発達がどのように生じるか、についての理論なのである。

第二節　知識の構造主義理論

天才ピアジェの発見は、子どもには出来ることと出来ないことがある、という長い間認識されてきた事実を、知識の構造主義理論を構築するための基礎にしたことである。ピアジェによれば、人間は知識の創造者である。人間は知識を受容するのではなく、それを創造するのである。私たちは知識の消極的な受容者ではなく、積極的な創造者なのである。私たちは活動――感覚運動的活動、言語的活動、論理的活動――を通して知識を創造する。幼児は感覚運動的操作しか行うことができないので、大人とは全く異なる知識や理解を創造するのである。

人間が知識を創造するときの手続きに関するピアジェの分析は、いささか理解しにくいが、その全般的な輪郭ははっきりしている。人々が行う行動（感覚運動的活動、言語的活動、論理的操作）は理論（ピアジェがシェマまたは概念と呼ぶ）を創造し、または発明する。人々は出会う状況についての理解を構築するとき、これらの理論（シェマや概念）を用いるのである。(3)

この知識の構造主義理論を適用すれば、幼児がなぜ大人とは異なった世界を理解するのか、が説明できる。幼児は言語的活動も論理的操作もできない。幼児ができるのは、感覚運動、知覚的シェマのみである。すなわち、世界を理解する手引きを創造するのみである。幼児は出会う状況の理解を構築するためのわずかの理論しかもたないので、出会う状況の理解は限られる。同様の分析は、前操作期の子どもにも当てはまる。前操作期の子どもは言語的活動ができるので、感覚運動期の子どもより世界についてより良い概念と理論を創造できるが、まだ論理的操作ができないので、その理解も限られている。

もう一度、グラスの水の実験について見てみよう。この実験の結果を解釈する一つの方法は、前操作期の子どもが持つ自我同一性の概念、あるいは、理論について考えることである。前操作期の子どもは、いつも間違って各グラスの水量は違うと言う。それは、この年令の子どもが共有する同一性の概念は、量は同じでは「ない」からである。前操作期の子どもは、感覚知覚にのみ基づいた同一性理論を持つからである。このことを完全な同一性知覚理論と呼んでよいであろう。例えば、「これ」が「あれ」と同じなので、全く同じように見える（また、味がする、感じる、音を出す、匂う）のである。前操作期の子どもは、この同一性理論を用いて出会う状況の理解を構築するのである。細長いグラスの水量は、幅の広いグラスの水量と同じではない。それはこの細長いグラスの水位が高いから、と考えるからである。(4)

前操作期の子どもはすべて、この完全な同一性知覚理論を共有しているので、事物を理解するのにそれを使用する。つまり、出会う状況の意味を理解するのに使用するのである。このことで、幼児が帽子をかぶったおばあちゃんを初めて見たとき、まごつき、恐怖さえ感じた理由が分かる。幼児は帽子をかぶっている「この」（新しい）人が、いつもおばあちゃんと呼んでいる「あの」（見慣れた）人とは違うと認識するからである。同一性知覚理論によれば、「この」人は「あの」人とは違って見えるので、あの人とは違うのである。同様に、おばあちゃんが新しいメガネをかけてベットに寝ていたり、大声で笑ったりしたら、つまり、とにかくおばあちゃんがいつもとは違って見えると、幼児はおばあちゃんのような近親者でも、見間違うのである。

娘のジャックリーヌが二歳七ヵ月のとき、ピアジェが観察から得た同一性知覚理論の一例を示そう。新しい帽子のついた水着を着た妹のリュシアンヌを見て、ジャックリーヌは尋ねた。

「この赤ちゃんの名前は何というの？」母親は水着を着た妹よと説明したが、ジャクリーヌはリュシアンヌの顔を指さして「でも、この赤ちゃんの名前は何というの？」と何度もその質問を繰り返した。けれど、リュシアンヌが再び自分の洋服を着るとすぐに、ジャックリーヌは極めて真面目な顔で「また、リュシアンヌになったよ」と言ったのである。妹が自分の服に着替えたので、ジャックリーヌは妹本人であると確認したのである。(5)

同一性知覚理論に加えて、子どもはかつて事物を理解するのに用いた他の基本的な理論、すなわち、空間、時間、因果関係、見込み、現実についての理論を創造する。ピアジェはこの理論の発展について入念に研究した。(6) 発達の最初の二つの段階（感覚運動期と前操作期）の理論は、すべて感覚知覚に基づいて構築されている。すなわち、子どもは感覚運動的活動、例えば、味わう、触れる、物を押す、物を見る、臭う、聞くことを通して、それらの理論を創造するのである。

次に因果関係を取りあげてみよう。ピアジェは感覚運動期の子どもが初めに因果関係についての理論を創造し、次に彼らが出会う状況を理解するために用いる二つの異なった理論を明らかにした。この最初の理論を、ピアジェは因果関係についての効果理論と呼んで、外部の出来事が自分自身と自身の活動によって生じるのは、感覚運動期の子どもである、と理論づけている。

以下は、ピアジェの息子ローラン（生後三ヵ月と一二日目）についての観察である。

目に見える物をつかむことができるようになった数日後、ローランは乳母車の上から下がっているガラガラおもちゃに出会った。ガラガラには鎖がつるされている。鎖とガラガラとの関係から見れば、実験はまったくよい結果を生じなかった。ローランは自分で鎖を引っぱることができないのである。そこで私がローランの手の中に鎖を入れると、ローランは鎖を振ってガラガラの音を聞くことができた。ところが振っている時に鎖を落とした。ローランはとっさに手を振り動かしてガラガラの音を聞こうとした。すぐに手の動きとガラガラの動きの関連を確認しようとしたのである。それからローランはガラガラを見つめながら、空になっている手を何度も激しく振った。（彼は前日、この種の行動をしていたのである。）

ガラガラがもう動かないことが分かった——私たちが気づいてほしいと望んでいたことである——ので、もっと正確に言えば、ガラガラにはもはや興味をひく物が何もないので、ローランは振っている手を再び見つめた。その間、ガラガラをじっと見つめていた時とまったく同じ顔の表情を見せながら、ローランは揺り動かしている右手を非常に注意深く調べた。まるで自分の力がガラガラには及ばないのが分かったかのように。（まさしく、ローランはすでに自分の力がガラガラに及ばないのが分かったのである。）(7)

ピアジェが発見した因果関係の二つ目は、いわゆる現象的理論が引き起こす感覚運動期の子どもについてである。この理論の創造に関して、子どもは自身の活動を因果関係の唯一の原因として考えずに、因果関係の原因となる力は、誰か他の人か、さもなければ誰か他の人の身体にあると考えるようになる。この因果関係理論によれば、接近は変化を起こす。すなわち、二つの事柄の時間的接近、時には空間的接近は、あるものが別のものを生じさせることを意味する。ピアジェはこの理論が息子ローランの生後八ヵ月中に証明されることを、以下のように述べている。

ローランについて言えば、この新しい因果関係の型は生後八ヵ月と七日目に現れた。以下はその時の状況である。私は左中指で私のほほをコツコツたたいて、それからメガネをトントンたたいた（ローランは笑った）。その後、ローランの視界を遮らないようにしながら、私は左手を彼の目と私の顔の中間においた。ローランは私のメガネを見て、それを手でつかんで私の顔の方に押しつけた。再び私はメガネをトントンたたいて、私の手を前においていた場所においた。ローランは何度も私の手を強く後ろに押し返したが、私は動かないままでいた。ローランは私の手をつかみその手で私の顔をたたこうとしたが、手が顔に届かなかったので胸をたたいた。

一ヵ月後、私は最初に手を高く上げ、それからゆっくりと手を下に降ろして、ローランの足の方に伸ばし、最後に彼をくすぐった。ローランはどっと笑いだした。私が途中で止めた時、ローランは私の手と腕をつかんで自分の足を押した。

九ヵ月目、ローランは私の手をつかんで自分のお腹の方に引いて手をおいた。前に私がくすぐった場所である。このように、ローランはすでに私の活発な動きを自分の思うようにできるのだが、私の手を動かすだけで、前のようにたたかなかった。

九ヵ月と六日目、ローランがベットにいるとき、私の手を手すりにつけて、私が以前したように手すりをひっかくように催促した。

九ヵ月と一三日目、ローランが赤ちゃん用のブランコに乗っていたとき、私は紐を引いてブランコを三、四回振った。ローランは私の手をつかんで紐に押しつけた。(8)

子どもが前操作期に入って話し始めるとき、この因果関係の効果と現象理論は、ピアジェがいう因果関係の自己中心的、アニミズム的理論に表れる。ピアジェは前操作期の子どもを子細に観察して、この種の理論に関わる適切な実例を多く集めた。以下は、娘ジャックリーヌについて、ピアジェが観察したものである。

四歳六ヵ月と二日目、ジャックリーヌは私が友達のオートバイで出かけるのを見るのを嫌がった。彼女は奇妙なしぐさで指を口に入れて、母親に「パパが帰ってくるようにこうして指を入れているのよ」と言うのである。同時に、「足を踏みならしているのよ。そうしないとスピードがでないから。こうすればスピードが出るのよ」と言いながら、部屋の中でジャクリーヌは足を踏み続けた。こうした行動は一緒に住んでいる大人が薦めたものではない。両親も乳母も足を踏みならす習慣があったわけではない。

ジャックリーヌが五歳六ヵ月と一一日目のとき、私はベットでの彼女とリュシアンヌの会話をふと耳にした。リュシアンヌが暗がりを怖がるので、姉は妹を慰めていた。それからリュシアンヌは「暗がりはどこから来るの」と尋ねた。「水の中から。夜にはお日さまは湖の中に沈むのよ」。その後、五歳六ヵ月と二二日目に、私はジャックリーヌが庭で独り言を言っているのを聞いた。「お日さまがやって来るよ（地面から何か上ってくるような身振りをして）。」「いま、お日さまが消えるよ（何かを押しだすような身振りをして）。いま、夜が来るよ。湖の側に行くと夜が来るよ。」「（庭の外を歩いている）人は、まだちょっとの間、コートの中にお日さまを持っているよ。」「お日さまを近づけるよ。」この後、ジャクリーヌは一日の残り時間を棒で「お日さまを近づけて」楽しんだ。（お日さまを自分の方へ近づけたり、遠ざけたりする身振りをしながら）。(9)

以下の例は、前操作期の子どもが出会う状況の意味を理解するのに用いる、因果関係のアニミズム理論である。この理論によれば、子どもは原因を生命のない物体のせいにする、と理解するのである。

子ども（八歳六ヵ月）：月が私たちを見ているよ。じっと私たちを見ているよ。私が歩けば月も歩くよ。私が立つと月もじっと立っているよ。月はオウムのように私を真似しているよ。
大　人：なぜ？
子ども：月は私がしようとすることを何でもやりたがるからよ。
大　人：なぜ？
子ども：月は知りたがり屋だから。
大　人：なぜ、湖には波があるの？
子ども（六歳）：そこにずっとあったから。(10)

因果関係の自己中心的なアニミズム理論に加えて、前操作期の子どもは因果関係を説明するために、時々、認識を並置したり、あるいは関係づけたりする。

大　人：なぜ、太陽は落ちないの？
子ども（六歳）：太陽は熱いからそこに留まっているのよ。
大　人：どのようにして？
子ども：それは黄色だから。(11)

大　人：エンジンを動かすものは何？
子ども（四歳）：煙よ。
大　人：どんな煙なの？
子ども：煙突の煙よ。(12)

後に、操作期段階に達した子どもは、論理的な理論を創造できるようになり、それを用いて出会う状況を理解するようになる。現実、時間、空間、因果関係、同一性に関して、子どもが創造するこれらの新しい理論は、いまや論理的な一貫性を持っている。操作期段階の子ども（八歳）が、蒸気エンジンについて理解するために、論理的な因果関係理論を用いる例を示そう。「大きな火がある。火は鉄を曲げて（道路につないで）、車輪をまわす」。(13)

最後は、それぞれ年令の異なる子どもが持つ因果関係の理論の例である。ピアジェはなにが雲を動かすか、という質問をした。以下はその回答である。

（七歳）：太陽だよ。光が出ているからよ。光が雲を作るのよ。
（八歳）：私が走る時、雲も走るよ。
（八歳七ヵ月）：雲が空気を作って、空気が雲を追いかけるのよ。
（九歳六ヵ月）：風なのよ。雲は風で動くのよ。(14)

年令の異なる子どもたちの理解に関するピアジェの分析は、人間が実際に知識を創造していることを示している。太陽は黄色だから落ちてこないとか、誰かが湖に波を立てた、などとは誰も子どもに教えてはいないのである。さらに、子ども自身はそれぞれの理解――例えば、太陽が雲を作ると考える子ども、また、雲が私たちと同様に走ると考える子ども、さらに、風が雲を追いかけると考える子ども――をするが、これらの理解にはすべて子どもとしての共通点がある。それは、理解をするためにそれぞれの子どもが同じ種類の理論、すなわち、アニミズム理論を用いていることである。そして、ピアジェによれば、同年令の子どもたちは同じ種類の理論――因果関係、例えば同一性や空間について――を持つ。なぜなら、子どもは活動を通じてこれらの理論を創造し、子どもができる活動の種類（感覚運動的、言語的、論理的活動）は、順序どおりいつも出現してくるからである。

しかしながら、知識の創造者としての私たち人間は、明らかに誤りを犯しやすい。私たちが創造する知識とこの知識に基づいた理解は、しばしば不十分で、事実と異なり、間違っていることがある。そして、幼児が創造する知識を証明できるものはどこにもない。さらに、子どもが創造する知識の多くはやがて改善される、ということはピアジェの業績が証明している。やがて、子どもは誤った理論、間違った偏った理解を排除し、それを克服するようになる。そして、大人と同じ理論や理解を共有するようになるのである。

このことはどのようにして起こるのであろうか。それは子どもも大人もすべて誤りから学ぶからである、と私は考える。

子どもと大人との認知的相違に関するピアジェの発見は、子どもは世界について「いつも」間違った理解をするが、間違いや不十分な理解はやがて克服され、排除されるようになる、という説明である。このことに注目したい。誤りは学習において不可欠である。つまり、私たちは誤りから学ぶのである。ピアジェは、私たちが誤りから学ぶとは言わなかったが、彼の認知発達理論はこのように解釈されるのである。

第三節　誤りからの学習

私たちは、子どもが世界について大人とは異なる理解をすることを見てきた。これは、子どもが大人と同様に理論、すなわち概念やシェマを用いて理解するからである。これらの理論は人間の活動――感覚運動的活動、言語的活動、論理的操作――の所産である。二歳以下の子どもは感覚運動的活動だけを行うので、二歳以上の子どもとは異なる理論をもち、理解（余り十分ではないが）も異なる。一方、七歳あるいはそれ以上の子どもは論理的操作を行って、より良い理論を創造し、さらに良い理解を構築することができる。

理解する手順とは、ピアジェが「同化」と呼ぶ認知機能である。彼は、「同化」という言葉を生物学の領域から得たのである。周知のように、生物は環境からの栄養素を消化し、吸収するために生理的構造を用いる。ピアジェは、認知領域でも同じことが起こり得ると主張している。人間の活動も構造を持つと、ピアジェは言う。それは感覚運動的構造、言語的構造、論理的構造である。人間は環境からの知識を同化するために認知構造を用いる。生物学の領域では、生理的構造は環境に働きかけ、それを栄養素に変化させる。認知領域では、認知的構造は環境に働きかけ、それを知識に変えるのである。

認知的同化において、生物は環境や環境の一部を摂取するのではない。あるいは「取り入れる」のでも「吸収する」のでもない。この点に注目することは重要である。環境は生物が理解したものを提供するにすぎない。理解は構造の一つの過程なのである。私たちは知識を構成するために理論を用い、ピアジェが言うように、私たちは世界を私たちがもつ世界の理論（シェマと概念）に同化させる。このようにして、私たちは世界を理解するのである。知識は創造されるのであり、受容されるのではない。(15)

幼児は言語的活動や論理的操作を行うことはできないので、幼児が構成（同化）できる知識と理解は感覚運動的認知構造に限られている。しかし、周知のように、幼児はやがて言語的活動、後に論理的操作を行う能力を発達させるのである。この発達はどのように説明できるのだろうか。

ピアジェは、このことを第二の認知機能を検証して説明した。そして、それをピアジェは「調節」と呼んだ。ピアジェが見たように、人間が知識を創造することを通じて、構造や理論を修正あるいは再構成するときに「調節」は起きる。これは「同化」のもう一つの認知機能なのである。ピアジェはその類例を生物学の領域に発見した。そこでは、生物は環境に適応するために自らの生理的構造を修正する。ピアジェの好む例は、スイスの巨大な湖で発見された池のカタツムリ「リムナイア」である。ピアジェが発見したのは、このカタツムリが連続した激しい波の動きにさらされたとき、新奇な生理的構造を作り出したことである。この生理的構造が、カタツムリを、変化した環境に適応させたので、リムナイアは生き残ることができるようになったのである。(16)

ピアジェは、「調節」という同じ機能を認知領域でも発見した。人間は、知識を創造（同化）するために用いる認知構造と理論を変えたり、修正する。認知領域でも「調節」は可能である、とピアジェは指摘する。認知構造が共通の構成要素をもつからである。すなわち、感覚運動的活動、言語的活動、論理的操作は、すべて異なる種類の人間の活動であるが、人間の活動はある秩序関係、従属構造、対応、という共通の構造的要素からなっている。

私たちは、これらの構造的要素が言語的活動と論理的操作の構造の中に存在することを、容易に見出すことができる。論理的操作は、熱力学の第二法則が説明するように、物体と表現と命題の間を秩序づけること、従属すること、対応することからなっている。言語的活動で野球の試合を描写するのに、私たちは同じ構造的要素――秩序づけること、従属すること、対応すること――を用いるが、ここでは命題よりもむしろ言葉を用いる。ピアジェはまた、これと同じ要素を感覚運動的活動の構造に見出した。したがって、反射活動、習慣的活動、そして手段を目的に合わせるときの活動には秩序関係がある。このように、感覚運動期の子ども――幼児――が何かを引くとき、「つかむ」という単純なシェマ（または「方法」理論）を使いながら、それを「引く」というような他の複雑なシェマ（「方法」理論）に従属させるのである。対応に関しては、幼児が事物を認識し、分類できることをピアジェは発見した。もちろん幼児は、「これが私のガラガラよ」と言う言葉を使う能力がないので、足や手を動かしたりする、すなわち、幼児はガラガラを見た時に、飛び上がったり、身体をびくびく動かすのである。幼児の行動は親しみのある事物――幼児が認識し分類する事物――に思いがけなく直面した時、いつでもこの「対応」活動をはっきりと示すのである。(17)

感覚運動的活動の構造は、遅れて発達する言語的活動の構造、さらにもっと遅れて現われる論理的操作の構造と同じ要素をもつので、言語的活動の構造と論理的操作の構造も、ともに感覚運動的活動の初期の構造にその根源がある、とピアジェは主張している。言語的活動は初期の感覚運動的活動の修正あるいは再構成であり、論理的操作は言語的活動の再構成である。実在する構造を修正するというこの方法は、ピアジェが「調節」と呼ぶものである。（ピアジェはそれを明瞭にしてはいないけれども、私は調節を、構造調節と理論調節の二種類に区別することは参考になると思う。構造調節において、人間は認知構造を修正し、あるいは再構成する。理論調節において修正されるのは理論（あるいはシェマと概念）である。）

どのようにして「調節」は生じるのであろうか。

均衡化の概念は、ピアジェにこれを解決する鍵を提供する。ピアジェは均衡化を次のように定義している。「それは経験されたものであれ、予想されたものであれ、外部からの妨害に対して主体によって起こされる能動的補償」[18]であると。均衡化は、ピアジェが認知的領域と同様に生物学の領域にも作用すると見た自己制御の一過程である。生物学の領域において、スイスの巨大な湖の波に「調節」した池のカタツムリ「リムナイア」は生物学的均衡の一例である。つまり、外部からの妨害に対抗する活動的補償なのである。[19]

同様に、認知発達の領域においても均衡化が存在する、とピアジェは主張する。つまり、幼児の認知構造が正しい知識を同化（創造）できない時、幼児はやがて古い知識を修正して、新しい構造を創造するために「調節」するのである。このことは、適切な知識を同化（創造）しながら、主体と環境との間の均衡化を取り戻すことを意味する。

なぜ、生物は均衡化するのであろうか。ピアジェは生命の表出は生物が生きていることの証明である、と主張してこの問いに答えている。生物学的領域と認知的領域の両方で、生物は組織化する。認知的領域では、人間は世界について一貫性のある理解を求める。人間は出会う状況の経験を理解しようとする。そのため、人間が認知的不均衡、認知的葛藤を経験するとき――何が起きているかを理解できない時、また、不充分なあるいは誤った理解をするとき――人間は均衡を取り戻そうとして、矛盾を克服しようとして秩序を確立しようとする。

ピアジェによれば、秩序を探求することは人間に固有のものである。私たちは発達のいかなる段階においても認知的秩序を確立しようとする。例えば、感覚運動期の子どもは、自分が出会う状況を理解できずに認知的不均衡を経験するとき、実在するシェマや理論を取り入れて――あるいは新しいものを創造して――、均衡を取り戻そうとし、状況のより良い理解を構築しようとする。子どもは叫んだり、手を振ったり、腕をまっすぐ突き出したり、揺らしたり、くねくねしたり、飛んだり、かじったり、ひっかいたり、息を潜めたりする。もしそれが事物であればそれに触ったりする。後に、前操作期に入った子どもも同じように、自らが出会う状況を理解できないとき、均衡を取り戻すために概念や理論を用いる。子どもは多くの質問をする。「あれは何?」「それは動物なの?」「それは犬なの?」「なぜ?」と。

このすべてを説明する一つの方法は、子どもが状況を間違って、あいまいに、狭く、誤って理解していることを発見したとき、子どもは理解している構造あるいは理論を修正するのである。すなわち、人間は誤りを犯すことで学び――そして成長するのである。誤りの発見は理論を修正へと導く（認知発達段階の間にある認知構造を修正する）。それは人間が秩序、すなわち認知的秩序の一貫性を求めるからである。消極的に言えば、人間は誤りを避けようとするからである。

反対の例として、事物についての理解が矛盾していることが分かると、この矛盾から予期しない認知、思いがけない出来事、容認できない前提、提案、要求が生じる。すなわち、状況についての誤った理解を反駁しようとするのである。私たちは一貫性を求めるから、矛盾をいつでも克服しようとするが、必ずしもいま理解していることを捨て去るのではなく、さらにより良い理解に努めようとする。私たちはいま理解していることが必ずしも誤っているとは認めない。私たちは時々、いま理解していることと矛盾するような前提、思いがけない出来事、容認できない認識を認めようとはせず無視しがちである。私たちは独断的になりがちなのである。しかしながら、矛盾を克服するもう一つの方法は、それを無視することではなく、新しい理解、より良い理解、容認している矛盾を避けることができる状況を構成することである。それは学習の結果であり、あるいは、もしそのような理解が認知構造の変化を含むなら、それは認知発達の結果である。

ピアジェが懐中時計で行った実験を思い出してみよう。八ヵ月になるまで娘のジャックリーヌは、ピアジェが時計を毛布で隠すと、時計への「興味を示さなかった」。このことはすべての幼児と同様、娘が物が失くなったという存在の知覚理論を持ったからである。つまり、見える事物だけが存在するということである。この理論によれば、見えない事物は存在しないのである。だから、ピアジェの幼い娘は、見えなくなるとその事物への興味を失ったのである。

幼児はすべて、存在しているものや現実について、こうした理論あるいはシェマを持つのである。この理論は永久に存在するものは何もないことを意味するので、幼児を恐がらせることも混乱させることもない（たぶん、幼児が要求したいものは何でも、例えば赤ちゃんが泣けば——母親であれ、おっぱいであれ——いつでも存在するのである）。とにかく、事物が突然目の前に現れたり、消えたりすると幼児は喜ぶ。このことは、イナイナイバーの遊びが、万国共通にアピールすることを証明している。

幼児は見るという感覚力に加えて、存在すなわち現実についての理論を創造するために、触れる、聴く、味わう、臭う、などの感覚を用いる。最初にピアジェが示したように、幼児は様々な現実、すなわち空間領域（味覚の分野、視覚の分野、触覚の分野など）を創造するためにそれぞれの感覚を用いる。八ヵ月以前の子どもには、これらの分野が現実すなわち存在の一般理論と結びつかないのである。[20]

生後八ヵ月以前の子どもは、自分が見えるもの、聞こえるもの、触れるもの、味わえるもの、臭いを嗅ぐことができるもの、だけが存在すると考える。子どもが様々な空間領域の理論を存在するもの全ての一般理論に関係づけるとき、このようになる。幼児にとって知覚できるものだけが存在するのである。

この新しい統合理論は、幼児が存在について創造した、ずっと以前の不整合な知覚理論を改善したものであるが、この新しい理論も不十分で実際は間違っている。この理論を子どもが出会う状況を理解するために用いると、子どもに矛盾を与えることになる。

幼児が存在するもの全ての一般理論に内在している矛盾を認識しない限り、たとえ事物が継続的に再現されても、すなわち存在が回復されても、目に見えないものには興味を失い、事物は存在しないと受け止める。子どもは矛盾を「見ない」のである。しかし、ついに矛盾自体が子どもを押しつけることになる。すなわち、子どもは矛盾を意識するようになるのである。子どもは様々な感覚と知覚（矛盾する）を同化するので、矛盾を認識するようになる。毛布の下に隠したあの時計の実験を思い出してみよう。時計が見えないので、時計は存在しないのである。しかし、時計の音が聞こえるので、時計は存在するのである。ひとたび矛盾が明らかになれば、つまり、幼児がひとたび矛盾の存在を認めてそれを確認すれば、幼児は古い理論に内在している不適切なものを排除するために、古い理論を修正して、その矛盾を克服しようとする。

このことは幼児が創造した新しい理論の結果なのである。新しい理論とは、幼児が世界についてより良く理解し、世界について幼児をより良い理解に近づけさせることができる理論である。このより良い理論とは、知覚「できる」事物は存在する、という理論である。幼児はこの新しい理論を時間をかけて発達させるので、毛布の下に「消えた」時計や他の物を捜し始める。幼児は音もしない目にも見えない事物が存在することを「知って」、それを捜し求めるのである。それは、幼児が事物は消えて無くなったのではなく、見えなくなっただけだ、と自分に「知らせる」新しい理論を持つようになったからである。

いかに誤りから学ぶかについて、ピアジェの研究がどのように説明しているかを要約してみよう。ピアジェは人間が認知的均衡を維持しようとする努力、すなわち、人間の生来の秩序を探究しようする努力を、人間の認知発達において突き止めようとしたのである。認知的不均衡は、私たちが出会う状況の理解が矛盾することから生じる。私たちは理論によって理解を構築するので、矛盾が露呈されると、理論が不適切で間違っているかも知れないと考える。（もちろん、「はっきりとした」矛盾は単なる誤解によって生じる場合がある。その場合、新しい情報を取り入れて矛盾を正すのである。）

私の解釈では、ピアジェの誤りから学習するという教育理論への最も重要な貢献は、ピアジェの学習者についての概念である。秩序を探究しようとする人間は、知識の積極的な創造者である。この視点は、教育の伝達理論に固有な学習者の概念とは根本的に異なるのである。伝達理論では、人間は動機や統制を必要とする消極的な知識の受容者と見なされていたのである。

ピアジェの研究業績についての私の解釈は、人間は試行錯誤による誤りの排除という過程を経て学習する——発達する——、ということである。私たちは知識や理解（私たちが創造した知識や理解）の間違いや誤りに直面したとき、その古い知識や理解によって認識された誤りを排除するために、新しいより良い理解を構築しようと、もう一度試みるのである。

誤りから学ぶときの重要な一歩は、誤りの認識であり発見である。このことを、どのようにすればよいのだろうか。ここでもピアジェは私たちを助けてくれる。

第四節　誤りの発見——選択能力

これまで私たちは、人間が果たし得る行動——感覚運動的行動、言語的行動、論理的操作——が理論（ピアジェがシェマや概念と呼ぶもの）を創造することを見てきた。私たちは自らが遭遇する状況を理解するためにこれらの理論を用いる。ピアジェはこれを同化と呼んだ。しかし、理論を創造し、理解を構築することに加えて、私たちはまた誤った理解を選び出し、それを排除するために自らの行動や理論を用いる。私たちは自らの知識の中の矛盾を見つけ、誤りを発見するために行動や理論を用いる。一度誤りを発見すれば、理論を修正し、再構成する。ピアジェはこれを調節と呼んだ。

人が創造するそれぞれの理論は、期待すなわち予想をもたらす。感覚運動的理論（つかむ方法、引っ張る方法などの手引き理論）は、人が見るもの、聞くもの、触れるもの、引っ張るものについての知覚的な予想を提供する。私たちの言語的理論は、人があのことよりもこのことを言う時の他人の反応についての、また人々が私たちの合図や表現、記述に対していかに反応するかについての、相互理解への期待を提供する。私たちの論理的理論は相互的期待を提供する。たとえば、「もしpが真実なら、qはそれに従う。pは真実なので、qも真実にちがいない」。あるいは、「もしqが真実でなければ、pも偽りである」と考える。

理論によって提供された予想が明らかにされない時、つまり予想がはずれたり、予想に矛盾する時、私たちは間違ったことを認識する。私たちの理解は間違っている。このことは私たちが理解を再構成するように、またそう試みるように導くのである。

1　間違いの感覚運動的選択

私たちは予想したように見えない、感じられない、聞こえない、味がしない、臭わない時、それについての自分の理解が間違っていたとわかる。そして間違いを発見すると、予想した事柄と実際に起きた事柄との間の矛盾を排除し、それを克服しようと感覚運動的行動を修正、変更するのである。例えば、予想されない味であれば吐き出し、予想されない光景や音であれば叫び、はっとする。また、予想されない形や感触、温度にぎょっとしたり、それから引き下がろうとする。

認知発達の初期段階（感覚運動期）では、子どもたちは自分が熟知している世界について単に感覚的理解を持つだけである。自らが出会う状況を理解しようとする時、幼児たちは間違った、不十分な知覚理論を否定し、新しい理論を創造するために感覚運動的技能を用いる。これが環境の中のあらゆるものについて、幼児が頻繁に触れて、味わい、臭い、聞き、見る時の試行錯誤による誤りの排除という手続きである。

予想した味がしない時、幼児は（何度か味見を繰り返した後）なめたり、口に入れたりすることを止める。この行為を修正する際に、幼児は予想した味と実際の味との矛盾を克服しようとする――換言すれば、自分の誤りや間違いを克服し、排除しようとするのである。このようにして、幼児は自分が精通する世界についての理解を修正、改善する。なめてはならないものもあることを理解するようになる。

以下は、ピアジェの息子、ローランの生後九日目の試行錯誤による誤りの排除に関する観察である。

〇歳（九日目）のローランがベットに仰向けになって、頭を左右にふって乳を求めていた。手が唇にふれると、すぐにその手を吸いはじめた。掛けぶとんに触れ、次に毛布にも触れたが、その時はそれをいったん口に入れたあと、すぐに出して、泣きはじめた。手を吸った時には、ふとんや毛布の時と違ってこれを離そうとしないが、手と口が協調していないため、すぐに手が離れてしまう。手が離れると、またすぐに探しはじめる。[21]

最初、新生児の動きは成行きまかせであるが、こうした動きはすぐに慎重な「試み」となる。その試みは、幼児がすでに創造した初期の「理論」に固有の期待によって導かれる。以下は、生後二一日目の長男をピアジェが観察した記録である。

ローランはすでに半分寝ている状態で、腕はだらりと下がり、手は開いていた（授乳のはじめには腕を折りまげて乳房にあてがい、手は握りしめている）。そして、乳首から五センチ離れたところに口をあてがっている。目を閉じたまま、すぐにその部分を吸うが、乳が出ないのでしばらくして目を覚ます。目を大きく見開き、腕を曲げて、急いで乳を吸う。それから、吸うのを止めて、少し左側をさぐる。たまたま左側が正しい側であったが、まだ見つからないのでさらに左側に移動する。

ところが、頭を左へ左へと回していったために、顔が乳房をかすめてそれてしまった。しかし、かすめる際に唇の左角に乳首が触れ、これをすぐに乳首と認めたかのような動きが起こる。ローランはでたらめにあちこちさぐるのではなく、乳首の周辺だけをさぐったのである。しかし、頭の左右の動きが描く曲線は、胸の曲線には沿わず、ちょうど逆になるので、乳首が偶然軽く触れるのだけをたよりに、首をふりながら探すのである。さぐる方向がだんだん正確になり、しばらくしてようやく乳首をとらえることに成功する。この最後の段階で注目すべきことは、乳首が近づいた時にすばやく唇を力一杯開閉してくわえよう

とすること、また乳首への接触運動が徐々に調節されていくことである。(22)

すでに見てきたように、構造的調節は人間の認知発達において三回だけ起こる。第一は、すでに存在している感覚運動的構造を修正し、再構成することによって子どもが言語的構造を発達させている間で、ピアジェの言う前操作期の初めである。第二は、子どもがすでに現わしている言語的構造から論理的操作（具体的事物で行う）へと発展させていく間で、それは具体的操作期の初めである。第三は、子どもがすでに現わしている具体的な論理的操作から論理的操作（命題を操作する）へと発展させている間で、形式的操作期の初めである。

私が理論的調節と呼ぶ第二の調節においては、理論の修正あるいは構成（概念とシェマ）は無限である。私たちは出会う状況について理解することによって、理論を継続的に変更し、修正する。私たちは調節理論を学習と呼ぶことができる。それは普通、認知発達と呼ばれる構造的調節とは区別される。学習と発達は、人間が経験できるある種の学習——すなわち、人間が成し得るある種の調節理論——が依存する認知発達の段階と時期に関係する。

2　言語と間違いの選択

認知発達の第二段階（前操作期）で、子どもたちは話し始める。それはピアジェが表象的思考と呼ぶものと関連する。話すことを通じて、子どもは理解についての表象を構成することができる。この解釈によれば、私たちが有するものは、（一）理論を創造する感覚運動的行動であり、（二）それは理解するために用いるものであり、(三) 話しことばを通じて公にすることができるものである。

話しことばはどのように発達するのであろうか。ピアジェによれば、それは子どもがすでに行い得る感覚運動的行動を再構成し、あるいは修正するという問題である。偶然に起るのは、幼児が見たもの、また幼児自身による音、臭いなどのいくつかが問題を引き起こすことである。幼児は味のわからないような食べ物を見たり、恐怖心を募るような音を聞いたりすることがある。幼児の中にそうした識別を生じさせる感情の揺れは、通常は様々な叫びや音に示される。これらの音は、しばしば問題を解決しようとする幼児を助ける。例えば、大人は幼児のために食べ物を取って来てあげたり、迎えに行ったり、慰めるのである。試行錯誤による誤りの排除を通して、幼児はこれらの音を用いて他人に合図を送るために、すなわち自分が遭遇している状況についての自己理解を表現するために、自らの出す音を何度も修正するのである。

以下は、初期の言語的行為において、彼の子どもが「暗中模索」的な試行錯誤によって誤りを排除したことに関するピアジェの記述である。

六ヵ月になるリュシアンヌは、欲しいものを手に入れるために大人を利用することがだんだん上手くなってきた。大人が拒否したり、聞かないふりをする時はいつも機嫌が悪い。二人の祖父のうち、一方が非常に面倒見の良い人であることをリュシアンヌは発見した。その結果、一歳半（と一三日目）のリュシアンヌは、祖父を呼ぶためだけでなく、祖父がいない時でさえ、何か欲しいものを示すのに「パナナ」という言葉を使い始めた。その名前を言うことで自分が欲しいものを示し、不満げに「パナナ」と付け加えた。

一歳半（と九日目）：体を洗われるのに退屈した時、彼女は「パネネ」と言った。「パネネ」とは自分を楽しませてくれるものが欲しい、ということを単に表現したにすぎない。

一歳三ヵ月（と一四日目）：リュシアンヌは何かを拒否する時ばかりでなく、捜し求めるものが見つからない時も「いや」と言った。両者における共通性は、禁止された対象物に対して「いや」を当てはめることである。同様に、オーヴォワール（さよなら）の訛った「オーヴォア」は人々が立ち去ること、彼女が部屋を出て行くことやドアを触ること、あるいは単に自分の席から立ち上がることを意味していた。(23)

言語の発達は子どもを新しい世界――象徴的世界、文化的世界、他の人間によって創造された世界――へと導き入れる。言語はいかなる人間からも独立して存在し、人間の誕生以前にも存在する。これは、すでに確立された表現や信号の世界、現存する意味の世界なので、子どもたちはその世界を理解しなければならない。すなわち、子どもたちは周囲の人々の多くが用いる方法で、言葉を使用しなければならないのである。これがまた試行錯誤による誤りの排除の問題である。ここでは子どもの言葉のシェマあるいは理論は、選択のための媒介として役立つ。しかし、言葉は相互的に影響し合うものであるから、他人が子どもの誤りの発見を助けてくれる。より正確に言うならば、幼い子どもの発声に対する他人の反応が、子どもたちが自らの誤りから学ぶことを助けるのである。

赤ん坊の最初の頃の動作と音声は、通常は他人からの反応、特に両親からの反応を獲得するものである。「（赤ちゃんに）耳を傾けてみて」、「赤ちゃん、幸せそう」、「お腹が空いていそう」、「疲れているみたい」、「ミルクが欲しいみたい」、「ママが必要なのね」といった反応である。この「フィードバック」によって、子どもたちは自分の誤りを発見し、排除するよう援助される。子どもたちはどうすれば上手く自分自身を表現できるか、どうすれば上手く他人に信号を送れるかを学ぶ。そして、試行錯誤による誤りの排除を通してこのことを学ぶのである。もし両親が子どもの音声に対して間違って反応すれば、あるいは、その音声に対して全く反応しなければ、子どもはいくらか最初の試みを修正しながらもう一度試みる。（"Wanna dinka wawa" と何度も試みた後、"I want a drink of water"（私は水を飲みたい）と言えるようになるのである。）

幼児が発達させる言葉の初期の使い方には、信号を送ることと表現することがある。しかしながら、人間の言葉は動物の言葉とは異なり、信号を送ったり表現するためだけに使われるのではない。人間はまた、記述するために言葉を用いる。言葉の記述的使用は、初期に発達させた信号と表現法の修正として発達する。それは、子どもたちが出会う状況を構築する視覚や音声、臭いなどが、どのようなものであるかという彼らの知覚的理解を今明らかにし始める。記述は子どもの外にある物体に関することであり、一方、表現と信号はおよそ子どもの必要、欲望、問題に関することである。

すべての学習と同じように、（記述が）どのようなものかを学ぶことは試行錯誤の問題である。すなわち、それは誤りから学ぶという問題である。ここでも他の人々、通常は大人たちがフィードバックを司るメカニズムとして機能している。子どもの試験的記述に対する他の人々の反応は、子どもが自分の誤りを排除するのを助ける。記述的学習に関して、大人は子どもが音を形成する方法に対してだけでなく、その内容に対してもフィードバックを提供することに注目してほしい。（「これはバナナではなく、りんごだよ。あれは〈バナ〉（bana）ではなく、バナナだ。さあ、今度は『りんご』と言ってごらん」。）

以下は、娘のジャックリーヌにおける言葉の記述的使い方の初期発達に関するピアジェの観察である。

一歳一ヵ月（ちょうど）：ジャックリーヌは窓辺を通り過ぎる汽車を表わすための慣習的な擬声音「シュッ、シュッ」を使い、汽車が通り過ぎる度にそれを繰り返した。多分、最初は父親が教えたのだろう。しかし、彼女はしばらく経つと全く異なった状況の中で「シュッ、シュッ」と言った。他の窓から見える乗り物――車、馬車――や歩いている人に対してさえ、その擬声音を頻繁に使ったのである。

一歳一ヵ月（と六日目）：その翌日は汽車と同様に、通りから聞こえるどの音に対しても「シュッ、シュッ」を言い出した。しかし他方、私が話をせずに現われたり隠れたりしながら「イナイイナイバー」をしていた時、ジャックリーヌ（一歳一ヵ月と四日目）は、それが恐らく汽車が突然現われたり見えなくなったりするのに似ていたので「シュッ、シュッ」と言った。

一歳一ヵ月（と二〇日目）：ジャックリーヌは犬を指しながら「わんわん」と言った。

一歳一ヵ月（と二九日目）：庭にいる地主の犬をバルコニーから指差して「わんわん」と言った。同じ日の数時間後、じゅうたんの上で幾何学模様（三本の垂直線と交差する一本の横の線）を指差しながら「わんわん」と言った。

一歳二ヵ月（と一日目）：ジャックリーヌはバルコニーから馬を見ている時、注意深くそれを見ながら、最後に「わんわん」と言った。一時間後、二頭の馬を見た時も同じ反応があった。

一歳二ヵ月（と三日目）：中にいる赤ちゃんがよく見える手押し車を押している婦人に「わんわん」と言った。（これもバルコニーから見られた。）

一歳二ヵ月（と四日目）：ジャックリーヌは鶏を見て「わんわん」と言った。

一歳二ヵ月（と八日目）：犬、馬、手押し車、自転車に乗っている人を見て言った「シュッ、シュッ」は、明らかに車や汽車を意味していたであろう。

一歳二ヵ月（と一二日目）：「わんわん」（その犬は最初「わんわん」と呼ばれた）は、バルコニーから彼女が見たものすべてを意味していた。すなわち、動物、車、家主、一般の人々すべてである。

一歳二ヵ月（と一五日目）：その言葉は、家から遠く離れた鉄道の赤帽が引いている手押しの運搬車に向けられた。

一歳三ヵ月（と七日目）：それは再び、じゅうたんの模様を意味していた。そして、ついに一歳四ヵ月になった後、「わんわん」ははっきりと犬を意味する言葉となったのである。(24)

やがて、ほとんどの子どもたちは事物を正しく記述する方法を学ぶ。つまり、子どもたちはいつも接触している人々によってなされている事柄を区別したり、一般化するために言葉の使い方を学ぶのである。子どもたちが周囲の人々の言葉を真似することは事実である。しかし、真似ることは試行錯誤による誤りの排除の一形態であり、子どもたちが出会う言葉のお手本は、彼らの（試験的）言葉を（その中の間違いを確認して）取り上げ、調整するのである。子どもたちは周囲の人々の言葉を吸収するのではない。むしろ、周囲の人々は子どもたちが何を言うべきか、それをどのように言うべきか、そしていつ言うべきかということに対して（はっきりと、あるいはそれとなく）答えることによってフィードバックを提供するのである。周囲の人々は子どもたちが自らの誤りを認識することを助ける。そして子どもたちは、他人の反応によって自らの言葉の不十分さが明らかにされる時、言葉を修正するのである。

子どもたちが話し方を学んだ後、周囲の人々は事物の本質をめぐる知識に関してフィードバックを提供し続ける。記述的言語は、事物の構成や組織に関する理論を明示する。言葉を記述的に用いる時、私たちは事物を分類する。何が事柄をあるがままにさせるのか、二つの事柄を区別するのは何か、をめぐる理論に従って事物を分類するのである。

以下は、前操作期段階の娘ジャックリーヌに関するピアジェのいくつかの観察である。この観察によって、私たちは彼女が事物に関する自らの理論をどのように示しているかが分かる。と同時に、事物の本質についてのジャックリーヌの理解を構成し、また再構成する際の試行錯誤の方法において、大人たちが彼女のためにどのようにフィードバックを提供するかがわかる。


ジャックリーヌ、三歳二ヵ月（と二〇日目）：私たちは男の人の前を通り過ぎた。

「あの人はパパかしら。」

「パパってなあに？」

「男の人。彼にはリュシアンヌやジャックリーヌのような子どもが沢山いるのよ。」

「リュシアンヌたちってなあに？」

「リュシアンヌたちは妹たちで、ジャックリーヌたちはお姉さんたちのことよ。」ジャックリーヌ、二歳六ヵ月（と三日目）：「あれは蜂ではなく、マルハナバチだよ。それは動物なの？」

三歳三ヵ月（と二七日目）：「小さな毛虫は動物なの？」

三歳二ヵ月（と二三日目）：ジャックリーヌは、「すべての家を含めて」それがローザンヌ市であることを理解できなかった。なぜなら、彼女にとって「ローザンヌの家」とはおばあちゃんの家がある「ル・クレ地区」だったからである。例えば、家の壁を這うヤモリについて話している時、ジャックリーヌは「ヤモリはローザンヌの家を這い上っている」と話した。

翌日、私は自分の説明が理解されたかどうかを確認したかった。

「ローザンヌとはなに？」「（周りのすべての家を指さしながら）ローザンヌはこれらの家全部よ。」「これらの家全部がル・クレなの。」

「ル・クレってなあに？」「それはおばあちゃんの家で、それがローザンヌなの。」(25)

（「いや」）という信号を送るために、また（「私はミルクが欲しい」）と表現するために、そして（「これはマルハナバチである」）と記述するために言葉を用いることに加えて、人間の言語には四つ目の使い方がある。すなわち論証である。論証の原則は論理である。これは以下のことを意味する。子どもたちは論理的操作——それは私たちが見てきたように一般的には七歳頃に始まるのだが——が可能となるまで議論することはできない、ということである。具体的論理の時期以前にも、子どもたちは議論をしようとするのだが、彼らの議論には論理的説得力がない。煙突の煙がエンジンを動かしたことを四歳の子どもが説明した時、因果関係を云々する以前の議論であった例を思い出してみてほしい。あるいは六歳の子どもが太陽は熱いから、あるいは黄色だから落ちてこないと言ったことを思い出してほしい。ピアジェは言葉の前操作期における論証的使用を、変換的論法と呼んでいる。前操作期の子どもは要素を論理的に結びつけるよりも、それらを並列したり、結び付けて考える（「私は昼寝をしていないので、午後ではない」）。

前操作期の子どもは論理的操作を行う能力に欠けているので、矛盾する命題を認識することができない。そのため、論理的基礎において誤りのある要求や間違った命題を識別することも不可能となる。前操作期の子どもたちが誤りを明らかにできる唯一の方法は、感覚運動的行動（「私はそれを見る。それはマルハナばちである」など）を通してか、あるいは他人からのフィードバック（「毛虫は動物か？」）を通してである。

3　間違いの論理的選択

ひとたび論理的操作を可能とする能力を発達させると、子どもたちは論理的に首尾一貫した理論を相互に創造し、彼らが出会う状況について論理的に一貫した理解を構築するために、これらの理論を使うことができる。

より良い理論を創造し、より良い理解を構築することに加えて、論理的操作を行う能力は、子どもたちが「論理的基礎」における誤りを識別、選択することを可能にさせる。

読者の方々は、子どもたちがこれらの論理的操作を第二段階あるいは第二時期において発展させることを思い出すであろう。およそ七歳で、子どもたちは具体的事物を扱うことによって論理的操作を行い始める。そして、およそ一一歳で、この具体的操作段階を越えて、提示や命題における論理的操作が可能となる。

これらの論理的操作は、子どもたちが前操作期段階においてすでに実行可能な言語的行動の修正ないし再構成である。前操作期段階で、子どもたちは事物の本質について分類し、一般化できることを、私たちは見てきた。（「あひるはすべて鳥である。一部の鳥があひるである。」）しかし、前操作期の子どもたちは事物の本質を間違える。なぜならば、彼らに論理的操作は不可能であり、関係を表す理論を創造することもできないからである。ピアジェは卓越した実験を考案した。その実験とは、事物の分類に関して論理的操作を行うことによってのみ理解され得るような状況に出会う時、前操作期段階の子どもたちが間違える種類を明らかにするものであった。

前操作期段階の子ども（六歳八ヵ月）に、一組の木製ビーズを与えた。一八個が茶色のビーズで、二個が白いビーズである。

大　人：「木のビーズが多い？　それとも、茶色のビーズが多い？」
子ども：「茶色のビーズが多い。白いビーズは二個です。」
大　人：「白いビーズは、木でできているのかな？」
子ども：「そうなの。」
大　人：「では、茶色のビーズは？」

子ども：「やっぱり木でできている。」
大　人：「では、茶色のビーズがたくさんあるの？　それとも、木のビーズがたくさんあるの？」
子ども：「茶色のビーズの方がたくさんある。(26)」

ここでの前操作期の子どもは、出会う状況の意味を理解するために感覚的知覚と言語的行為にのみ頼るのである。子どもは、木のビーズ、茶色のビーズ、白いビーズを知覚し、言語的に区別する。しかし、子どもはビーズの分類と各部分が集合している論理的関係を分析することはできない。一方、操作期段階の子どもは、これらの論理的関係を問題なく分析できるのである。

大人：「茶色のビーズの方が多い？　それとも、木のビーズの方が多い？」
子ども（八歳）：「木のビーズの方がたくさんがある。」
大　人：「なぜ？」
子ども：「だって、二つの白いビーズも木でできているから。(27)」

子どもはひとたび論理的操作が可能になれば、世界についての間違った、あるいは誤った主張を識別できる、新しい強力な選択能力を持つようになる。例えば、幅の広い、短いグラスから細長いグラスに水を注ぐと、水量が増えたという主張は今や間違ったものとして子どもたちは拒否できるようになったのである。子どもたちには今や逆の関係を具体化する同一性の理論が身についているので、この主張が間違いであることを知っているのである。その理論は、今や彼らが行使できる論理的操作によって創造されたものである。

具体的操作期の子どもたちは、選択能力の働きで大人たちに頼ることは少なくなる。子どもは自分自身で事物を理解できる。またさらに良いことに、矛盾を見分けるために論理を用いることができる。それは命題的論理ではなく、具体的論理である。子どもたちが具体的材料を観察し、操作できる間は、それらの事物についての主張の多くを試したり、反駁することができるのである。(「この木片は水に浮くだろう。その金属片は水には浮かないだろう。」)

分類の論理に加えて、具体的操作期の子どもたちは系列化の論理的操作が可能である。これは、「より小さい」「より大きい」「より太っている」というような言葉の正しい使用法を含む。系列化するためには、論理的操作ができなくてはならない。例えば、AがBより大きい(A＞B)時、BはAより小さい(B＜A)と入れ替えること。また、一続きでA＞B＞C＞DならばD＜C＜B＜Aと入れ替えることができなくてはならないのである。

ピアジェは、前操作期の子どもたちは順序づけができないことを発見した。この時期の子どもたちは長さの異なる棒一式を与えられても、長さに従って順序正しく並べることはできない。彼らは「大きい」棒と「小さい」棒を選び出すことはできるが、「より大きい」あるいは「より小さい」という言い方を首尾一貫して用いることはできない。具体的操作期の子どもたちは順序づけができる。ピアジェは段階づけられた棒を使ってこの実験を行なったが、具体的操作期の子どもも間違うことがあることがわかった。論理的操作を行う子どもの能力は制限されていて、不十分である。

具体的操作期の限界を示す今日の代表的実験において、ピアジェは二本の棒を子どもに見せた。そのうちの一本は、もう一本より少し長い（A＞B）。それから、長い棒Aを隠しながら棒Bを見せ、さらにもっと短い棒Cを見せた（B＞C）。まだ隠されたままなので、具体的操作期の子どもはAがCより長いかどうかはわからない。

具体的操作期の子どもたちは誤りを犯す。なぜなら、子どもたちは認知するもの、すなわち具体的事物の間の関係を構築することしかできないからである。ピアジェが述べたように、具体的操作期の子どもは、すべてのあひるは鳥であるが、すべての鳥があひるではないことには同意する。しかし、そこで、森には鳥の方がたくさんいるのか、それともあひるの方がたくさんいるのか、と尋ねてみると、この時期の子どもは「わかりません。全部数えてみたことがないから」と答える。(28)

具体的操作期の子どもたちは、特定の鳥がそれを観察することによってのみ、あひるであるかどうかを決められることは正しく理解している。しかし、彼らは、森の中にあひると鳥のどちらがたくさんいるかを確認するためには、それらのすべてを観察しなければならないと間違った結論づけをする。彼らはあひるよりも鳥の方がたくさんいるという必然的結論を導くための論理的操作、すなわち「あひるはすべて鳥である」、「一部の鳥があひるである」という命題についての論理的操作を行うことができないのである。

やがて具体的操作期の子どもたちは、通常は一一歳頃までに命題についての形式的論理的操作を行う能力を発達させる。すべての認知発達と同様に、この変化——感覚運動期から前操作期へ、さらに具体的操作期へ——は、間違いから学ぶという問題そのものである。それは試行錯誤による誤りの排除、すなわち手探りしながら進むという問題なのである。

これまで見てきたように、子どもたちのこれらの時期の理解は不十分なものであり、また誤り、間違っていることが証明できた。それらは矛盾を導くのである。矛盾を克服するために、また誤りを排除し、認知的均衡を保持し、認知的秩序ないし一貫性を確立するために、子どもたちは調節する。子どもたちは自らの行動や操作を修正し、再構成する。これらの修正された行動、操作によって、子どもたちはその後出会う状況について新しく、より改善された理解を得て、新しい理論を創造することが可能になるのである。

このことは、いったん形式的操作期に達すれば、子どもたちが間違いを犯さなくなるというのではない。それはまったく見当違いである。しかしながら、操作期の子どもたちは命題において提示された誤った理解に共鳴したり、不用なものを排除する別の選択能力を獲得したのである。形式的操作期の子どもたちは、いかなる命題についてもその矛盾を構成することができ、いかなる命題群からも言外の意味を引き出すことができる。

認知発達のこの段階に達すると、子どもたちは彼らに提示されるすべての命題や彼ら自身が他者に提示するいかなる命題をも吟味することができる。子どもたちは矛盾する命題に対する真の命題を捜し出し、それを吟味するのである。したがって、「すべての白鳥は白い」という命題は矛盾しているので、「これは黒い白鳥である」という命題で反駁するのである。論理は私たちに選択能力を与えてくれる。つまり、それは間違った命題を識別するための道具——絶えず誤りから学ぶための手段——なのである。

第五節　ピアジェと教育

以上、明らかにしてきたピアジェの業績について、私は次のように解釈したい。ピアジェの「誤りからの学習」の教育理論への第一の重要な貢献は、秩序を探究する活動的で誤りやすい知識の創造者としての学習者の概念にある。

ピアジェによれば、学習者は行動と操作によって知識を創造する。学習者は知識を消極的に受容する存在ではない。人間が創造する知識は決して完全ではない。いつも誤りがあるし、不十分でもある。私たちは感覚的観察（感覚運動行動）を通して、また他者からの口答や文書によるフィードバック（言語行為）を通して、あるいは論理的演繹（論理的操作）を通して誤りを発見する。これらの行為や操作は選択能力として作用し、私たちが創造した知識や理解の矛盾を明確にする。すなわち、選択能力は私たちがそうした矛盾を発見するのを助けるのである。

私たちは秩序や首尾一貫性を求めるので、矛盾を発見するとそれを克服し、あるいは排除しようとする。これを行うための一つの方法は、それに取って替わる新しい知識を創造し、新しい理解をすることである。新しい知識、新しい理解はこれまでに発見された矛盾を排除するからである。このように、私たちは誤りを通して、知識を改善して（発展させて）いくのである。

誤りからの学習という教育理論に関連するピアジェの第二の重要な貢献は、ピアジェの認知発達と学習の概念である。人間の認知発達のすべては、人間がすでに実行可能である行為や操作を修正するところにある。すべての学習は現在の学習の修正である。つまり、以前に構築された理解や創造された理論の修正である。これらの修正は、人間が現在の行為や知識における誤り、不適切な点、限界を発見するときに程なく行われるのである。

このように、かつて伝達理論家たちが子どもについて考えていたように、子どもは知識や理解を欠いた空白の石板ではない。子どもたち――幼くとも――には、理解力がある。彼らは決して空っぽの器ではない。因果関係についてのピアジェの研究が明らかにしているように（あるいはアラン・ファントが「隠し撮りカメラ」という古いテレビ番組のショーで、前操作期の子どもたちを明らかにしたように）、幼い子どもたちは森羅万象を理解する理論を持っている。もちろん子どもたちの理論は、不十分で間違いもある。しかし、そこから教育の仕事が始まるのである。教育は消極的な約束事である。教育は生徒が現在身につけている知識の誤りを排除するために、生徒たちを援助することにある。そしてこれを実行する方法は、学習環境――生徒たちが自分の誤りから学ぶことができるもの――を創造することである。

ピアジェはこの教育的構想を真剣に研究したわけではない。ピアジェが警告したのは、未だ十分な認知構造が準備されていなかったり、創造されていない生徒たちに、学習を期待するということである。ピアジェの構想は、活動を可能にし、活動を促進するための必要不可欠な学習環境を構成することであった。

私は教育学者ではない。したがって、助言を与えることはできない。教育は独自の領域であり、教育者は適切な方法を見いださなければならない。とはいえ、私が自分の研究で見出したことは、教授における活動的方法を支持することである。子どもたちは自ら実験し、自ら研究しなければならない。もちろん、教師は適切な教材を準備して、生徒たちを指導することができる。

しかし、重要なことは、子どもたちがある事柄を理解するためには、自分でそれを構成しなければならない。子どもたちは自分でそれを再発見しなければならない。私たちは子どもに何かを教える時。いつも子どもが自分でそれを再発見できるように子どもを導かなければならない。私たちが子ども自身に発見させるものは……その子どもの生涯を通じて、いつまでも鮮明に残るであろう。(29)

二〇世紀の他の教育理論家たちは、子どもたちが誤りから学ぶことが可能な学習環境を公式化し発展させる教師の役割について研究した。例えば、本書の後半で分析するニール、モンテッソーリ、ロジャーズたちがそうである。すべての場合において、教育理論家たちの教師の役割についてのとらえ方は、ピアジェの学習者についての概念——学習者は秩序を探究する積極的で間違いやすい知識の創造者である——を前提にしていることが理解できるのである。

第四章　B・F・スキナー

B・F・スキナー（B.F. Skinner, 1904–1990）は、行動主義者、いや進歩的行動主義者――彼自身はこう呼ばれるのを好んだ――であり、疑いなく二〇世紀後半における最も影響力のあったアメリカの心理学者である。行動主義は一般的に人間行動の科学として定義されている。この科学は人間の行為は法則に従う、という仮説を設定する。行動主義者たちは、この法則を環境と生物との間にある体系的で機能的な関係を分析して発見した、と言う。[1]

もし私たちが人間の行為の原因を理解できれば、私たちは人間の行為を望みどおりに変えたり、形作ることができるだろう。このことがまさに、行動主義者がいう教育とは何かに通ずるのである。つまり、教育とは人間を変えること――正確に言えば、行動を変えることである。このことを行うためには、まず、私たちは生徒たちにどのように行動して欲しいか、を正確に知る必要がある。私たちは教育目標――行動能力を形成する――を持たなければならない。ひとたび行動目標が確立すれば、私たちは行動科学に基づく教育技術を使用することができるのである。

行動主義者たちは、鳩に次のことを教えた。鳩が一回りできる床に置いた8の字の図形の上を歩くこと、じっと立って首を伸ばすこと、足を踏み鳴らすことなどである。また、球ころがしや卓球の仕方も教えた。さらに、行動心理学者の指導で、鳩はくちばしで赤い円盤を突いて、緑の円盤と区別することを学習したのである。そして、スキナーは行動主義者たちが「ねずみ、犬、猿、人間の子ども、そして精神病患者についても、これと同じ成果を収めた」(2)と自慢した。精神病の被実験者は、行動主義者の教育技術によって、社会的行動と同じく数学、綴り方、正しい論理、外国語などのすべてを学習した。(3)行動修正はすばらしい成果をあげたのである。

第一節　行動の原因

行動を引き起こす原因は何か。スキナーの見解としては、人間の行為を説明するための前提となる「内的原因」は何もない。すなわち、目的、欲求、動因、動機など、すなわち「皮膚の内側」には何もない。スキナーによれば、人間の行動原因は人間の行動の結果なのである。

ここで、私たちが明確にしておかなくてはならないことがある。それはスキナーが、人間は行動する生物である、という事実を認めていることである。スキナーが努力したのは、単に人間の行動自体の説明ではなく、ただ人間が習得する、すなわち学習する特定の行動について説明したことである。スキナーの研究は、なぜある人はあの行動よりもこの行動をするのか、を解明することであった。行動主義者たちは、人間の多くの活動は学習された行動である、と主張している。

しかし、どのようにして、行動の結果が行動の原因になるのであろうか。スキナーは、すべての行動には結果があり、結果のいくつかは生物を強化すると言う。強化の結果が、同じ状況で再度同じ行動を起こさせる可能性を増加させる。例えば、喉が渇いている状況では、冷たい水、ビール、ソーダ水を飲む。これは、飲むという結果を強化する。こうした結果は、同じ状況では再度この方法で行動する可能性を高める。強化の結果——強化の随伴性——が行動を引き起こす原因となる。すなわち、強化の随伴性は学習された行動を引き起す原因となる。

さらに、笑みを浮かべ、励ましの言葉や親切な言葉を受けている生徒、宿題を頑張って良い成績を収めた生徒の例を取り上げてみよう。こうした随伴性は行動を強化し、その生徒は次の宿題の時にはもっと頑張るであろう。

強化は一つでは十分ではない。一般に、特定の行動項目を学ぶためには多くの強化が必要である。しかし、強化は継続的でなくてもよい。強化は休み時間や反応の速度に基づいて、いろいろな授業時間やスケジュールに応じて断続的に起こる。それは行動を引き起こす条件あるいは原因となる強化の累積である。学習自体は「学習曲線」に従う。すなわち、すべての学習は状況や刺激の反応頻度率から成る。スキナーは反応を呼び起こす状況または刺激を弁別刺激と呼び、行動は弁別刺激の下に制御されると言う。したがって、最後に行動が弁別刺激に制御されて、強化因子が弁別刺激への反応頻度率を高める限り、強化因子は行動の原因となる。こうしたことが起こる時、その行動は条件づけられた、と言われる。

人間の行為は行動からなり、強化の結果として行動を獲得する。強化因子はその一般的な特性によってではなく、その結果によって定義される。そして、結果は行動が随伴される確率が高くなることに関係している。例えば、キャンディーはおいしいので、ある行動が随伴される確率が高く、子どもの行動の強化子となるのである。（もちろん、時々ある子どもにはキャンディーが強化因子とならないこともある。）

スキナーは正の強化と負の強化を区別した。正の強化因子は、それが行動に伴う時、繰り返して行動する確率を高める条件である。一般に食物、賞賛などが正の強化因子である。それは、鳩、ねずみ、犬、人間に効果がある。特定の行動をした後、餌が与えられる犬を取りあげてみよう。犬が特定の行動を起こすと、その行動は同じ状況で生じ繰り返される確率が高くなる。たびたびこの行動が強化されれば、ますますその行動は繰り返されるようになる。

負の強化因子は条件であり、この条件が除去されると行動を除去する確率が高まる。生物が嫌悪するものはすべて負の強化因子である。例えば、痛み、飢え、渇きなどは負の強化因子である。このような条件を除去しようとする行動、またその危険から逃れようとする行動は、同じ条件が示されると繰り返されるようになる。例えば、箱の中に電流が流れている金属板の上にいるねずみは、電気ショックから逃れようとする。もしねずみが箱の中の電流を遮断するスイッチを押せば、この消極的に強化された行動（スイッチを押す）は、ねずみが同じ状況におかれた時、再び起こるようになる。そして、その行動が強化されれば、スイッチを押す確率は高くなる。

スキナーは、罰は強化とは正反対なものと考えたことを述べておきたい。強化は行動を引き起こす原因であるが、罰は行動を排除する。罰が与えられるのは、正の強化因子を除去する（行動の「結果として」赤ちゃんからキャンディーを取り上げる）時、また負の強化因子を課す（行動の「結果として」赤ちゃんをピシャリとたたく）時である。スキナーは罰は行動を変えるのにあまり効果がない、と主張している。罰は罰する者と罰せられる者の両者にとって、一時的なものであり、望ましい効果がないからである。

行動の強化は条件づけの一形態である。スキナーは古典的条件づけ又はレスポンデント条件づけ（反射的条件づけ）と区別するために、行動の強化をオペラント条件づけと呼んだ。レスポンデント条件づけは反射的行動で始まる。例えば、くしゃみ、あくび、まばたき、よだれ、などの行動である。これらの行動が一定の刺激によって引き出されることは周知の事実である。鼻の穴をくすぐれば、くしゃみをする。光のきらめきや物体の接近で、まばたきをする。一定の食物の外見や匂いでよだれをたらす。これが刺激—反応の行動である。つまり、一定の刺激が一定の反応を引き起こすのである。この反射的行動が条件づけられた行動になる。これは別の異なる刺激で反応が引き起こされた時に生ずるのである。

パブロフ（Pavlov, 1849-1936）は、犬をベルの反応で唾液を分泌させるように条件づける、というレスポンデント条件づけの有名な実験を行った。パブロフは、犬に肉片を与える前にベルを鳴らす実験を行ったのである。何度も実験を繰り返した後、犬はベルの音を聞いただけで唾液を分泌するようになった。ベルの音と肉片の一時的な連想の結果として、ベルの音が条件刺激となった、とパヴロフは説明した。ベルの音は、以前には自然に起こらなかった行動反応を引き起こしたのである。

レスポンデント条件づけは、ただ反射的な行動のみに適用される。それで人間の行動のすべてを説明することはできない。というのは、人間はくしゃみをしたり、まばたきをしたり、よだれを垂らしたりする以上のことをするからである。確かに、多くの人間の行動は、スキナーがオペラント行動と呼ぶものであり、それは生物の自然で前向きな行動である。その行動は環境に「作用する」ので、オペラント行動と呼ばれている。オペラント行動は結果を産み出す。その結果は強化的なものであったり、嫌悪的なものであったり、あるいはその中間的なものであったりする。

オペラント行動は、いつも一定の文脈や状況において起こる。しかし、一定の刺激が反射的行動を引き起こすほどには、状況はオペラント行動を「引き起こす」ことはない。(反射的行動は発生学的形質の一部であり、私たちはこの種の行動を持って生まれるので引き起こされるのである。) オペラント行動は、人が以前にさらされたことのない状況で呼び起こされる新奇な反応である。状況は行動を引き起こさず、人は一定の状況の文脈において行動を「起こす」のである。行動が強化の結果をもたらすと、やがて条件づけが起こり、その条件づけられた行動が人の能力範囲の一部となるまで、同じ状況において繰り返されるのである。

第二節　スキナーのダーウィン説

スキナーは、人間の行為がどのように発達するかについての自分の説明は、ダーウィン説であると言う。ダーウィンは淘汰の役割を発見した。それはその時までの科学のプッシュプル方式 (訳者注：二個の電子管のうち一方が押すように働くと、他方が引くように働く方式) の機構とは全く異なる一種の因果関係の説明である。(4) 淘汰の原理は驚くべき多様な種の起源を、目的や精神、あるいは前提となるいかなる原因にも頼ることなく説明したのである。まさしくダーウィンが種の起源とその進化を説明するために淘汰を用いたように、スキナーも行動の起源とその発展を説明するために選択を用いたと言われる。

いくつかの行動は環境によって選択される。それは生き残るために必要なのだ、とスキナーは言う。換言すれば、「適者生存は一定の行動に左右されると言えるかもしれない」。[5] 例えば、一定のメンバーは仲間を作らず、子どもの世話もしない。それは捕食生物に対して身を守らなければ、種として生き残れないからであろう。こうした一定の行動が、種の遺伝的な生得的才能の一部になったのである。私たちはそれを本能的行動と呼んでいる。上述したように、本能的行動は条件づけが可能な反射的行動を含んでいる。また、生物が特殊な環境に適応して生存するためには、レスポンデント条件づけが必要である。

その一例として、スキナーはある生物が心臓反射を持って生まれることを指摘した。こうした反射は、その生物が捕食生物から逃れたり、戦ったりする涙ぐましい努力を支える。この反射は生物の生存のための機会を増す。しかし、捕食生物は外見は種々異なっており、生物が捕食生物から逃げたり、戦ったりする前に、捕食生物の特殊な外見がその生物に適切な心臓反射行動を引き起こさせるのは、レスポンデント条件づけがなされているときだけである。

オペラント条件づけは生存の問題であり、それはまた環境による選択を通じての行動の成長、あるいは発達の問題である。人間の環境における様々な事柄、例えば、食物、水、性的接触、危害からの逃避、などは生存には不可欠であり、こうしたことを獲得するための行動が選択される。オペラント条件づけという用語を用いれば、これらの行動はその結果によって強化される。「空腹状態の生物が食物を生産する行動を示す時、行動はその行動の結果で強化されて、さらに繰り返すようになる。例えば、極端な温度のように潜在的に損害を被る状態を減少させる行動は、その結果によって強化される。したがって、同じような場合に繰り返されるのである。(6)」

こうした理由で、行動の成長は種の成長と同様に環境への適応の問題である。しかし、そのような適応は生物の側の目的、あるいは意思、意図などを含んではいない。それは環境による選択の問題に過ぎないのである。

第三節　教授工学

行動の科学的分析は、教育に応用できる原理を提供する。それは学校建築の設計、設備、教科書、授業などの計画に応用できる原理である。学習の原理は次の三つの変数で成り立っている。行動を引き起こす状況あるいは機会、行動それ自体、そして行動の結果、という変数である。教師は学習される行動を決定しなくてはならない。行動を呼び起こす状況を工夫しなくてはならない。さらに重要なことは、強化の随伴性を準備しなくてはならないのである。

スキナーは、鳩がどのように8の字の図形の上を歩くように教えられたか、を次のように説明している。

空腹の鳩がおりの中に入られている。……食物が入っている容器は、実験者が設置した手動のスイッチで操作できる。鳩はこの操作でまったく邪魔されることなく容器の食物を食べることを学習するが、条件づけは一切なされていない。実験者には鳩の本来持っている能力範囲以外の反応を明記するように依頼されている。例えば、鳩が8の字の図形の上を歩くことが決められていると想像してみよう。実験者は鳩にその反応が起こり、それが強化されるのを待つ必要はない。その代わりに実験者は、鳩が頭を回転させるか、または右回りの方向に歩くという最終の型になるように、反応を強化するのである。強化された反応（こうした環境で学習が行われるのが実際に確認できる）はすぐに繰り返される。したがって、強化は同じ方向へ確実に歩くまで与えないでおくのである。やがて、完全に回ることだけが強化される。

同じ反応は左回りの方向でも強化されるので、右回りの動きは一部分消失するようになる。左回りの動きが完全にできるようになると、右回りの回転は回復され、やがて鳩は継続して両方向に回転できるように強化されるのである。全部の型が繰り返されるようになる。(7)

実験の全過程は五分か一〇分でそれ以上はかからない、とスキナーは言う。実験の全時間中、実験者と鳩との接触は、食物を入れた容器の操作に用いる手動のスイッチを通してだけである。まず実験者は鳩の行動目標を確認して、鳩が次第に最終の行動に至る行動を強化するために、随伴するプログラムを素早く作る。こうした行動を形作る、あるいは修正するための教授方法は、容易に人間にも応用できる。スキナーは次のように報告している。

ある少年は生まれつき白内障であった。手術ができる年齢になる前に激しい痼癪を起こし始めた。手術後も手のつけようがなかった。眼鏡をかけなければ一生盲目になるのに、それをさせなかった。少年の癇癪は重い自虐的な行動を帯びており、病院から「児童精神分裂症」と診断された。そこで、少年にオペラント条件づけの二つの原理が適用された。癇癪は強化するだけでは結果が出ないことが確認されている。強化の随伴性のプログラムは、少年に眼鏡をかけるという望ましい行動をさせることである。効果的な強化として食物が用いられるのは、子どもを空腹にさせることである。レンズのない眼鏡のフレームが部屋に置かれ、フレームに触れるようにさせる反応は食物で強化するのである。強化は少年がフレームを取りあげて、プログラム通りそれを目にかけさせることである。フレームを目にかけるまでは多少のもたつきがあるが、やがて上手にかけられるようになると、処方されたレンズをフレームに入れるのである。(8)

少年は三〇日後、一日一二時間――実際には起きている時間ずっと――眼鏡をかけていた、とスキナーは報告している。

スキナーはその著書『教授工学』で、詩を書いたり暗記するのを教える技術、言葉の意味を教える技術について提案している。教えることはすべて行動を修正することであり、あるいは形作ることである。あらゆる場合、教師は行動を引き起こす行動目標を確認し、強化の随伴性を準備できなければならない。教師は生徒に言葉で指示したり、真似たり、模写できるモデルを提示して、生徒の行動を呼び起こすことができる。スキナーはこれをポンプに呼び水を入れることに例えて、「プライミング(priming)」と呼んでいる。プライミングの別の形は「激励すること」――正解を得るために生徒に解答のヒントやその一部を示す――である。授業での強化子は、お菓子、賞、記念品、成績、名誉、特典、微笑み、うなずき、励ましの言葉、などを与えることであり、さらに「そのとおり」とか「正しい」と言うことである。これ以外に、教師が公平で熱心であることは無意識な強化になる。

教師が行動の修正を実行するのは難しい。例え教師が全時間を一人の生徒にかけても難しい。生徒数の多いクラスであれば困難さはなおさらである。こうした理由から、スキナーはティーチング・マシンと呼ばれる機械装置の使用を提案している。それは、生徒が一回に一つの問題を解くが、その解答が直前の問題の解答から引き出されるように、教材が機械の中に「プログラム化」されている。プログラムの進行にしたがって、生徒は複雑な知識の宝庫を習得するようになる。正解するための強化は、直に正解ができた満足と次の難しいステップへの前進と挑戦にある。プログラム化された段階は小刻みであるが、強化は頻繁に起こるのである。

多くの人は、プログラム学習は事実や単純な技能の学習であると考えているが、それ以上のことも学習できるのである。スキナーによれば、注意する、観察する、決定する、問題を解決する、などのいずれの形式を取っても考えることは行動なのである。考えることを教えるためには、教師はまず学習すべき行動を明確にし、その行動を呼び起こし、随伴性を強化することを準備しなくてはならない。例えば、問題解決についてスキナーは次のように指摘している。「人はある状況が強化されると問題を意識するが、強化を生み出す反応が乏しい。反応を示すようになれば問題は解決できる」[9]と。しかし問題の解決は、解決できる反応を「示す」だけでは不十分である。その反応を頻繁に起こさせるステップを置くのが重要である。このステップは事前に明確にされた技術であり、行動である。明らかにされているいくつかの問題解決の技術は、次のようである。

もし問題が二つのものは同じなのか違うのか、ということであれば、比較しやすいように二つを並べればよい。もし違ったものを明確にさせようと思えば、二つのものを離せばよい。類似したものを明確にさせようと思えば、グループ分けすればよい。もし解決するのに一連のステップが必要ならば、解決すべきものを順序づければよい。言語を象徴に置き換えて言語反応を言い直すのである。重複した循環をもつ三段論法の前提を示すのである。私たちは数えたり、測ることで量を明確にするのである。[10]

何かを分析することを教えるには、教師は行動を明確にし、呼び起こすステップを取り出し、強化するための随伴性を準備しなければならない。

第四節　スキナーのラマルク説

スキナーは行動主義がダーウィン説であると主張したが、彼は教育の伝達理論を構築したのである。おそらく教育史において最も普及したのがこの理論である。この理論を教育に導入するとき、スキナーがダーウィンを見捨てたことは明らかである。スキナーは「生物的進化と文化的進化との間の類似性は、伝達という点で崩壊する。……獲得された形質は伝達されるという意味で、文化的進化はラマルク説である」[11]と、認めているからである。

スキナーは「常識」を知識と文化の主観的概念で理解する点で、ラマルク説を押し進めようとしている。スキナーにとって、文化――そして知識――は単に行動に過ぎないからである。文化は人々が所有しているものである。知識と文化は人々から離れては存在しない。知識と文化は客観的実在ではない。スキナーが述べるように、文化とは人々が、どのように生活し、どのように子どもを育て、どのように食物を栽培し収穫するか、どのような家に住み、何を着るか、どのようなゲームをし、どのようにお互いが接し、どのように自制するか、などのことである。こうしたことは、スキナーが述べるように「習慣、すなわち、人々の習慣的行動なのである。……文化の実践は種の特質と同じように、それを他のメンバーに伝達するメンバーによって実行されるのである」。[12] スキナーは伝達理論者として、知識を行動として考える。したがって、知識をある主題に関する個人的所有物として考えるので、知識は主観的なものであるという常識的な見解をとるのである。

しかし、多くの伝達理論者のように、スキナーは学習者を知識の受容者とは見ていない。すでに見てきたように、スキナーは人々が行動する限りは知識を創造――少なくともある意味で――する、と主張する。生物は知識の源泉である。しかし、学習者を知識の積極的な創造者とするこの理論が、教育の伝達理論という面で現れると、スキナーは完全な操作と絶対的な制御を約束するものとして、教育を構築するようになる。教師は生徒が学習すべき行動を決定し、その行動を生徒から引き起こす状況を作り、期待される行動を強化する環境を構成しなければならない。

スキナー自身が述べているように、彼が制御を強調したことは、行動主義者に激しい反論を喚起したのである。しかし、スキナーは制御と非制御のいずれか一つを選択することはできない、と主張した。人間の行動は「常に」制御されている。もし教師、親、大人が若者たちの行動を制御しなければ、強すなわち、若者たちが適切な行動を発達させせようとしているのだ、という考えを制御しなければ、強化による随伴性に関して思わぬ制御を若者たちに任せることになる。つまり、若者たちが文明としての本当の生存を危険にさらすかもしれない行動になる随伴性が生じるのである。教師たちは、自分たちが生徒の行動を制御することに従事していることを認めようとはしないが、教師たちの役割はまさに生徒の行動を制御することにあることを認めるべきだ、とスキナーは言う。

第五節　スキナーの決定論

スキナーが教育には制御は避けられない、と強調する根拠は、行動主義者たちが人間の行動は法則に従う、という仮説を設定しているからである。人間の行動についてこのような見解が生じるのは、人間の行動を因果関係の法則に従って進められる一過程として見るからである。行動主義者たちは、人間の行動――入浴する、靴ひもを結ぶ、本を読む――を物理的変化――氷解する、ボールが斜面から転がる、惑星が軌道を回る、などのように――と同じカテゴリーで考えるからである。すべての物理的変化は過程である。それは因果関係の法則に従って行われる。そして、これらの変化は決定されているのである。こうして、スキナーは物理的変化と同じように人間の行動も決定される、と考える。もちろんスキナーは、人間の行動が「完全に決定される」ことは証明できないことを認めているが、「命題は事実が蓄積されれば、さらにもっともらしくなる」(14)とつけ加えている。

しかしながら、人間の行動について行動主義者たちが説明していることは真実ではない、と指摘されるにつれて、スキナーの決定論にも多くの矛盾が提起されるようになった。これは的確な指摘である。第一の矛盾は、もし人間の行動についてのスキナーの言説が真実であれば、彼の言説は真実ではない、ということである。なぜなら、スキナーはすべての人間の行動は環境による条件づけの結果である、と言う。もしこのことが真実であるとすれば、スキナーの「言っている」こと――すべての人間の行動は環境による条件づけの結果である――は、スキナー自身の環境による条件づけの結果に過ぎない。そして、もしすべての行動が環境による条件づけの結果であるとすれば、他人の言語的行動――誰かが人間の行動は環境による条件づけの結果では「ない」と言うこと――を真実とは認めなかったと同様に、スキナーの言語行動も真実としては認められないのである。もし行動主義が真実であれば、その真実を支持するいかなる言説も、理由または議論として本気で認めることはできないのである。(15)

第二の矛盾は、いかに行動が環境によって決定されるか、を的確に説明しようとするスキナーの試みから生じている。スキナーによれば「特定の場合に強化された反応は、それと非常に類似した場合に最も起こりやすい」(16)のである。しかし、すでに第二節で見たように、「非常に類似している場合」あるいは「類似している状況」は、「ある人」にとって類似しているだけに過ぎないのである。ある状況での繰り返しは、「いつも」ある特定の人や生物に繰り返す「だけ」である。「すべて」の繰り返し、「すべて」の類似性は、実際の客観的環境条件の他に期待したものの結果でもある。このことは、知識が条件づけの結果にはならないことを意味している。それは、条件づけ自体の真の過程が、生物がすでに条件づけの結果であると思われる真の知識を所有していることを、論理的に要求するからである。

このことは、次の例で明らかになるだろう。子どもがある物体、すなわち、描かれた物体に向かって「象さん」と言っている行動を想像してほしい。また、それに続いて両親が笑みをたたえて、うなずき、「良い子だね」「すばらしい」と言葉をかけているのを想像してほしい。行動主義者の理論によれば、その子はこれと類似した場面では再び同じことを言うらしい。その子が類似した場面で「象さん」と言うためには、それが類似した場面だということを認識しなくてはならない。しかし、もしその子が「すでに」この認識ができているならば、これは「象さん」であることをすでに知っているのである。その子は知ることを条件づけられていると思われる。

最後の矛盾は、スキナーがダーウィンの淘汰の実例として、オペラント条件づけの解釈をする際に生じる。この解釈をするためには、スキナーは強化と生存の間に関連があることを主張しなくてはならない。スキナーは、例えば、砂糖、塩、性的接触、などは生存のために不可欠であると指摘している。「結果として、種としての人間は他の種と同様に、砂糖、塩、性的接触によって強力に強化されている」(17)と主張している。しかし、このような主張は、生物と環境の間には前もって設定された調和がある、という結論に達することになる。すなわち、私たちが生存するためには塩が必要なので、私たちは塩によって強化される、というように。

この主張は、生物と環境との関係について私たちが知っているすべての事柄に、真っ向から反対するだけではなく、別の立場に立つスキナーがはっきりと拒否する結論でもある。スキナーは書いている。「生存している者が表す良いものは自然に完成する、と暗示する進化の概念は誤解を招く」と。しかし事態はこのようには展開しないのである。「それは明確な計画によって正される必要がある」(18)とスキナーは述べている。もちろん、スキナーが淘汰による「自然的完成」への干渉を主唱することは、生物を強化するものは生物を生存させる、という彼の主張に矛盾する。スキナーはこの矛盾を解決しなかったのである。

これらの矛盾は決定論が誤りであることを暴露している。人間の行動は決定づけられてはいないのである。人間の行動はいつでも制御されるとは限らないし、必ずしも制御できるものではない。しかし、これは人間の行動は制御できない、と言うことではない。事実、スキナーの業績が証明したことは、人間の行動を制御できる環境を構成することであった。このことは、行動は条件づけられる、という意味ではない。もし統制された行動が条件づけられた行動でなければ、行動が条件づけられたとき、何が起こるのであろうか。

第六節　オペラント条件づけ——再解釈

行動主義に内在している矛盾にもかかわらず、私たちはオペラント条件づけは効果があることを認めなくてはならない。確かに効果がある。鳩がキーを突いたり、8の字の図形をたどったり、また他の多くの「行動」ができるように条件づけることができる。同様に、私たちは人間の行動をも形作り、修正することができる。確かにできるのである。

スキナーの主張していることは、確かに実現できる。しかし、一説によれば、なぜ実現できるかを説明するスキナーの理論は間違っているという。こうした変化は行動に伴って起こるが、それがオペラント条件づけで説明されてはいない。何が起きているかを説明するには、その代わりとなる理論が必要である。私は条件づけは存在しない、と主張したい。条件づけと思われるものは、実際は試行錯誤による誤りの排除の問題である。すべての学習は誤りからの学習である。要するに、私は行動の成長のために、ダーウィンの説明を提案したいのである。

スキナーは自分の行動主義理論がダーウィンの淘汰の実例で「あった」、と主張したことを思い出してほしい。しかしながら、スキナーの主張の問題点は、彼が淘汰を強化と同一視したことである。つまり、スキナーは環境は強化によって行動を「淘汰する」と言う。これはダーウィンの淘汰を帰納法の「常識」過程に変換したものである。繰り返される強化は、特定の結果と特定の行動の連合の繰り返しに過ぎない。行動主義理論によれば、繰り返される連合は、生物の能力範囲の一部分として特定の行動を獲得するのである。

しかし、ダーウィンの淘汰は帰納的ではない。それは間違いの排除の問題である。自然は不適切で、不十分で、間違いやすい生物とその行動を排除する。行動や行為の成長は間違いを排除する論理に従うのである。成長はいつも間違い、不十分さ、限界――問題――から始まる。問題は不十分な理論や理解から生じる――無知からも生じる――。私たちはある問題に直面すると、問題から逃れようとしたり、問題を排除しようとしたり、あるいはとにかく問題を減らそうとする。どの問題もピアジェが不均衡と呼ぶものの実例である。不均衡は生理的、心理的、社会的、あるいは認知的なことである。苦痛、心配、無秩序、矛盾、などすべては人間を不安定にさせるのである。

不均衡は私たちを嫌悪させる。嫌悪は遺伝的な生来の特質の一部である。苦痛――飢え、不安、矛盾――や嫌悪を見いだせなかった生物は、生き残れなかったと思われる。苦痛、飢え、不安、矛盾というような状況は、間違っているもの、不十分なもの、紛失しているものを伝える警告システムであり、信号なのである。それは私たちの行為や行動と理解を変更し、修正することを教える。

そこで嫌悪的状況――いつも無知や誤った理論、誤解から生じる――に直面すると、認識できる不十分な理論や理解、さらには行動を修正して、不十分さを克服しようとする。行っていることは新しい試行なのである。そうしても不十分であると分かれば、間違いを排除して再度試みる。こうして、私たちの行動は、試行錯誤による誤りの排除という継続的な選択手続きを通して改善されるのである。

さて、試行錯誤による誤りの排除は強化のように「思われる」。特にスキナーが負の強化と呼ぶものであると思われる。しかし、そこには強化はない。環境は行動を強化せずに、環境は行動や活動に対して批判的フィードバックを提供するのである。環境は私たちが誤りを犯したり、間違ったりしたときに、私たちに伝えるのである。私たちの行動が不十分なときもそうである。間違いを排除するのは生物であり、新しい企てや試みにおいても間違いを排除するのは生物である。

例えば、空腹の鳩を箱に入れると、鳩は空腹という問題を解決しようとして予備的な試行行動をする。鳩は食物を探して箱の中の円盤の一つを突くが、うまくいかないことが分かると、鳩は試しに一つの円盤を連続して突く行動に変える。それがうまくいかないと別の円盤を突いて一つの間違いを排除するのである。スキナーが実験に使用したのは、特別にデザインされた数個の箱で、その中の「一つ」（種類）の円盤だけを突けば問題が解決されるようになっている。鳩は赤い円盤を突けば食物が得られるのである。私の解釈は、鳩が空腹の問題を解決するために赤い円盤を突くことを学習したのは、いわゆる強化によってではなく、試行錯誤による誤りの排除による、ということである。これはダーウィンの淘汰の手順である。

これと同じ方法で、子どもは読み方、書き方、綴り方、思いやり、靴ひもの結び方、その他どんなことでも学習する。つまり、試行錯誤による誤りの排除によって学習する。子どもの行動を「強化する」のは、環境でも教師でも親でもない。彼らは問題を解決しようとする子どもの試みと努力に、また、嫌悪するものを排除しようとする子どもの試行的な取り組みに、批判的フィードバックを提供するだけである。*

＊私が使用する「批判的フィードバック」という用語は、結局、人間は実際は伝達者であり受容者である、という考えを与えるかもしれない。このように考えられるのは、私たちが一般に批判的フィードバックをラジオ、テレビ、その他のメディアの伝達方法で解釈するからである。けれども、人間の交流では批判的フィードバックは表されるのであって、伝達されるものでも、構成されるものでも、受け取られるものでもない。

子どもは現在の十分な知識を「表す」のである。すなわち「表示する」のである。親や教師は子どもが表示したことを理解して「解釈」する。そして自分たちの反応を「表示する」のである。子どもは表示された批判的フィードバックを理解して解釈する。――批判的フィードバックによって自分の知識を修正するのである。人間は決して誤りを犯さないラジオではないし、テレビ送信機や受信機でもない。私たち人間は、他者が表したり、表示した知識を誤解するのである。私たちは相互交流や話し合いを続けることにより、正しい理解をもつようになる。

生物は試行錯誤による誤りの排除という選択的手続きによって行動を修正する、というのが私の解釈である。行動の修正は決して強化することでは起こらない。オペラント条件づけは神話である。このことは、空腹の生物が試行錯誤による誤りの排除という手続きを経て問題を解決し、苦しみを克服する、いわゆる負の強化の場合において明らかである。しかしまた、いわゆる正の強化も試行錯誤による誤りの排除の問題である。いわゆる正の強化のすべてにおいて、生物は問題を解決しようとして、いくつかの認知された不均衡を克服しようとする。ある人が正の強化によって、生物を「条件づけ」しようとする時、その人は非常に制御された環境を持つ。すなわち、その環境とは、すべての行為や行動を、実験者（制御者）によってあらかじめ訂正された行動を「除いて」、間違っていたり、誤りがあったりする環境である。こうした制御された環境では、生物は「正しい」行動に思い当たるまで、ただ試行錯誤による誤りの排除という手続きを取るのである。

スキナーや他の行動主義者が開発したプログラム教材については、どうであろうか。このプログラム教材では生徒はほとんど間違いをしないので、生徒は試行錯誤による誤りの排除という手続きを取るまでもない。プログラム学習の教材は、教材の要素が完全に小刻みに分けられ直線的に配列されているので、大半の生徒は少しの間違いもなくやり遂げることができるのである。

ここでの展開について、私は生徒が「自分の頭の中で」試行錯誤による誤りの排除という手続きに参加している、と考える。生徒にははっきりした間違い、誤りは見られない。なぜなら、生徒は紙に何かを記録する前に試みの解答をすでに「試して」おり、誤りを「排除して」いるからである。それはクロスワード・パズルのようなものである。ある言葉を紙に書く前に、「自分の頭の中で」試行錯誤による排除の手続きを慎重に、意識的に行っているからである。いわゆるプログラム教材として、クロスワード・パズルを使って、模擬解答が正解か誤答かを確認するために、前後関係がヒントとフィードバックを与えるのである。これについては、高校の物理のプログラム（ティーチングマシンの項参照）から、次の部分が明らかになる。(19)

一つひとつ累積された各項目は、生徒が回答する前に、自分で考えてかなり単純な試行錯誤による誤りの排除ができるような文脈である。第一の項目はパターンを示している。生徒はどの言葉を空欄に入れるかを考える。第二の項目は、文脈で「電池」が間違った言葉である。それを除去すると「電球」という言葉が残る。第三の項目は、「光」に無関係の言葉を除去する。また、文脈で「熱」という言葉は間違いなので、残るのは「明るい」という言葉だけである。以下、このように進めて行くのである。生徒は試行錯誤によって誤りを排除する「プログラム教材」によって進歩する。教材は非常に易しい――批判的フィードバックという点では内容的に豊かである――ので、自分で考えて試行錯誤による誤りの排除という活動を行うことができるのである。

オペラント条件づけに関するこのダーウィン的解釈は、なぜオペラント条件づけが効果があるのか、なぜ学習そのものがいわゆる強化の結果であるかのように「思われる」のか、を説明するのに役立っている。また、このダーウィン的解釈は、なぜ行動主義が生徒を全面的に制御するのか、生徒を操作できる対象にするのか、を説明するのに役立つ。

最後に、このダーウィン的解釈は、たとえ効果があるように見えても、なぜ伝達が神話であるかを説明するのに役立つ。実際、どの学習も常に試行錯誤による誤りの排除の問題である。したがって、「伝達」しようとする人たちは、「正しい試み」としてあらかじめ決められた試行以外の「すべての」

試行は、間違ったものとして追放するやり方で環境を制御しようとする。このような制御された環境では、生物は、「正しい」反応が引き出されるまで、試行錯誤による誤りの排除という手続きによって自身の行動を容赦なく変更させられる。伝達は存在しない。知識を伝達しようとする人は誰でも、学習者が試行して間違いを排除しようとする手続きを制御しているに過ぎない。

ダーウィンの淘汰の異形としてのスキナーの行動主義の解明によって、私が提示しようとしたのは、すでに説明したように、スキナーの学習者についての見解はピアジェと同じである、ということである。つまり、学習者は秩序を探究する知識の積極的創造者なのである（強化ではない）。

前半で見たように、秩序の探究（ピアジェが均衡と呼んだもの）は矛盾を排除することによって行われる。スキナーが私たちに示唆したのは、すべての人間の行動は均衡―不均衡という概念を使用して説明できる、ということである。均衡は認知以外の他の領域においても生じるからである。私たちは社会的不均衡、身体的不均衡、心理的不均衡を経験する。また、スキナーが解明したことは、私たちは不均衡を嫌悪する、そして矛盾、苦痛、心配を嫌悪するのは遺伝的特性の一部であり、それは自然淘汰の結果である、ということである。

学習者が秩序を探究する知識の積極的創造者であるなら、どのように学習者を教えたらよいのだろうか。教師の役割とは何だろうか。

ティーチング・マシン

以下の表は高校「物理」のプログラムの一部である。マシンは一回に一項目を提示する。生徒は項目に適切な語句を右側から選んで、文章を完成する。

完成する文章	選択する語句
1．懐中電灯の重要な部分は電池と電球である。懐中電灯を「つける」とき、＿＿と電池を接続しているスイッチをつなぐ。	電球
2．懐中電灯をつけるとき、電流が＿＿の中の細い電線を通じて流れ、それを熱くさせる。	電球
3．熱い電線が光るとき、熱と＿＿を発する、あるいは放つという。	光
4．電球の中の電線はフィラメントという。フィラメントが＿＿流れの通過で熱くなるとき、電球がつく。	電気の
5．弱い電池がわずかしか電流を流さないとき、電線、すなわちは＿＿は熱くならない。	フィラメント
6．熱くないフィラメントは＿＿光を発したり、あるいは放ったりする。	少ない
7．「発する」は「放つ」を意味する。フィラメントが放つ、すなわち「発する」光の量は、フィラメントがどの程度＿＿かによる。	熱い
8．フィラメントの熱が高くなればなるほど、光は＿＿発する	より明るく より強く
9．懐中電灯の電池が弱いと、電球の中の＿＿は白熱したままで、ぼんやりとした赤色になる。	フィラメント
10．非常に熱いフィラメントからの光は、黄色または白色になる。あまり熱くないフィラメントからの光は＿＿色になる。	赤
11．鍛冶屋や他の金属職人は金槌で型づくりをする前に、鉄棒を「サクラ色の赤色になる」まで熱する。熱の温度を知るために、発する光の＿＿を利用する。	色
12．光の色と量は光を発しているフィラメントあるいは光の帯の＿＿による。	温度
13．熱で光を発する物体は白熱光と呼ばれる。懐中電灯の電球は＿＿の源である白熱光である。	光

第三部　教師はいかに生徒の誤りからの学習を援助するか

第五章　マリア・モンテッソーリ

マリア・モンテッソーリ（Maria Montessori, 1879-1952）は教育学の直観的天才――そのように生まれついた人であった。彼女は二〇世紀においてもっとも成功した教育方法を、おそらく教育史において最も成功した教育方法を構築したのである。モンテッソーリ・スクールでは三歳の子どもたちが、埃を取ること、お皿を拭くこと、整頓すること、食卓の準備をすること、テーブルで給仕をすること、お皿を洗うことなどを学ぶ。同時に自分のことは自分ですることを学ぶ。例えば、洗濯、入浴、洋服の脱着、洋服を箪笥や引き出しにしまう、靴ひもを結ぶ、髪の毛をとかすなど。四歳半までには、書き方や読み方を学び、基礎的な数の計算ができるようになる。

モンテッソーリ教育法は効果的である。世界のあらゆるところの貧しい家庭の子どもも裕福な家庭の子どもも、殆どの西欧諸国といくつかの東洋の国々で創設されたモンテッソーリの「子どもの家」（Casa dei Bambini）において、驚くべき早熟な知的発達を示した。モンテッソーリ教師は全員特別な訓練を受ける。モンテッソーリ自身が六ヵ月間の国際モンテッソーリ教師養成コースを創設した。現在、多くのコースの期間は一年間か三年間に及ぶものもある。養成は実践的であり霊感的でもある。モンテッソーリ教師志望者はコースにおいて、教育は伝達の過程ではないこと、教師の仕事は知識の教授ではないことを学ぶ。そして、教師の役割は人間の潜在的能力を開放することであることを学ぶのである。モンテッソーリは述べている。「生命を刺激すること――生命を自由に発達させ伸展させること――。ここに教育者の第一の課題がある」[1]と。

モンテッソーリ教師を志望する者は全員、実習生としてモンテッソーリ・クラスで観察し、実践し、手伝いをしながら多くの時間を過ごす。モンテッソーリ教師には、マリア・モンテッソーリが規定し「国際モンテッソーリ協会」（ＡＭＩ）で公認（ある人は「神聖不可侵」と言う）された「モンテッソーリ・メソッド：モンテッソーリ教育方法」を厳守する義務がある。モンテッソーリの後継者たちを包んでいるモンテッソーリへの崇拝的雰囲気は、モンテッソーリ自身の業績を特徴づけている実証主義的方法を破壊しているようである。[2]

しかし、この明言された正確なメソッドに対する教師の厳しい服従は、モンテッソーリ自身が教育の理論を持っていなかったことから生じたのである。モンテッソーリは教師がすべきことは、生徒の成長を促進することであることを熟知していた直観的天才であったが、なぜそのメソッドが効果的なのか、を説明する理論を持たなかったのである。理論が欠如していたために、モンテッソーリは教師は何をすべきかを伝え、かつて彼女が成長を促進するために使用したメソッドに几帳面に従うように教師を訓練しただけなのである。メソッドを正当化する理論を持たずに、教師は公認のメソッドに従い、規定された規則や指示に則して教える以外に何もなす術がないのである。

この点に関して、モンテッソーリがメソッドを公式化してから七五年以上経過するが、メソッドについて全く変化や発展がなかったことは注目すべきことである。（あるアメリカのモンテッソーリ学校で起こったことだが、教師がメソッドを修正したり、変えようと試みたとき、AMIはその教師を協会から追放すると宣言した。）

また、モンテッソーリ・メソッドを小学校の高学年や中学校に拡大する試みが失敗した事実も注目すべきことである。モンテッソーリが上級学年・学校レベルにおけるメソッドについて書いたとき、モンテッソーリは教育の成功への鍵は、教材や教科内容が生徒の興味に適切に「一致すること」を強調して、カリキュラムに焦点を当てたのである。モンテッソーリは自らの試みを方向づける学校教育の理論を持たなかったので、幼児を教育するために開発された自らの教育方法を上級学年・学校レベルに応用することができなかったし、そのレベルの教師の役割についても理解できなかったのである。(3)

しかし、モンテッソーリの教育へのアプローチには、教育の全てのレベルや種類に適用できる教師の役割についての固有の理論が見られる。それはモンテッソーリの教育へのアプローチが、本質的にはダーウィン的だからである。

第一節　教育的環境の創造

私がこれまで提示してきた二〇世紀の教育的成長に関するポパー的解釈とは、ピアジェ——ある点ではスキナーも同じである——が明らかにしたように、学習者は秩序を追求する活動的な創造者である、という視点である。この解釈によれば、私たちは理論または認知構造によって知識を創造するのである。つまり、私たちは出会う世界の「意味を理解する」のである。しかし、私たちは誤り易い創造者であるから、私たちが創りだす知識は決して完全ではない。このことは、私たちの知識がいつも改善され得る――成長できる――ことを意味している。

成長はいわゆるダーウィンの淘汰説によって起こる。私たちは知識の誤りを理論または認知構造の手段を通して暴露し淘汰する。すなわち、誤りが矛盾をもたらすとき知識の誤りを認識しそれを検証する。私たちは矛盾を嫌悪するので、誤りであると分かった後に知識を修正したり再構成することで誤りを排除しようとする。

モンテッソーリ・メソッドは学習者のこの概念を仮定している。モンテッソーリは著書『吸収する心』の中で次のように述べている。

仮に誤りそのものの現象を研究してみると、誰でも誤りを犯すことが明らかになる。これは生活現実の一つである。そしてそれを是認することはすでに大きな前進である。私たちが真理の狭い道を歩み現実を歩み続けるなら、私たちは全て誤りを犯すことを知っている。そうでなければ、私たちは全て完璧でなければならない。したがって、誤りに対して親近感を養い、誤りを私たちの生活から切り離せない仲間のように、何かある目的を持つものとして取り扱うことは良いことである。……私たちはどこを眺めても、「間違いさん」はいつも目に留まる。もし完璧を期するならば、私たちは自分自身の欠点に注意を払わなければならない。というのは、それを改善しなければ自分を改善できないからである。(4)

続けてモンテッソーリは述べている。第一歩は私たちが誤りを認めてそれを検証することであると。

ここで教師の重要な役割に直面する。教師は生徒を「教える」代わりに、生徒自身が自らを教育することを助成することである。すなわち、教師は教育的環境を創るのである。それは生徒が自らの誤りを発見してそれを排除できる環境——誤りから学ぶ環境を創造することである。

教育的環境には三つの特徴がある。すなわち、自由な環境、応答的環境、援助的環境である。

第二節　自由な環境

自由な環境とは、学習者が身につけている現在の知識を表現し、証明し、公表することが自由である——あるいは自由だと感じる——環境を意味する。この意味で殆どの学校は自由ではない。生徒は判断され、評価され、他の生徒と比較されるのが嫌なので、非難されたり訂正されることを恐れる。しかし、モンテッソーリの「子どもの家」では教師は子どもに体罰を与えないし、訂正も評価もしない。教師は子どもの知識について判断も評価もしないし、他の子どもの知識と比較することもしない。モンテッソーリ・クラスは自由な環境で、子どもを判断する教師から解放されている場所であり、子どもが現在身につけている知識を表明することが自由な場所である。

教師は子どもの現在の知識、技能、理解力を証明するために、誘発的方法で子どもに話させたり、作業をさせたりすることを励まして子どもに関わるのである。次のように、子どもに赤と青の二色を「色板」で練習するモンテッソーリ・メソッドがある。

教師は子どもに赤い色を示して、「これは赤です」と言う。その際少し声を高めて「赤」という言葉をゆっくりと明瞭に発音する。次に別の色を示して「これは青です」と言う。子どもが理解したことを確かめるために、「赤い色をください」「青い色をください」と言う。子どもがこの最後の指図に従う際に間違えるとしよう。教師は、繰り返したり、強いたりしない。教師は微笑して、子どもを優しく愛撫し、色板を片付けるのである。(5)

練習は短く、簡単で、客観的である。モンテッソーリによれば客観的とは、教師と生徒間の処置に教師の人格が入り込まないことを意味する。教師は子どもを騙したり強制することもしないし、子どもの現在の知識に快、不快も表さない。子どもは教師による管理から解放されており、教師に気にいられようとする重荷からも解放されている。

とにかく、教師は生徒を怖がらせたり脅迫したりしないので、教師は子どもの現在の知識を容易に引き出すことができる。教師は生徒に技能を提示し表現して、生徒に自分の技能を真似させることもできる。だから、生徒はそれをてきぱきと無難にこなすのである。例えば、筋肉運動の練習の一つとして子どもは「線上歩き」をする。線はチョークかペンキで広い床の上に引かれる。教師は片方の足をもう片方の足の前において、綱渡りのように線上を歩く。教師は子どもに足の運び方をはっきりと示しながら演技をする。子どもは教師に何も話さず教師の真似をする。モンテッソーリは述べている。「最初に教師の後について来る子どもは数人だけだが、教師は模範を示した後は引っ込んで成り行きに任せる」(6)と。

教師の模範を子どもたちが互いに真似る。子どもたち相互の評価や比較がされないので、子どもたちは他の子どもがしていることをする自由が与えられるのである。彼らには行動の自由があり、現在の能力と技能を試そうとする自由がある。モンテッソーリ教師が「感覚教育」のために使用する教具「円柱さし」の場合を考えてみよう。二歳半の子どもに教師は、木製の台から円柱を取り出し、机の上でそれを混ぜ合わせ、正しい穴に戻す方法を示す。教師が模範を示すことはしない。子どもたちはサイズと直径の異なる円柱を正しい穴に戻し始める。他の子どもたちは友だちがしていることを見て、自分も真似をしたいという衝動に駆られるのである。(7)

モンテッソーリ・クラスでの自由は、単に教師の態度や生徒との相互作用に固有のものではない。実際、モンテッソーリ・クラスの顕著な特徴は、「子どもの家」である。ここには家具（机、椅子、洗面台、食器棚）、台所用品（グラス、食器、銀製品）、備品（モップ、塵取り、箒）などが常備されている。しかもこれらは全て幼児たちのサイズに合っている。彼らはこれらの家具、台所用品を取り扱うことも家具を周囲に移動することもできる。これらは全て幼児たちが大人の活動を真似るように「誘う」のである。この環境は普通の「大人」の環境のように気づかいや制限は何も課せられていない。幼児たちにこうした仕事を自由にさせれば、環境が彼らの現在の筋肉運動の技能を喚起するのである。

子どもたちは結んだり、ボタンをかけたり、ファスナーを外したりする。手の動きを練習する靴ひも、ボタン枠、着衣枠、などがある。感覚識別のための子どもたちの現在の能力を開発するために使用される特別に構成された多様な「感覚教具」もある。例えば、円柱さし、ピンクタワー、形、色、重さの異なる幾何学立体、さまざまな種類の布、糸、さまざまな色合い・寸法の紙などがある。子どもたちには自分がしたいときに、こうした教具で練習する自由が与えられている。練習する教具には順番はない。子どもたちにとって教具はゲームのようなものなので、子どもたちが現在の運動・感覚的能力や技能を表現できるように、ゆとりのある環境が提供されている。

このように、モンテッソーリ・クラスが高度に構成されていることに気づくことが重要である。教具、家具、備品などの全てが特別の機能と使途を備えている。こうしたものは、子どもが望みどおりに「遊ぶ」ものではない。全ては子どもの現在の知識を喚起するために特別に考案されたものであるから、道具の一つ一つが一般的に子どもの特別な技能を喚起するのである。例えば、サイズを識別するための「円柱さし」、厚さを識別するための「構成三角形」、長さを識別するための「長い棒」などがある。

教師は生徒に知識を伝達したり、生徒を評価することはしない。教師は生徒を「導く」のである。「教師」という言葉には伝達という意味が含まれ過ぎているので、モンテッソーリは教師を「指導者」と呼ぶことを好んだ。指導者は「自分の存在を余り感じさせないで」子どもを導くのである。指導者はいつでも「望ましい援助」を提供できる用意はあるが干渉しない。指導者はいつも子どもと子どもの持っている現在の知識を尊重する。指導者は冷静である。指導者は待ち、観察する。指導者は子どもに行動と経験を自由にさせるのである。(8)

第三節　応答的環境

モンテッソーリ・クラスに存在する教育的環境は、自由であるばかりではなく応答的でもある。このような環境において、生徒たちが身につけている現在の知識を自由に示すとき、生徒たちはその知識のフィードバックを受け取る。すなわち、彼らの知識と技能の不十分さを暴露するフィードバック、誤りを犯したというフィードバックである。

すでに私たちが明らかにしたように、自然な形をとった知識に対する「自然な」反応がある。もし筋肉運動の技能の調整がとれていなければ、物にぶつかり転倒する。もし感覚識別が不十分であれば、計画は失敗する。もし言葉に正確さを欠けば、人々との相互理解ができなくなる。知識に対する多くの「自然な」反応に伴う問題点は、それが危害をおよぼすことであり、特に幼児に対して有害である。幼児を勝手気ままに行動させれば、その結果として危害を受けるであろう。切ったり、火傷をしたり、転んだり、毒性のあるものを飲んだり、食べたりする。

幼児が自らの行動で傷つく危険性があるので、大人は幼児の行動を規則する。幼児を守るために幼児に代わって大人自身が行動しようとする。食べさせたり、風呂にいれたり、洋服を着せたり、脱がせたり、運んだり、抱いたりする。こうしたことの全ては幼児が「傷つかないように」するためである。しかし、大人がこうすることによって、幼児が誤りから学ぶことを避けてしまう。実際、私たち大人は、子どもが誤りから学ぶ方法を知ろうとすることを妨害しているのである。

モンテッソーリ・クラスの最大の意義は、子どもたちが自由に、安心して、安全に自分自身の行動の結果を経験できる特別に創造された環境である、ということである。ここで子どもたちは、現在の知識に対する批判的フィードバックが得られる。もちろん今日では、モンテッソーリ・スクール以外のスクールでも生徒へのフィードバックを提供している。例えば、一般的に教師は生徒に「これは誤り」、「間違っている」、「これは正しくない」というように。しかし、教師からの生徒へのフィードバックは生徒を、とりわけ幼児を恐がらせ、抑圧することになりがちである。しかもこの場合、幼児が本当に知っていることや、実際にできることを自由に表現することを妨げることになりがちである。

その点、モンテッソーリ・クラスでは、教師が批判的フィードバックをしない（後述する道徳教育や社会性の教育を除外して）。その代わり、批判的フィードバックは環境そのものから生じるのである。

1　筋肉運動の技能

モンテッソーリ・クラスでは、椅子や家具はすべて軽く容易に持ち運びできる。しかし筋肉運動の技能が調整されていない子どもは、椅子を倒したり、テーブルにぶつかったりする。モンテッソーリ・クラスの環境では、子どもの動作が不十分であることを子どもにフィードバックするのである。そのとき子どもは「自分は無能であることを思い知る」。同じ動作が長椅子や皿の固定された部屋で行われるならば、「そのことは子どもに気づかれずにすんだかもしれないが[9]」と、モンテッソーリは述べている。

子どもがこのような動作の結果（ひっくり返った椅子や脇に倒された家具）に直面したとき、子どもは期待していたものとの矛盾に出会うことになる。このことは、子どもを自分の動作の不十分さを排除するために、自分の動作を訂正し、変えるように導くのである。

子どもたちが自由に動くことができ、動作の結果を直接経験できるこうした環境で、三歳と四歳の子どもたちは、注意深く、優雅に歩き、動き回ることを学ぶ。こうした環境で、子どもたちは自分の予想しない結果が生じたとき、自分たちの動作を訂正することに慣れてくる。誤りから学ぶ方法を学習するのである。

この点について、モンテッソーリは次のように詳細に語っている。ミラノの「子どもの家」の指導者は一つの窓の下に長く狭い棚を作った。彼女はその上に図案の初歩練習で使用する鉄製の幾何学図形を入れた小さな盆を数個置いた。「その棚はあまりにも狭すぎるので、子どもは使いたいと思う幾何学図形を選択する際に、小さな盆の一つを床に落とし、その上に載せてある鉄製の図形全部を大きな音をたててひっくり返すことがしばしば起こった」。指導者はその棚を変えようと思ったが、大工はなかなかやって来なかった。間もなく彼女は「子どもたちがこれらの教具を非常に注意深く取り扱うようになり、狭く傾いている棚であるにもかかわらず、小さな盆をもはや落とさなくなったこと」(10)を発見したのである。

これは誤りから学ぶことが計画されていない例である。環境は応答的である。動作が不十分であることを環境が子どもたちに「告げた」のである。子どもたちは環境が示す誤りを考えて、自分たちの動作を訂正したのである。さらに、靴ひもを結ぶ、コートやセーターのボタンの掛けはずしなどを、子どもたちが自分でできるようにさせることができたのである。靴ひもを踏んだり、コートをひらひらさせるのは、子どもたちの技能の不十分さの証しだから、彼らにフィードバックが与えられる。靴ひもをぶらぶらさせれば転ぶし、コートにボタンを掛けなければ寒さで病気になるので、このようにならないようにさせるのである。子どもたちが誤りから学ぶ過程を経験するのをじっと待つより、親が靴ひもを結んでやったり、コートのボタンを掛けてやるほうがずっと簡単である。

モンテッソーリ・クラスでは、子どもたちが危険に遭遇しないように、靴ひもや着衣枠（子どもに衣服の着脱を練習させるモンテッソーリ教具）で子どもたちにフィードバックを経験させるのである。そして指導者は、子どもたちが誤りから学ぶ手順を経験するのを、忍耐強く耐えるように特別に訓練されている。子どもは試行錯誤による誤りの排除から学ぶのである。「子どもは非常に興味を持って何度も繰り返して同じ枠をはめたりはずしたりするので、手先が驚くほど器用になり、機会がある度に本当の洋服のボタン掛けをしたがるようになる」。「ごく小さな子どもたちまで、自分で洋服を着たがっている」(11)と、モンテッソーリは書いている。

2 感覚の識別

モンテッソーリは自由と同様に批判的フィードバックが、モンテッソーリ・メソッドの中で子供の成長を促進するための不可欠な要素であることを知っていた。「進歩する力は、自由とそれに沿って行ける確かな道とを持つことに大いに関わる。しかしこれにその道を離れるか、いつ離れるかを知る方法が付加されねばならない。(12)」私が批判的フィードバックと呼んだものをモンテッソーリは「誤りの制御」と呼んだのである。モンテッソーリ教具は子どもの誤りを制御し、それを子どもに示すものである。

それぞれの教具は明確な誤りを選択して示すように作られている。例えば、円柱さしを見てみよう。

木製のブロックの各々には三組の円柱さしがある。第一の組は、高さが全部同じで、直径が大小のものがある。子どもが木製のブロックから円柱さしを取って、それを適切な穴にはめ込む練習をするとき、「厚い」と「薄い」を識別する際に誤りを示す。第二の組は、直径が全部同じで、高さが異なる。この組は「高い」と「低い」の識別の誤りを明らかにする。円柱さしの第三の組は、容積が異なり、「大きい」と「小さい」の識別の誤りを示す。

批判的フィードバックを組み込み、それを教具にした理由は、教具の持つ応答性である。こうした理由で、モンテッソーリは教具は設計された目的のためにのみ使用されねばならない、と主張した。例えば、子どもたちは円柱さしで家を建てたり、汽車を作ったりするために使用することはできない。そうしたときには、教材はもはや教具ではなくなり、子どもたちに誤りや間違いを示すことはできなくなる。円柱さしの練習がいかに効果があるかについて、モンテッソーリの次の説明がある。

初めにやってみると、意図した穴よりも大きすぎる円柱を取ってしまうことがある。すると場所を変えて、円柱がちょうどはまるまで穴を捜すのである。そして、また反対のことも起こる。穴が大きすぎて、ゆるゆるだったりする。このときは、もっと大きな円柱のための穴にはまったのである。このようにして、最後、円柱が一つ取り残されて、それに合う穴を見つけることができなくなる。ここで子どもは、自分の誤りをまざまざと見せつけられるのである。(13)

誤りの発見は別の方法で子どもを刺激して誤りをとり除かせる。「前は円柱は全部納まっていたのに、今一つ残っている。……これを何度も繰り返して、子どもはついに成功する。ここで、やっと子どもから勝利の笑顔がこぼれる」。(14)

3　誤りからの学習

いくつかの教具には、誤りの制御を子ども自身が行うものがある。子どもは誤りを選択して確認するために、自分の感覚機能や運動機能を駆使しなくてはならないのである。例えば、一連の練習で長さで段階づけられた長い棒の一組を組み立てることがある。この場合、教具は誤りを制御しないので、子どもは視覚によって誤りを確認しなくてはならない。

こうした練習を行うとき、多くの子どもに誤りが目立つ、とモンテッソーリは述べている。このことを認知発達段階についてのピアジェの研究に照らしてみると、彼が実験で証明したように、誤りは驚くべきことではないのである。一連の練習は子どもが具体的操作段階に達したときに可能になる。ピアジェの認知発達理論に偶然一致したのか、こうした場合、モンテッソーリは教師は子どもに干渉してはいけないと言う。モンテッソーリは「練習の目的は段階毎の秩序を調整することではなく、子ども自身がその練習を行うことにある」と説明する。これは、モンテッソーリ・メソッドの重要な点を指摘したものである。

教具での練習において、子どもたちは現実の問題を解決しているわけではない。適切な穴に円柱を入れたり、棒を順序正しく並べることは、誰もが学校外の現実の世界でそんなに出会う問題ではない。しかし、こうした練習は子どもにとって意味があるし重要である。こうした練習を通じて、子どもは能力と技能を上達させるのである。

モンテッソーリは、私たち全てが日常的に目にする現象について詳細に語っている。それはかつて彼女がローマの公園で目撃した光景であった。一歳半の男の子が砂利をバケツに入れていた。乳母が砂利を捨てるように言ったが、その子は砂利をバケツに入れ続けた。怒った乳母はバケツに砂利をいっぱいにして、バケツとその子を乳母車にのせた。その子は泣き叫んで抵抗した。その子はバケツに砂利をいっぱいにしたかったのではない、とモンテッソーリは説明している。その子はバケツに砂利をいっぱいにするという動作をしたかっただけである。（周知のように、多くの幼児たちは砂利や砂をバケツにいっぱいにして、それを捨てまたいっぱいにする。）子どもは自分の技能を上達させようと試すのである。歩道に自由に出入りできるとき、カーブに沿って歩道の端を歩いてる幼児たちを見かける。このこともまた、自分の技能を上達させようと試みているのである。

モンテッソーリ・クラスで使用される教具が提起する問題は、子どもたちにとって重要である。それは教具によって彼ら自身の技能と能力、すなわち、知的能力を十分に訓練することができるからである。教具によって、子どもたちは事物を上手に識別する方法と分類の仕方、事物間の論理的操作を行う方法を学ぶのである。(15)

技能と能力、つまり識別能力と処理する技能を発達させることによって、子どもは「自立を勝ち取る」のである。自立の本質は自分で何かができることである。環境が自由であり、応答的であるモンテッソーリ・クラスでは、子どもは現在身につけている知識を表現し、その知識に対して批判的フィードバックを受けるために、一層自立するようになる。子どもは誤り易いことを自覚しているが、その誤りは改善できることを認識する。このことについて、モンテッソーリは次のように説明している。「子どもは言うであろう。『僕は完全ではない、万能ではないが、できることと知っていることがたくさんある。僕は間違いをすることも、自分でそれを直すことも知っている。これが僕の行く道だ』」[16]と。

この自立性、この誤りから学ぶという強化された意識的な能力は、世界への適応にほかならない。私たちは試行錯誤による誤りの排除を通して学び成長する。モンテッソーリ・クラスはこの順序での発達を助成する環境を提供するのである。モンテッソーリは述べている。「人間の個体発生において幼児の真の機能は適応力である。それは自分の周辺の世界で活動し、それに影響を与える行動のモデルを構成する」[17]と。

4　芸術と工芸

モンテッソーリ・クラスの自由で応答的な環境は、他の種類の成長をも促す。感覚・運動機能を上達させるのに加えて、子どもたちは読み書きを学び、庭作り、絵画・陶芸のような工芸、基礎的な計算をも学ぶ。モンテッソーリは全ての場合、子どもがいるところから始めるのである。自由な環境は、子どものあるがままを、つまり、子どもが現在身につけている技能や能力を表現するように導く。そのとき、環境はあらゆる方法で自分の技能や能力を、洗練し、発達させることができるように、子どもにフィードバックを提供する。

モンテッソーリ教師は芸術や工芸を教える際、多くの教師が教科目を教える方法とまったく異なった方法で教えるのではない。教師たちはモデルを用い、子どもたちにそれを真似させる。周知のように、教師の多くが子どもたちが真似るモデルを提示することは、子どもたちが現在身につけている技能や能力を呼び起こすためである。さらに、このような模範は確認として、つまり、生徒たちへの批判的フィードバックの源泉として作用するのである。

モンテッソーリは子どもが絵を描いたり、色を塗ったりするとき、色鉛筆や絵の具で塗る画像の輪郭と画像（今日の「塗り絵帖」）を使用する。この図案の練習は、少なくとも二つの方法で子どもに批判的フィードバックを提供するのである。一つは、子どもが鉛筆や絵筆を使用するとき筋肉の不十分さが見られる。二つは、子どもに観察の誤りが見られる。モンテッソーリは次のように記録している。「ある日、小さな男の子が、絵の練習をしていて、一本の木のアウトラインを色鉛筆で塗っていた。幹を塗るのに彼は赤いクレヨンを握った。教師は『あなたは木の幹は赤いと思うの？』と言ってさえぎろうとした。私はその教師を制止して子どもが木を赤く塗るままにさせておいた。この絵は私たちにとって貴重であった。それは、その子どもが、まだ彼の周囲を観察していないことを示していたからである」。(18)

私たちはただ子どもに観察するように、と言うことはできないとモンテッソーリは説明する。ポパーが言うように、人はまず理論を持たねばならない。あるいは、ピアジェが言うように、子どもはまず認知的シェマを持たねばならない。子どもがそのような理論を創造するのを助長するために、モンテッソーリは色彩の練習を取り入れる。この練習についてはすでに述べたが、次のように生徒に赤と青の色の識別を教えるのである。

「これは赤です。」　　「これは青です。」

「赤をください。」　「青をください。」
後で、「これは何ですか?」「これは何ですか?」

色板セット教具は八つの色のグループに分けられ、各グループは、少しずつ色が薄くなっていく八枚の板でできている。このセットは二組あり、どちらも六四色からなっていて、子どもたちは各セットから同じ色の板を選ぶ色合わせの練習をする。色の確認（シェマまたは理論の発達）ができると、子どもたちはそのシェマあるいは理論を周囲の世界に適用できるようになる。前述した、連続して木の幹を赤く塗る男の子の場合、色板の練習は効果的であった。「その子はある日、木の幹に色をつけるのに茶色の色鉛筆を選んだ。そして枝と葉を緑色にした。後になって、緑色を葉だけに用いて枝を茶色にした」。(19)

普通、モンテッソーリ・スクールには付設の園庭がある。そこで幼児たちは植物の栽培と管理を学ぶ。幼児が庭作りの方法を学ぶ中で、自然が幼児に批判的フィードバックを与えるのを発見する。水がなければ、また土掘りが不十分であれば、さらに土から十分な栄養が得られなければ、植物は成長しない。そのとき、植物自体が幼児の行動に反応し、どこに誤りがあったのかを彼に教える。庭作りの学習は、全ての学習と同じように試行錯誤による選択の進行である。

5　言語：書くこと

庭作りと同様に言語（すなわちニイル・ポストマンの言う「ランゲイジ」(20)）を使用する活動には、批判的フィードバックが含まれている。人間は言語という手段で相互に作用をする。それは、私たちが話す相手の返答や反応が、何を話したか、また、どのように話したか、についての批判的フィードバックの形を構成するからである。子どもが話すことを学ぶのは、言葉を使用するときの自分の試みへの批判的フィードバックを通して行われる。

モンテッソーリ・スクールに入るまでに、子どもは言語の持つ二つの機能、すなわち、サインを送ることと表現することの中で、最初のものをすでに学んでいる。[21] 教師が専念しているのは、子どもに言語の記述的機能を学ばせることとである。これをモンテッソーリは「命名法」と呼んでいる。そして、命名法を教えるときに実施される練習には全て共通の型がある。教師は生徒からの質問や要求を通じて、生徒の返答や反応を呼び起こすのである。再度、色の識別を教えるときの例を参考にしてみよう。

提示：これは赤です。これは青です（厚い――薄い、なめらか――粗い）。
要求：赤をください。青をください（厚い――薄い、なめらか――粗い）。
質問：これは何ですか？　これは何ですか？

言語または「ランゲイジング」は相互作用的なので、教師と生徒はこうした練習を通じて批判的フィードバックを得る。生徒の返答と反応は、生徒が記述的言語を理解し使用する能力を高めようと試みる教師の努力に対して批判的フィードバックの働きをする。同時に、生徒が話し、行うことに対する教師の返事と反応は、生徒に自分自身の行動に批判的フィードバックを与えるのである。モンテッソーリの次の説明を思い出してみよう。もし子どもが間違えたとしても、「教師は繰り返したり強制したりはしない。教師は微笑し、子どもを優しく愛撫し、色糸巻きを片付ける」。[22] この場合も当然、教師の行為は子どもにフィードバックを与えている。子どもは間違いをしたことを認めている。しかしそれと「同時に」、教師からの刺激、おだて、訂正がなければ、すなわち教師からの間違いに対するコメントやサインがなければ、子どもに誤りを正しく示すことはできない。（このことについては、後で詳細に説明する）。

私たちは環境の様子を選択し、観察するために記述的言語を使用する。最初、用語またはラベル（一種の理論である）を創り、そのラベルを環境の中の諸現象に「一致」させる。これは自然に生じるものである。ある日、中庭を走り廻っていた四歳児が突然立ち止まり、「おお、空は青い」と叫び、青い空を見つめてしばらくの間立ち止まっていた様子をモンテッソーリは報告している。またモンテッソーリは、時々子どもたちが自分の廻りに集まってきて、自分の手や洋服を軽くなでて「つるつるしてる」「ベルベットだ」「ざらざらしてる」と言ったことを述べている。

モンテッソーリ・クラスでの言語学習の最も驚嘆すべき面は、子どもたちの読み方、書き方の学習法である。ここでは、子どもたちがいつも誤りから学ぶ、すなわち、試行錯誤を通して誤りを排除することを学ぶことができる、自由な環境と応答的環境が創られている。

書き方を教えるには三つの段階もしくは練習がある。

第一段階において、子どもは書くことによって筋力のコントロールと運動動作を改善することができる。この練習のために、子どもが色鉛筆やクレヨンで型どったり塗りつぶす幾何学図形の金属製はめこみ図形がある。その図型は子どもがクレヨンを上手に適切に使用して、図型からはみ出さないようにさせる助けとなる。子どもは自分の動作が不適切であれば訂正するようになる——そうすることで自分の動作を改善するのである。

第二段階は、子どもに文字の書き方と文字の「発音」を学ばせることである。使用される教具は「サンドペーパー文字板」である。子どもはサンドペーパーの各々の文字を発音しながら指で文字をなぞる。ざらざらした文字の表面が子どもに批判的フィードバックを与えるのである。子どもが文字を書くとき誤りを犯したのか、いつ誤りを犯したのかを子どもに示すのである。

最後の段階は、言葉を組み立てる練習である。切り取られたサンドペーパーの各文字があり、教師からの「mama」「papa」という発音にしたがって、子どもはその単語を作る。この言葉を組み立てる練習に対するフィードバックは、正確な単語を作ることである。子どもは各々の文字の発音を知っているので、子どもが作る単語の「発音」が教師が示した発音と一致しないならば、子どもは誤りを犯したことを知るのである。

モンテッソーリは、デイ・ドナト（Di Donato）教授が「子どもの家」を訪問して、自分の名前を四歳の子どもが発音したときの様子について報告している。「その子は小文字を用いて、そのすべてを一つの単語にして名前を構成し、そしてこのように—— diton と始めていた。教授は直ちに単語をもっとはっきりと、di do nato　と発音した。そのとき、子どもは文字をバラバラにしないで、to の音節を取り上げてそれを一方の側に置き、do をそのあいている空間に置いた。その子はそれから a を

tを取り上げてそれで単語を完成させた。[23] 教授が単語をよりはっきりと発音したとき、この四歳児は自分の構成した単語とは一致しないことを理解したのである。その子は最初の試みを訂正したのである。

これら三つのどの練習でも、子どもは実際に書くことをしないのである。モンテッソーリの表現によれば、書き方は「自発的爆発」なのである。モンテッソーリは最初の「子どもの家」での劇的な出来事について、次のように記している。

太陽が輝き、空気が春のようであった美しい一二月のある日、私は子どもたちと屋上に登った。子どもたちは自由に遊び回っていた。そして何人かの子どもが私のまわりに集まってきた。私は一本の煙突の近くに坐っていて、私のそばに坐っていた小さな五歳の男の子に「私にこの煙突の絵を描いてちょうだい」と話しながら　彼に一本のチョークを与えた。その子は素直に描き取り、この屋上のテラスのタイル床の上に煙突の粗いスケッチをした。

小さい子どもたちに対して習慣となっていたように、私はその子の作品をほめて勇気づけた。その子は私を見て微笑み、一瞬の間、何か楽しい活動に今にも突入しようとしているかのようにそのままでいたが、それから「ぼく書くことができるよ！　ぼく書くことができるよ！」と叫んだ。そしてふたたび膝をついて敷石の上に「手」という言葉を書いた。それからものすごい熱心さで彼はまた「煙突」「屋根」と書いた。彼は書きながら叫び続けた。「ぼく書くことができるよ！　書き方を知ってるよ！」その子の喜びの叫び声で、他の子どもたちが集まってきた。彼らはその子のまわりに輪になり、彼の作品をぽかーんとした驚きの表情で見下ろした。子どもたちの中の二、三人が興奮で震えながら私に言った。「私にもチョークをちょうだい。私も書けるよ」。そして、彼らは実際にいろいろな単語（ママ、手、ジョン、煙突、

アーダなど）を書きはじめた。(24)

6　言語：読み方

モンテッソーリ・メソッドでは、読み方は書き方の後に続く。書き方は音の写しであるが、読み方は短文の意味の解釈である。短文の意味を解釈する前に、子どもは最初に、単語の「読み方」を学ばなければならない。子どもはよく知っている事物について書かれた単語を、いつも早く発音して読み方を学ぼうとする。例えば、書かれた単語「手・hand」を発音させるとしよう。モンテッソーリは、子どもに書かれた言葉をゆっくりとh-a-n-dと音に翻訳させる。それから「その言葉が突然、彼に意識される」まで、毎回、繰り返して早く読ませる。すると「その子はその言葉をあたかも一人の友達を認めたかのように眺める」(25)と、モンテッソーリは述べている。

このことは、批判的フィードバックに関する事柄でもある。すなわち、試行錯誤を通して誤りを排除することに関わる事柄である。というのも、子どもは他の多くの書かれた言葉と同じように、すでに手という言葉を知っていたから間違いなく発音することができたのである。子どもが書かれて言葉を「発音する」時、子どもはそれを話し方を知っている言葉と一致させたり、チェックさせたりする。発音する言葉が知っている言葉の発音と一致しない限りは、子どもは自分が言葉の発音を誤っていたことを認識する。――子どもには理解できないし、無意味である。

単語の読み方から短文の読み方への通路は長い。言葉が読める子どもたちは、買い物リストやクラスで使用するカードで、それに書かれている事物の名前を読むことはできるが、短文の読み方は知らない。本も読めない。彼らは文字記号を、知っている単語の音に変換する機械的能力を持つに過ぎないのである。彼らは伝達の手段として書かれた単語を解釈できないのである。単語の読み方から短文の読み方への通路を短くするためには、再度、書き方が読み方に先行しなければならない。このことは、子どもは書かれた短文を読める前に、まず、書かれた短文を構成しなくてはならない。

このことについて、モンテッソーリは次のように報告している。ある日、最初の「子どもの家」で自由な会話の時間に「四人」の子どもが同時に立ち上り、喜びの表情を顔に浮かべて、黒板のところに走って行き、次のような順序で短文を書いた。「私たちの庭に一斉に花が咲き始めてとてもうれしい」と。(26) これらの子どもたちは自然に文の構成の術に到達していたのであり、それは彼らが自然に最初の単語を書いたのと全く同じであった。このような順序に従って、モンテッソーリは書き方を通じて子どもたちとの交流ができたのである。彼女は質問を黒板に書いた。子どもたちはそれを読んで答えた。再度、子どもたちはそれを読んで反応した。子どもたちが学んだのは、書かれた言葉は考えを伝達するために使用されるのだ、ということである。

読み方と書き方は、私たちの知識と理解を改善する仕組みである。それらは、私たちが現在身につけている知識を批判的にフィードバックさせる手段である。知識を発展させる試行錯誤による誤りの排除を大いに助長するものである。同時に、すでに見たように、読み方と書き方はそれ自体、試行錯誤による誤りの除去なのである。私たちは間違いをすることで書き方と読み方を学ぶのである。

7　算数

算数を教える場合、モンテッソーリ教師は自由で応答的な環境を創造することができる。他の全ての事項を学ぶ場合と同様に、子どもたちは、算数を試行錯誤によって誤りを排除するという順序に従って学ぶのである。算数には精密な体系があるので、算数は教具、すなわち、誤りを明示する批判的フィードバックを与える教具に容易に組み入れられる。

算数を教える最良の教具は「計算棒」である。この棒は一〇本あり、長さが一メートルで一〇センチ単位で分割されていて、各々は交互に色分けされている。それぞれの棒は、それが表す数によって呼ばれる。一センチの棒は1、二センチの棒は2、三センチの棒は3のように10までである。子どもたちはこの棒を使用して、足し算、引き算、掛け算、割り算の方法を学習できる。

その学習法を見てみよう。生徒は別の棒で「10」を作るように指示される。生徒は自分の推測したことを確認するために棒を取る。10を作るために、棒1と棒9、棒2と棒8、棒3と棒7のように加える。そして、10を作るには、一つの棒を取るとそれにどの棒を加えるとよいか、と指示される。そこで、それを確認するために棒を使用する。このようにして、10引く1は9、10引く2は8ということが分かる。棒は生徒の推測に批判的フィードバックを与えるのである。

生徒は2がいくつで10になり、4がいくつで8になるかを推測しながら掛け算を学習する。10の棒のそばに2の棒を交替させて推測を確認させる。割り算は、教師が2がいくつで10になるか、という問で行われる。子どもたちは棒を掛け算して、推測を再び確認する。モンテッソーリ・スクールでは、算数の学習はそれほど多くはない。その理由は子どもたちが幼いからである。――ほとんどの子どもが前操作期と具体的操作期の段階にいるからである。しかし、モンテッソーリ・メソッドにおいては形式的操作期の段階に達した年長の子どもたちに対しても、算数の学習を容易に応用することができるかもしれない。

算数の体系は精密な体系であるので、批判的フィードバックが組み入れやすい。このことは算数の計算を練習によって教授し、また教授できることを意味している。したがって、子どもたちが具体的操作期を経過して形式的操作期に移行するとき、計算棒や他の用具を使用しないで数のみを用いてこうした練習ができるようになる。計算の問題については、形式的操作期の子どもたちは計算を推測できるし、試行錯誤によって計算できるようになる。だから、子どもたちは、誤りを発見するための批判的フィードバックとともに計算の結果を確認できるので、教具を使用しないで別の方法を用いることができる。例えば、二つの数を足す場合、合計した一つの数を引けば答が分かる。二つの数をかけ算した後、かけ算した一つの積を割り算すれば答が分かるのである。

第四節　モンテッソーリ方式の拡大

教師はモンテッソーリ方式（教育への取り組み方）を、年長の生徒と全ての教科に拡大することができる。全ての場合、教師は生徒たちが誤りから学ぶ、という試行錯誤による誤りの排除に参加でき得るような自由で応答的な環境を創造することができる。技能や技能教科――特に芸術・体育――を教えている多くの教師は、すでにこのことを実践している。多くの場合、生徒たちは試行的活動の「自然の結果」を経験でき、そこに間違いや誤りを確認できるが、ある場合には、特別に構成された教材が役立つかもしれない。（生徒たちが制作した写真、映画、テープ録音などは、誤りの発見を容易にする。）

また、「方法」よりも「内容」を知るための科学、歴史、文学などの上級学年の教科では、教師は自由で応答的環境を構成するモンテッソーリ方式を採用することができる。これらの科目の学習は、宇宙、人間、過去についての命題である。各教科には矛盾してはならない前提、すなわち「論理」がある。教師が教材を構成できるのはこの教科の「論理」なのである。

歴史または物理を教える目的のために、教師は討議事項を作成する。その討議事項は教科から引き出された問題や状況である。教師は生徒たちにその討議議題を提示する。生徒たちに期待されるのは、それを受け入れたり、理解することではなく、その討議議題に出会い、反応し、批判することである。生徒たちがそれに反応するとき、生徒たち自身の理解と理論を示すのである。このようにして、生徒たちに提示された教材は生徒たち自身の知識を呼び起こしたり、引き出したりする。歴史の授業は、生徒たちの過去についての知識を引き出す。物理の授業は、物理的宇宙についての生徒たちの現在の理解を呼び起こすのである。

こうした種類の教科を担当する教師は、授業に「ソクラテスの方式」を採用する。生徒の現在持っている理解と理論を引き出した後、教師は生徒の現在の知識の誤りや不十分さを発見するために、生徒に批判的フィードバックを与える。この批判的フィードバックは、生徒に科学的理論を検証するための実験をさせたり、あるいは、それについての過去の理論を確認するための文献研究の形式をとることができる。批判的フィードバックが教師から反論されるという形式を取ることはほとんどない。それは次のように論理的だからである。「あなたはAがその例だと言う。もし、そうだとすればBも同じである。しかしBが誤りだとすれば、Aは真実ではありえない」というように。

しかしながら、この批判的フィードバックは、単に批判的対話、すなわち競いあう理論間の対話が開始される動きにすぎない。というのは、このいずれの教科においても、実験は決して決定的なものではないし、研究は徹底的なものではない。そして議論も決して結論にはならないのである。だから、生徒が自分の理論（考え）について受ける批判的フィードバックは、反批判を構成するように導くべきである。「批判的対話」は批判が反批判に高まるまで続くのである。このことは、論破されない批判を考慮すれば、改善や変更、修正に導くものである。学校で行われるこの批判的対話は、通常、生徒たちから出される命題や理論は、修正と改善を必要とするものである。（しかし、時々生徒からの批判が、学問の専門分野ですでに承認されている理論の不十分な点を指摘することがある。）とにかく、生徒たちは試行錯誤を通して誤りを排除することを学ぶ（あるいは知識が進歩する）のである。

こうした批判的対話において、教師が生徒に誤りを指摘することは、教師は生徒にこうした指摘をすべきではない、というモンテッソーリの言説と矛盾していると考えるかも知れない。しかし、批判的対話において生徒たちの誤りを明らかにするのは教科の論理なのである。まさしく、木製の円柱と円柱さしが、幼児の感覚の識別を促進しようとする試みに、批判的フィードバックを与えるのと同じように、生徒の物理的宇宙についての理論に批判的フィードバックを提供するのが、物理という教科の論理である。教師は高学年の生徒に矛盾を明確にさせ、生徒が自分の理論の論理的意味を発見するのを促進するに過ぎないのである。しかしそれでも、批判的フィードバック——どんな形式であれ——は、どの年令の生徒たちをも怖がらせている。それは生徒たちを威圧し、彼らの興味を失わせる。ここに、教育的環境の第三の側面が必要となる。

第五節　援助的環境

教育的環境は、自由で応答的であることに加えて、援助的でなければならない。生徒たちが現在身につけている知識の誤りに直面したとき、彼らは狼狽し、驚き、不安になりがちである。彼らは知識を修正し、変更する代わりに、独断的——あるいは退行的——になる。援助的環境はこれを防ぐためのものである。援助的環境は生徒たちに再度の挑戦を促し、発見された誤りを考慮して知識を継続的に訂正するのを促進するものである。

モンテッソーリ・クラスは援助的環境である。それは、少なくとも三つの点で子どもたちを援助する。すなわち、物的環境そのものを通じて、教師の役割を通じて、クラス運営の基礎となるダーウィン的な成長としての教育認識を通じてである。

1　物的援助

モンテッソーリ・クラスは「子どもの家」であり、ここには、家具、台所用品、日常生活用具の全てが、幼児たちのサイズに合わせて作られている。すでに見たように、このような環境の中で子どもたちは自由に動き回ることができる。この環境は子どもたちに、ちりを掃き出し、洗って干したり、汚れを落としみがく、などの自由な活動をさせて、子どもたちが現在身につけている運動・感覚的能力を引き出すのである。子どもサイズの環境はまた、標準の大人の環境よりも応答的である。この環境は子どもたちに批判的フィードバックを与え、彼らの技能や能力を修正し改善するように導くのである。

この特別な物的環境は、自由で応答的であることに加えて、子どもたちに一層の確信と自信を与える。――子どもたちは、この環境が援助的であることを発見するのである。モンテッソーリの報告によれば、彼女は特別に構成されたこの環境で、子どもたちがきっと喜びと楽しさを見いだすだろうと期待していたが、彼女が発見したのは、これ以上に「子どもの全人格の変化」であった。子どもたちが自分のサイズに合ったこの世界に置かれると、この世界を自分のものにすることができたのである。子どもたちは自立性を得たのである。――まるで彼らは「何でも自分でしたい。もう私を手伝わないで」[27]と言うかのようであった。

子どもが自立すれば、そのときは当然、教師の役割も変わらなければならない。

2　援助的教師

すでに見たように、モンテッソーリ・クラスでは教師は、子どもの自主学習を案内する「指導者」になることである。すでに私は、モンテッソーリ指導者の役割は二つあることを説明した。第一は、生徒が現在身につけている知識を引き出すこと。第二は、生徒が自分の知識の誤りや不十分さを発見するのを助けること。こうした指導者の役割を実現するために、モンテッソーリはクラスの環境を教育的にすることに専念したのである。すなわち、子どもが現在身につけている知識を表現するための自由な環境の構成を、子どもの現在の知識に対して、批判的フィードバックが与えられる応答的環境の構成を創造したのである。

自由な環境を創るとき、モンテッソーリ教師は、ほとんどの教師たちが行う多くの伝統的な指導方法を意図的に避けようとする。モンテッソーリ教師は生徒を強要したり、強制したり、また、甘えさせたりはしない。さらに、押したり、引っぱったり、突いたりはしない。ましてや、生徒同士を競争させたり、非難したり、評価したりはしない。子どもは自分を「教え込もう」とする大人から解放されているのである。

応答的環境を創るとき教師は干渉を避ける。教師は子どもをたしなめたり、誤りを子どもに指摘しない。子どもに批判的フィードバックを与えるのは、教師ではなく環境であり、特に特別に構成された道具と教具なのである。例えば、子どもが円柱さしの練習で、残った円柱が穴に入らないとき、教師がその子に誤りを指摘する必要はない。その子に教具が「指摘」するのである。

誤りをすることは、子どもを心配させたり、恐れさせたりするものではない。教師の生徒に対する配慮、好意、愛情は、子どもが誤りがないように正解を出そうと努力している教具の練習に直接的な影響を及ぼすものではないことを、子どもはよく理解しているのである。再度、赤と青の色板の練習を想起してみよう。子どもが間違いをしても「教師は強いたりしない。教師は、微笑し、子どもを優しく愛撫し、色糸巻きを片付ける」。前述したように、教師は子どもの誤りを指摘しないのが一般的であるが、まさに——同時に——子どもは自分の誤りは、教師が援助してくれなかったからではないことも、子どもには明白である。したがって、子どもの現在の知識を引き出すことと子どもの誤りの発見を助けること、この二つのモンテッソーリ教師の役割に、第三の教師の役割として、子どもを継続的に援助することを加えたい。（モンテッソーリ・アプローチが年長の生徒——高校生・大学生・大学院生——たちの授業で使用される場合、教師は援助するという役割に関心を持たずに、彼らに批判的フィードバックを与える批評家としての役割に、もっと関心を持つべきだと思う。）

援助的教師のモデルは召使である。「召使いは主人の鏡台をきちんと整理して、ブラシをその場所におくが、主人が使用するときは何も言わないし、食事の世話はするが、食べることは強要しない。何事も小綺麗に世話をするが、一言もいわずに遠慮深く姿を消すのである」。[28] 教師も同じである。教師は子どもに奉仕しなければならないが、子どもの身体に奉仕してはいけない。——例えば、身体を洗ったり、着替えさせたりするなど。こうしたことは子ども自身でしなくてはならない。自分ですることで子どもは自立をするのである。教師は子どもが自分で行動し、決心し、考えるように援助しながら子どもの精神に奉仕することである。教師の子どもへの援助は、子どもが何事も教師に依存することを意味しない。そうではなくて、教師の援助は、子どもの自立を促すものでなくてはならないのである。

3　援助の概念

援助的な教師になるためには、教師は教育活動をダーウィン理論の成長の手順として理解しなければならない。そして、この概念を生徒と共有しなくてはならない。この点において、私の見解はモンテッソーリを越えている。というのは、モンテッソーリ自身は、自分のアプローチが教育のダーウィン理論を具体化したものであることを意識していなかったからである。したがって、モンテッソーリは、この概念をモンテッソーリ・クラスの明白な援助的枠組みの一部に組み入れるアプローチの基礎としなかったのである。（モンテッソーリは、神秘的な方法で展開する「人間の精神」について述べている。また、彼女は今日では承認されていない「生命」の進化論についても言及している。）[29] しかも、モンテッソーリはこの概念をクラスの教育的環境の明確な部分にはしなかったのである。

私のモンテッソーリ解釈は、彼女の教育へのアプローチにはダーウィン理論が内在しているということである。このダーウィン理論に基礎づけられた教育的成長の考えは、教師の役割についての認識、生徒の本質についての認識、教育内容の認識、などの全てに含まれている。こうした認識によって生徒たちは保証されている。生徒たちはこうした考え方を共有しながら、環境をより一層援助的なものにするのである。モンテッソーリ・クラスでは、教師は生徒たちに知識を伝達しない――「教え」ない――のである。ましてや、教師は生徒たちを評価したり、非難したり、成績を付けたりはしない。教師の役割は、教育環境を自由で、応答的で、援助的な環境に創造することである。このような環境の中で、生徒たちは誤りから学ぶのである。学校とは間違いをするための場所なのである。

モンテッソーリ・クラスでは、生徒たちは知識の消極的受容者ではなく、積極的創造者として取り扱われる。生徒たちに期待されているのは、既存の知識の体系を「学び」「吸収し」「総括する」あるいは、「習得する」ことではなく、現在の知識を改善することである。すなわち、知識を良くすることである。「良くする」こととは誤りを少なくすることである。良くする——改善する——ことは果てしないのである。成長は目的的ではなく、歴史的に評価される。その意味は、成長はある目的（究極の目的・テロス）と比較することではなく、過去の時点であったこととの比較によって評価される、ということである。例えば、書き方の学習では、生徒たちの書き方の知識の成長を評価する前もって決められた基準はない。その代わり、生徒たちの成長は、彼らが「現在」知っている書き方の知識の量を「過去」に知っていた書き方の知識の量と比較して評価できるのである。（生徒の誤りが以前よりも今どのくらい減少したかで評価できる。）

モンテッソーリ自身は言及していないが、この成長の歴史的概念はモンテッソーリ・クラスに浸透している。モンテッソーリ・クラスの生徒たちは、教育目標や目的は持っていない。彼らはひたすら試行的な作業を継続しながら、自分の作業を改善しようとしているのである。例えば、感覚識別の分野では、庭作り、絵描き、書き方、その他の作業を通して行われている。歴史的に定着しているモンテッソーリ・クラスでの教育的環境では、教師は生徒たちが行っている作業に決して口出しはしない。だから、生徒たちが事実そうであるように、生徒たちは自分自身で学ぶ、ということを信じるようになる。教師は生徒の助成者に過ぎない。モンテッソーリ・クラスの生徒たちは、「それを教えたのは誰ですか？」と尋ねられた時、誰もが「自分で学んだのです」(30)と答えるのである。

第六節　モンテッソーリの権威主義

自由で、応答的で、援助的な教育環境を創造したモンテッソーリ・メソッドについての私のダーウィン理論に基づいた解釈は、子どもたちは試行錯誤による誤りの排除を通じて学ぶ、ということである。しかし、道徳と社会性の教育に関するモンテッソーリのアプローチは、このことと矛盾する。その理由は、この両面でのモンテッソーリ教師の役割は、前もって決められた行動様式を生徒たちに強いるからである。この点で、モンテッソーリ・アプローチは権威主義になる。

この権威主義は、ローマでの貧しい子どもたちとの仕事に関するモンテッソーリの初期の報告の中で、家父長主義が表明されていることからも分かる。モンテッソーリは貸しビル内での最初の「子どもの家」の「就任演説」で、指導者を「真の伝道者、人間の中の道徳の女王」と語っている。また、「両親は自分の小さな子どものために、モンテッソーリ学校の優れた利点を家庭の中で生かすことができる恩恵の『大切さ』を学ばなければならない」[31]と語っている。モンテッソーリが定めた「子どもの家」の規則や規定によれば、両親の義務は「『子どもの家』の指導者と関係者に尊敬と服従をする」[32]ことであった。もし両親がこれを欠いたならば、子どもは退園させられるのである。

モンテッソーリの「規律」を教えるアプローチは、幼児の乱雑な行動は実際は秩序を求めようとする欲求と考えて、ダーウィン的方法を取る。幼児の秩序への自然な欲求――ハイハイする、のろのろ歩く、もがく、触る、感じる、つかむ、などを通じて――が妨げられたり、干渉されたりするとき、子どもは反抗的になる。そして、この反抗は「幼児の『いたずら』のほとんど全てと言ってよい」[33]とモンテッソーリは述べている。子どもを動かせないようさせる――じっとしていなさい、静かにしなさい、触ってはいけない――無駄な試みの代わりに、モンテッソーリ・クラスでは、子どもが応答的環境に出会えるように自由にさせるのである。この環境は子どもの行動を改善させたり、「子どもが本当に目指している秩序へと導く」[34]のを助けるのである。子どもが、一度、自分の行動を秩序づけられれば、行動を効果的にさせるだけではなく、事実、優雅な「自発的規律」、すなわち、静粛、秩序が生まれるのである。ここに、子どもは作業への愛着や、誰もこれまで期待しなかった傾向を示すようになる。

実際、子どもは課題を見つけ、構成的な活動に参加するようになる。子どもの行動が秩序づけられれば、教室の埃をとり、掃除し、食器を洗って乾かし、食事の時間には食卓の用意をし、待つようになる。四歳の「給仕さんたち」は、ナイフ、フォーク、スプーンを取り、それぞれの場所に配る。彼らは水の入ったコップを五つものせたお盆を運び、ついにはテーブルからテーブルへと熱いスープの一杯入った大きな深皿を運んで行く。「一つの間違いもしないし、一個のコップも割らないし、一滴のスープもこぼさないのである」。[35]

モンテッソーリ・クラスの構成された環境は、こうした驚くべき自己抑制を発達させる。しかし、モンテッソーリはこれ以上のことを期待していた。モンテッソーリはクラスの子どもたち全員の集団的モラルを高めるために、集団的規律の必要性を主張した。このことを説明するために、モンテッソーリは、その形式として「よい躾」と考えるものを有する「集団的利益」について触れている。「よい躾」をするためには、教師は「子どもが他人を怒らせたり困惑させたり、粗野で無作法な行為をしないように、子どもをチェックしなければならない」[36]と強調している。

その際、モンテッソーリは途方にくれる。というのは、これまでモンテッソーリは、子どもは自由でなければならない、教師は子どもの行為に干渉してはならない、と強調してきたからである。そのため、モンテッソーリは急いで、教師は子どもの「有益な自発的な運動を阻止することを避けなくてはならない」、とつけ加える。教師は子どもの無益で危険な行為のみを抑圧し、阻止しなければならないことになる。

さて、ほとんどの教師は子どもの危険な行為を、かなりうまく見分けることができる。しかし、子どもの「無益な」行為とは何だろうか。モンテッソーリは有益な行為を「生命の十分な発展に向けて助成しようとすること」[37]と説明している。ここではそのようにしないのは無益な活動である、ということを意味する。このことは、聡明なモンテッソーリ教師を煩わせるかもしれないが、モンテッソーリはモンテッソーリ教師たちに、このようなあいまいな基準を適用するのは難しいことを認めている。したがって結果として、多くの教師たちは寛大になりすぎるのである。モンテッソーリは次のように不平を述べている。「教師は観察に疲れると、子どもが喜ぶことは何でもさせ始める。私は、テーブルの上に足をのせた子ども、指を鼻の穴に入れた子どもを見た。それでも教師は干渉して矯正しようとはしなかった」と。モンテッソーリはすぐに教師たちの誤りを正した。このような教師の行為に対して、モンテッソーリは「絶対的厳格さ」を持って干渉せざるを得なかったのである。モンテッソーリが説明しているように、こうしたことは「子どもにはっきりと善悪の区別をさせる」[38]ためには必要だった。

しかし、これは見せかけの説明である。確かに、大人である教師が善悪の区別ができなかったならば、教師が干渉しても子どもたちに善悪の区別を伝達することはできなかったことは明らかである。教師からの干渉によって子どもたちが学んだことは、マリア・モンテッソーリ、あるいは指導者がクラスでは道徳的権威者であり、善悪とは何かを知る権威者であったと思われる。モンテッソーリが集団の規律や集団の団結のために、どのように子どもを行動させるかについて説明している内容を見ると、彼女がこの道徳的権威主義を暗に認めていたことが分かる。モンテッソーリは教師に、子どもを一列に座らせ、一人ひとりの子どもに座席を与えるようにさせる。モンテッソーリの指示通りに、教師は「子どもたちを整然と一人ひとり自分自身の席につかせる。こうして座れば彼らがよく見え、こうして整然と座ることが善いことであり、それは部屋が快適によく整っているという考えを子どもに理解させせなければならない」[39]のである。

モンテッソーリ自身が述べているように、クラスでのこの集団的秩序は教師への真に畏敬の念に満ちた従順から生まれるのである。「もし教師が子どもの集まり全体に何かをするように望むならば、例えば、子どもたちを非常に楽しませている作業を止めるように望むならば、教師は低い調子で一言いうか、または一つの身振りで示すだけで十分である。子どもたちは全身で耳を傾け、教師の方を熱心に見て、どのように従うべきかしきりに知りたがる。多くの訪問者たちは、教師が命令を黒板に書き、それに子どもたちが喜んで従うのを見たのである」[40]。

モンテッソーリは著書『吸収する心』で、あるモンテッソーリ・クラスで子どもたちが示した不気味とも言える従順さの例を引用している。それは一〇年の経験を持つ教師が、かつてモンテッソーリに報告したことである。その教師は子どもたちに「全部片付けるのよ、夕方家に帰る前までに」と言った。子どもたちは教師が全部を言い終わるのを待たずに、教師が「全部片付けるのよ」と言うのを聞いただけで、大急ぎで丁寧に片付け始めた。子どもたちは教師の「夕方家に帰る前までに」という後半の文句を聞いたときには、全部片付けてしまっていたのである。モンテッソーリは、この教師が「夕方家に帰る前までに、全部片付けるのよ」[41]と言うべきであったと述べ、子どもたちの従順さにおける敏感性を指摘している。

子どもたちのこのような驚くべき従順さを、どのように説明したらよいのか。それは教師が賞罰を与えるからではない――モンテッソーリ・クラスは賞罰に関係がない――。この子どもたちのこのような従順さは、「各々の子どもの内的生命の中に起きる一種の奇跡」[42]によるものである、とモンテッソーリは主張している。しかし、もっと根拠のある説明をすれば、子どもたちのこのような従順さは、モンテッソーリ・クラスの教師を「道徳的」権威者として上手に定着させようとする事実から生じるのであろう。

教師は子どもたちを自由にしたのである。すなわち、教師は子どもたちが秩序を求める積極的な創造者になるように、環境へと導いたのである。教師は子どもたちの現在の知識の間違いや誤りを自らが発見し、それらを排除するのを助成して、子どもたちの秩序への要請を促したのである。教師は子どもたちの成長を助成するのである。したがって、子どもたちは教師に自然に感謝するようになる。子どもたちは、教師が自分たちのためにしてくれたので教師を大好きになる。だから、子どもたちは教師を喜ばせたい気持ちになる。

子どもたちは感覚・筋肉運動の練習または知識の認識練習で、間違いや誤りが何もないことは教師を不快にすることを理解しているが、「道徳的」な事柄の間違いは、教師を不快にするのを知っている。だから、子どもたちは教師を不快にさせないように行動を修正しようとする。行儀の悪い子、暴れん坊の子は罰せられないが、友だちから隔離され、おもちゃで遊ぶようにさせられる。友だちから隔離されると、その子は「まるで病気にかかったかのように」特別な保護が必要な対象になる、とモンテッソーリは印象的に語っている。その子は忙しく作業をしている友だちを見るうちに、次第によくなり、行儀の悪さも癒えてくるのである。

モンテッソーリの道徳教育、社会性の教育のアプローチについての私の理解が正しいならば、このことはモンテッソーリの知的教育に固有な理論と矛盾する。モンテッソーリの道徳教育、社会性の教育では、子どもたちは教師に依存しなければならない。教師は子どもたちに干渉し、あらかじめ決められた行動様式を子どもたちに課さなければならない。教師は権威主義者にならなければならないのである。こうしたモンテッソーリの道徳的・社会的権威主義の源泉を見出すことは決して難しいことではない。私はその源泉が、一般には知られていないが、モンテッソーリがトマス・アクィナス＝アリストテレス哲学の信奉者であったからだと思う。

私が教育に対するモンテッソーリのアプローチを、ダーウィン説に基づく教育理論の一部分として解釈したが、これはモンテッソーリが自身の仕事に対して取った解釈ではない。モンテッソーリが認めているように、彼女の仕事はアリストテレスとトマス・アクィナスの哲学に根ざしているのである。

トマス・アクィナスとアリストテレスによれば、事物には自然の秩序がある。宇宙には秩序があり、生命有機体には生態学的秩序があり、数と図形には数学的秩序があり、命題には論理的秩序がある。

このような自然的秩序の存在の確信に基づいて、モンテッソーリは応答的環境を創造したのである。すなわち、事物には自然の物理的秩序が存在するが、人間の感覚の識別や筋肉運動には誤りが生じる。もし自然の秩序を犯せば、自然の秩序が反応——自然の秩序が批判的フィードバックを与える——する。モンテッソーリ・クラスでは、この宇宙の自然的秩序が子どもたちに危害を加えずに、フィードバックを直接受け入れる教育的環境に組み込まれている。また、モンテッソーリの教育的環境には、言語、数、植物の栽培などの領域に固有な「自然の秩序」(43)が組み込まれているのである。

モンテッソーリはアリストテレスとアクィナスに続いて、自然的社会秩序と自然的道徳秩序の存在を信じた。しかし、この自然的道徳秩序は他の「自然的秩序」と同じ方法で存在するのではない。人間は批判的フィードバックが「なければ」道徳的秩序や社会的秩序を犯すものである。幼児は批判的フィードバックが「なければ」、集団の中で鼻をほじくったり、だらしなくすることがその証拠である。だから結果として、教師は道徳的・社会的秩序の模範者にならなければならない、とモンテッソーリは主張する。どんな行為が悪なのか、どのように振る舞えばよいのか、を子どもたちに知らせて、子どもたちへの批判的フィードバックの源泉として仕えることができるのは、教師のみである。

道徳教育と社会性の教育へのこのようなアプローチは、幼児たちに向けられるとき、最も効果がある。けれども、このようなアプローチの不幸な結果は、幼児たちの自立心を奪い取り、依存心を強めることである。すなわち、道徳的権威者への依存と服従すべき権威者への依存である。予期したとおり、モンテッソーリは服従を人生の法則と考えたのである。「どんなに多くの人たちが、人倫の根本を指導してくれるある物や人物に従いたいと熱望するあの深い精神的経験を味わってきたことだろう。これ以上に、この従順のためには何かを犠牲にしたいという希望さえ持って」。[44] この「従順への教育」は、モンテッソーリが知的成長の領域で苦心して成就させた自主的な学習者の理念と矛盾する。それはまた、私がモンテッソーリの教育へのダーウィン的アプローチと呼んだものにも矛盾することになる。

道徳教育、社会性の教育へのダーウィン的アプローチを明確にするために、次章ではサマーヒル学園のニイルについて考察したい。

第六章　A・S・ニイル

A・S・ニイル（A.S.Neill, 1883–1973）は、モンテッソーリの最も厳しい批判者の一人であった。「モンテッソーリは滅びつつあるし、その教育法は教具に支配されたシステムである」と彼は書いている。ニイルが捉えたように、モンテッソーリは美的で創造的なものを犠牲にして、知性を強調し過ぎたのである。「彼女は常に科学者であり、決して芸術家ではなかった」。ニイルは、次の一点について言明した。「いつの日か、成長したモンテッソーリ・メソッドによって教育を受けた子どもは、モード（女の子の愛称：訳者注）の足が牧場の草にふれるとヒナギクの花がいつまでもしおれることなく美しく咲き続けたという物語があるが、そんなことは科学的にあり得ないのだ、と自信たっぷりに証明してみせるような人間になりはしないかと私は恐れている。モンテッソーリの世界は私にとって余りに科学的である。また余りに秩序正しく、説教的である。モンテッソーリの教具と聞いただけで、私はゾッとする。(1)」

とりわけ、ニイルはモンテッソーリにおける教育への道徳的アプローチを酷評した。「彼女の宗教的態度は私を不快にさせる。彼女は教会人である。善悪についての余りに決めつけた考えを持っている。このように、モンテッソーリは子どもたちが自分の作業を選ぶ自由は認めるが、大人の道徳に挑戦する自由は許さないのである」。(2) ニイルは道徳教育に反対しているわけではない。全くそうではない。彼は道徳教育を知的教育よりはるかに重要であり、「何千倍も重要である」と考えていた。彼が反対したのは、若者たちに道徳を押しつけることである。ニイルはそれを「性格の鋳造」と呼んだ。この点について、彼はバーナード・ショー（George Bernard Shaw, 1856–1950）の言葉を引用するのを好んだ。「最も不道徳な堕胎医とは、子どもの性格を作り上げようとする人間である」。(3) ニイルにとって、マリア・モンテッソーリとは正に性格鋳造者の一人であった。彼女は子どもたちに対して出来合いの道徳的習慣を課すのである。

ニイルはその全生涯を道徳教育に対する反権威主義的アプローチを貫くために捧げた。私の解釈によれば、彼のアプローチはダーウィン的である。ここで、ニイルはモンテッソーリとも一致する。モンテッソーリが感覚運動的技能、言語的行為、数的能力の発達を促進するための教育的環境を創造する限りにおいてはダーウィン的であるように、ニイルも社会的・道徳的行為の成長を促進するための環境を構築した限りにおいては、ダーウィン的である。ニイルの学校とモンテッソーリの「子どもの家」は全く異なった種類の教育事業であるように見える。しかし、それらは共に、試行錯誤による誤りの排除という選択手続き、すなわち成長についてのダーウィン的認識を示している。モンテッソーリと同様に、ニイルは子どもたちが間違いから学ぶことのできる自由で応答的、かつ援助的な教育環境を構築した。彼はそれをサマーヒルと呼んだ。

第一節　自由な学校

Ａ・Ｓ・ニイルは、一九二一年にサマーヒル学園を創設した。英国のサフォーク州、レイチェスターにあり、五歳から一六歳までの子どもたちが生活する寄宿学校である。ニイルは書いている。「私が妻とこの学園を始めた時、一つの考えがあった。それは子どもを学校に合わせるのではなく、学校を子どもに合わせるということであった」。(4) そこには権威主義の代わりに自由があった。子どもたちが自分自身であるという自由である。

普通、多くの人たちが「権威」と「権威主義」を区別する。権威は職務あるいは役割を伴う。つまり、両親は権威であり、教師も権威である。しかしながら、権威主義は権威を働かす様式もしくは仕方のことである。つまり、批判を受け入れず、不満を許さないというやり方で、権威主義者は咎められることなく権力を行使するのである。ニイルは、すべての子どもたちが大人の権威を権威主義的なものと見ていると実感していた。子どもたちは親や教師のような大人の権威者を、その権威を一般に咎められることなく行使できる存在として見ている。大人が下した決定に直面させられる時、子どもができることは何であろうか。子どもは通常は批判もできないし、不平を言うこともできない。子どもは何事も受け入れなければならないのである。

子どもたちがすべての大人の権威を権威主義的なものと見るので、ニイルは敢えて彼の学校からすべての権威を取り除いた。「私たちはすべての規則、すべての命令、すべての提案、すべての道徳的訓練、すべての宗教的教義を拒絶しなければならなかった」。(5) 権威主義——あるがままの、あるいは認知された——に代わり、自由であることが根本原則となった。サマーヒルでは、子どもたちは自分自身であるために自由であった。

サマーヒルの生徒たちは、自由に好きな洋服を着ることができ、自分の希望する通りに部屋を使い、好きなように話す——悪口を言うこと、罵ること、あるいは汚い言葉を使うことができる。また、煙草を吸うこと、ガムを噛むこと、キャンデイを食べること、マスタベーションすることも自由である。(6) 新聞はサマーヒルについて、「あなたは学校で好きなようにしなさい」、ここはまるで原始人の集まりのようだ、と書いた。ニイルはそれを自由学校と呼んだ。「権威によって何かを課すことは悪い。子どもは自分自身の意見を持てるまで何もすべきではない、と私は信ずる」と彼は書いた。(7)

サマーヒルでは、どう行動すべきか、何を考えるべきか、どう感じるべきか、何を言うべきかを子どもたちに教えない。ニイルは校長であったが、権威を持とうとはしなかった。子どもたちにとって、彼はあくまでも「ニイル」であって——子どもたちが窓を壊したことは告げても、彼らを罰したり、説教したりする人ではなかった。ニイルは、一人の大人の「自然な」権威だけは残して、校長であることによって生ずる伝統的権威はすべて取り除いた。子どもたちとの相互交流の中で、彼は冗談を言い、いたずらをし、ごく普通のふるまいによって、自己の権威さえも追い払ったのである。

かつて私は一四歳の男の子に、私のところにおしゃべりに来ないかと言った。その子は代表的な私立学校からサマーヒルに来たばかりであった。私は彼の指がニコチンで黄色だったのに気づいて、煙草を取り出して彼に勧めた。彼は、「ありがとう。でも先生、私は吸いません」と、どもりながら答えた。

「一本どうかね、うそつき君」と私は微笑んで言った。その子は煙草を一本取った。彼は盗みをして前の私立学校を退学させられていた。「君は、詐欺師らしいね。鉄道会社をだます一番良い方法は何かね？」と私は尋ねた。

「先生、私は決してだまそうとしたわけではないのです」。

「えっ、しなかったの。やってみなさいよ。私は沢山の方法を知っているよ」。

私はその子に二、三の方法を教えたが、彼は口を開けてぽかんとしていた。(8)


ニイルの権威主義教育に対する拒絶は、単なる因襲打破主義者としての反抗ではなかった。正しく言えば、彼は因襲打破主義者で「あった」――サマーヒル学園を設立するかなり前から。しかし、彼の反権威主義的教育への傾倒は、深く根を下ろしたものであった。まず第一に、それは人間の過ちを受け入れることからはじまった。「他人に生き方を教えるほどに立派な人は誰もいない。他人の歩みを導くほどに賢い人はいない」(9)、とニイルは主張した。第二に、教育への反権威主義的アプローチは、彼の人間の成長に関する理論から具現化された。彼は人間の成長が自由な環境においてのみ生ずると信じた。子どもたちは成長を強いられる必要はない。彼らには自由だけが必要なのだ。自由な環境の中で、子どもたちは成長するのである――自然に――。

サマーヒルの自由な環境は、子どもたちの生活や幸福を危険にさらすような活動にまで広がることはなかった。六歳の子どもが熱を出し始めていた時、ニイルはその子に対して外出するか否かを決定せよ、とは言わなかった。子どもが病気で非常に疲れていた時も、休むか否かを決定せよ、とは言わなかった。ニイルは子どもたちが屋根に登ることを禁じ、エアーガンや他人に傷を負わせるような武器を持つことを禁じた。加えて、子どもたちは六人に一人の救助員がいる時だけ水泳ができ、一一歳以下の子どもは単独では通り道で自転車に乗ることができなかった。

最後の二つの規則は、全校集会での投票によって子どもたち自身が決めたことである。全校集会は、学校活動を秩序づける規律や法則を公表した。全校集会が、サマーヒルでは「権威」であった。しかし、この立法的で公平な集団は、子どもたちの自由を奪うことはなかった。それは、子どもの自由を高めた。なぜなら、すべての子どもたちがサマーヒル学園での社会生活を支配する規則の作成に参加したからである。

社会的反則への罰を含む社会あるいは集団生活に関わることのすべてが、土曜日夜の全校集会での投票によって決定された。教師、子ども一人ひとりが年齢を問わず投票権を持っている。毎週の会議では、前回の議長が指名した議長が会を進行する。

苦情、告発、提言、あるいは新しい規律を提案したい者は、誰でもそれを議題にした。子どもが悪口を言うことは法律によって禁止されるべきであるという考えを、どのようにして議題に乗せたかについてニイルは述べた。彼が述べたその理由とは、将来性のある生徒の親は、息子が友達から悪口を言われてショックを受けた。そして、結果的には息子をサマーヒルに入学させることを拒否したから、というものである。「ばか者が将来性のある子どもの親の前で悪口を言うことによって、なぜ私の収入が損害を受けなければならないのか」。ニイルがこのように尋ねると、一四歳の子どもは次のように答えた。「ニイルは戯言を言っている。もし、この女親がショックを受けたとすれば、サマーヒルを信じていなかったからだ。たとえ彼女が息子を入学させても、彼がサマーヒルを罵り、ちくしょう！　なんて言いながら家に戻ったときは、きっと息子をここから連れ戻すことになるよ」。総会ではこの少年の言い分を認めた、とニイルは報告している。悪口を言うことを禁止するという提案は否決されたのである。(10)

ニイルは全校集会の教育的価値を強調した。「私の意見では、毎週行なわれる全校集会は一週間の授業のカリキュラム以上に価値がある」と彼は書いている。

では、授業科目についてはどうであろうか。

サマーヒルは学校であるから、授業は当然あるが、自由な学校なので、すべての学習は生徒の自由意志にまかせていた。活動的な子どもたちを机の前に座らせて、ほとんど役に立たない教科を勉強させる学校は悪い学校である、とニイルは主張した。サマーヒルでは、子どもたちは授業に出席することもできるし、欠席もできる――一年間、もし彼らが望めば。通常、子どもたちは年齢に従って授業を受けるが、時々は興味の有無によって授業を出欠席することもある。

子どもたちは、どのようにして授業への出欠席という自由を行使するのであろうか。幼稚園の頃からサマーヒルに来ている子どもたちは、入学当初から学習していた。しかし、他の学校から転校した生徒は、一般的には短期間または長期間授業を欠席する。報告によると、ある女の子は三年間授業を欠席していた。「勉強嫌い」から立ち直る平均的な期間は、三ヵ月間であった。

授業に欠席していた間、生徒は何をしていたのだろうか。ニイルは彼らが遊んだり、自転車に乗ったりするのを認めていた。一般に生徒の自由にまかせたのである。誰も授業に出席するように強いる者はいなかった。(もちろん、もし生徒が月曜日の英語の授業に来て、次の週の金曜日まで現れなかったら、その生徒が勉強をしないことに他の生徒たちがかなり反発し、進歩を妨げたとしてその生徒と絶交するかもしれないが。)

授業への出欠の自由は、サマーヒルに多くの批判をもたらした。「子どもたちは何も学ばない」。「彼らは他の学校の生徒たちと競争すると遅れを取るだろう」。しかし、こうした批判も続かなかった。ニイルが報告するように、何もせず、多くの時間を遊びに費やす子どもたちが少なからずいる一方で、国家試験を受ける時期になると(サマーヒルには試験はなかった)、大学進学を希望する生徒たちは教科内容を習得するため懸命に勉強し始めた。一般に、サマーヒルの子どもたちは一四歳で勉強を始め、一般の学校の子どもたちが八年かかる勉強を二年と少しで仕上げたのである。

ニイルによれば、本は学校においてそれほど重要なものではない。これは、学校での学ぶ側面が重要ではないことを主張したからである。知的成長とはそれ自身に作用するものである、とニイルは勧告した。子どもたちも大人と同じように学びたいことを学ぶ。「若きフレディ・ベートーベン少年とトミー・アインシュタイン少年は、彼らの本領が発揮できないことを拒否する。」ニイルにとって、教育の重要な側面とは情緒的なものであり、人格と性格の成長を意味する感情の教育である。つまり、道徳性と社会性の教育である。

多くの学校と多くの教師が両方を教育しようとする。彼らは道徳性と社会性の教育と、知的教育の両方を引き受けようとする。しかし、ニイルの観点からすると、知的教育はいつも押しつけ的である。学習させることは、いつも権威主義的活動である。ここで彼は間違ったのである。なぜなら、前章で見たように、知的教育へのモンテッソーリのアプローチは権威主義的ではなかった。（道徳性と社会性の教育についての彼女の解釈は権威主義的ではあったが。）ところが、ニイルは権威主義的でない知的教育を提供するための方法を見出すことができなかったので、知的教育を彼の教育体系において優先的なものとはせず、自発的なものとしてしまったのである。

サマーヒルでは、子どもは自らを感動させることにのみ満足することが許された。「子どもは自らがそれを望むなら、一日中でも遊ぶことができる。仕事も勉強も子どもにだけ関わる事柄であるから。しかし、教室でコルネットを弾くことは許されない。なぜならば、コルネットを弾くことは他人の邪魔になるからである。[11]」

ニイルは過度の自由、つまり他人の自由を妨げることになる「放縦（勝手気まま）」と呼ばれるものに対して絶えず警告を発していた。勝手気ままを楽しむ子どもたちは、次の逸話に描かれているようにわがままになる。

かつてある女性が七歳の女の子を私のところに連れてきた。「ニイルさん、私はあなたが書かれたものを一字一句すべて読みました。そして娘が生まれる前に、あなたの言葉に沿って娘を育てようと決めました」。

私はその娘をまじまじと見た。その娘は重そうな靴を履いたまま、私のグランドピアノの上に立っていた。それから、彼女はソファの上を跳び跳ねて、クッションをほとんどダメにしてしまった。

「娘がいかに自然であるかがわかるでしょう。まさにニイルの子どもです！」とその母親は言った。私は全く赤面してしまった。[12]

自由とは子どもを甘やかすことではない、とニイルは繰り返し言い続けた。「もし、三歳の赤ちゃんが食堂のテーブルの上を歩こうとしたら、そうしてはいけないと簡潔に言いなさい。」自由と勝手気ままとの違いは、学校の基本原理の中で具現化されている。「個々人が、他人の自由を邪魔しない限りは何をしても自由である。」[13] この原理は、サマーヒルの環境が自由であると同時に応答的なものであることをも示していた。

第二節　応答的環境

モンテッソーリのアプローチにおいて見たように、応答的環境とは生徒たちに批判的フィードバックを提供する環境、つまり彼らの間違いを明らかにする環境である。モンテッソーリ・クラスについては、その中心的テーマは知的成長である。そのため、応答的環境は子どもたちの感覚的、運動的、数理的技能に対する批判的フィードバックを提供する教具や器具で構成されている。しかし、サマーヒルでは社会的・道徳的成長が中心的テーマである。したがって、ここでの応答的環境は、生徒の日常生活での社会的・道徳的行為に対する他の人々からの批判的フィードバックで構成されている。

サマーヒルは共同体であった。それを共同体にしたのは、その基本原理であった。つまり、他人の自由を侵害しないということである。何人——生徒、教師、料理人、校長の誰であろうと——もサマーヒルの誰か他人に影響を与えるような仕方で行動する時は、いつでもそれに対する応答的な影響を受けるのである。例えば、不満を言ったり、批判したり、あるいはその行動が他人を傷つけることを加害者に知らしめるということによって。

この応答的共同体で生活することを通して、子どもたちは自らの行動に対する実際の結果を思い知るのである。共同体の他の人々は、彼らの行動に対する批判的フィードバックを提供した。つまり、人々は彼らの間違いを指摘し、誤りを確認した。(間違いや誤りは、他人を傷つけ、気分を害する行動である。)

ニイルは次のような事例を引き合いに出している。ある日、一人の少年がニイルの一番よく切れるのこぎりを借りた。翌日、それが雨ざらしにされているのを発見したニイルは、その少年に二度とそののこぎりを貸さないと言った。これが、その少年の行動に対する批判的応答であった。その少年は、他人の道具を借りたら、それを台無しにすることはできないということを学ばなければならなかった。ニイルの結論は、以下のとおりである。「子どもを自分勝手にさせること、すなわち他人に迷惑をかけて自分のやりたい放題にさせることは、子どものために悪いことである。それは子どもを我儘な人間にしてしまうし、やがてその子どもは悪い市民となる。」

がき大将が印象的に関わるもう一つの事件は、ニイルがいかにして応答的環境を創造しようとしたかを明示している。


ある日、遊戯室に入ると、子どもたちが皆一緒になって部屋の隅に群がっていた。もう一方の隅では、手に負えない子どもが手にかなづちを持って立っていた。その子は、近づいて来る誰でも叩くぞ、と脅していた。

「やめなさい！」と私は厳しく言った。「私たちは君のことを恐がってはいないよ」。彼はかなづちを下に落とし、私に向かって突進してきた。彼は私をぶち、蹴飛ばした。「君が私を殴ったり、噛んだりする時はいつも、君を殴り返すよ」。私はこのように静かに言った。そして、実際にそうしたのである。すると、その子はすぐに争いを止めて、部屋から飛び出していった。

これは罰ではなかった。それは、必要な学習だった。自分自身の満足のために他人を傷つけてはならない、という学習であった。(14)

ニイルは批判的フィードバックの唯一の源泉ではなかった。子どもたちも相互にフィードバックし合ったのである。ある少年が新しく来たびっこの生徒をばかにした時、他の子どもたちは特別集会を開き、違反者に対して――確定的な言葉で――学校は無作法を認めない、と告げた。(15) 生徒からの批判的フィードバックのほとんどは、全校集会での議論に基づくものである。そこでは、誰もが他人の行動についての不満や批判を言葉にすることができた。総会では、適切な罰が決定された。罰はいつもたいてい適切なものであった。例えば、お小遣い一週間分を納めたり、映画を見ないといったことである。また時々、その罪に対する罰が特別に決められることもあった。

三人の小さな少女たちが、他人の眠りを邪魔していた。
罰：少女たちは、一週間の間、毎晩一時間早く就寝しなければならなかった。
二人の少年が、他の少年たちに粘土の塊を投げたことを咎められた。
罰：彼らはホッケー場を平らにするため、土を運ばなくてはならなかった。

秘書が許可なしでジンジャーの自転車に乗った時、乗っていた秘書と他の二人の職員は前の芝生の周りでジンジャーの自転車を一〇回交互に押すよう命じられた。(16)

サマーヒルの応答的環境の中で、子どもはニイルの言う自制的な存在となる。私の理解によれば、自制とは認識した不十分さや間違いに照らして子どもが自らの行動を修正あるいは変更することを意味する。サマーヒルでは、道徳的指導は全く行わない。子どもに行動の仕方を教える者は誰もいないのである。しかし、子どもたちは自らの行動を実際に改善した。彼らは間違いから学習したのである。

自制は、直ちに起こるわけではない。新参者が自制的になるには通常暫く時間がかかった。なぜなら、自制的になるために、人間は自己批判的にならなければいけないからである。そして、これは時間がかかる。自己批判的人間は、自らの誤り易さを受け入れ、批判を寛大に受け入れる。彼は自分が実際に間違いを犯し、他人を傷つけるようなやり方で（必ずしも故意ではなく）行動することもあることを認める。彼は逆に他人に影響を与えるような行動の結果に注意し、自分の行動に対する他人からの批判的フィードバックを寛大に受け入れるのである。子どもは一旦自己批判的になれば、――一旦自らの誤り易さを認め、批判を寛大に受け入れるなら――自分が望まぬ、期待しない結果に鑑みて、その行動を修正し、変更することができる。つまり、自制的になるのである。

しかし、子どもは自己批判的になり得る以前であっても、自らを客観的に捉えなければならない。自らの行動と自己を識別しなければならないのである。人間の行動がその人の人格や個性を表すことは事実であるが、「人間の本質」はその行動にあるわけではない。人間は異なった行動をとることもできる。行動を自由に選択できるのである。あれではなく、これをすることもできるのである。

子どもたちは、自分自身とその行動を容易に客観化することができない。結果的には、彼らは自分たちの行為についての批判を自分たち自身への批判として受け取るのである。つまり、彼らは「それを個人に当てたものと受け取る」のである。（これは多くの大人についても真実である。）子どもたちは、その行為（「それは泥棒で、盗むことは悪い！」）を咎める道徳的判断と、その人（「それは盗みで、あなたは悪い！」）を非難する説教を識別することができない。そのため、子どもたちは彼らの行動に関するすべての道徳的判断を説教の事例として、彼ら自身に対する非難や拒絶として受け取ってしまうのである。ニイルがサマーヒルにおいてすべての道徳教育を放棄したのは、こうした理由が背景にある。「子どもを悪くするのは道徳教育であると私は信じる。悪い少年が受けた道徳教育を打ち砕いた時、彼が良い少年になるのに私は気づいたのである」。[17]

当然のごとく、ニイルがそうした道徳教育を「打ち砕いた」時に起こったことは、子どもが何をすべきかを告げる大人の権威から解放されたことである。子どもは独力で間違いから学習した。しかし、自らの間違いから学ぶためには自己批判的でなければならなかった。そして、自らを客観的に捉えることができた後だけ、このことが可能となった。自己と自らの行動を識別できなければならなかったのである。

サマーヒルの子どもたちが自らを客観的に捉えるようになる最も重要な方法は、遊びを通してのものであった。サマーヒルにおける遊びの役割について、ニイルはドイツ風の説明をした。つまり、遊びというものを子どもたちが自らの固定観念や欲求不満、自身の諸問題を「通して学ぶ」方法として認めたのである。遊びというものを子どもたちに自らの性格や個性を確かめる（明らかにする、表現する）ための安全な機会の提供という、のどかな状況として解釈するのは実に理にかなったことだと思われる。[18] 遊びにおいて、子どもは様々な行動やふるまいを通して自己を表現する。これらの行動には、すべての行動と同様に結果が伴う。子どもが一人遊びあるいは集団遊びのどちらに熱中するにせよ、これらの行動は批判的フィードバックの対象となる。たとえば、反応は次のように示される。子どもがボールを余りにもゆっくり投げる、あるいは間違った人に投げる、投げるのが余りにも遅い、余りにも遠くに投げる、など。しかし、彼は「ちょうど遊んでいる」ところだから、そしてそれが「単なるゲーム」だということを知っているから、彼は自分の間違いが全く「重大」ではないと悟るのである。

のどかな遊びの環境において、子どもは自分の行動には結果が伴う――結果のいくつかは他人に影響を与える――ことを認識するようになる。第二に、こののどかな安心できる環境においては、そうした結果に対する責任を受け入れることができるようになる。そして最後に、このような状況において、子どもは自らの間違いをどのように排除し、またその間違いからどのように学ぶべきかを理解するのである。子どもは「自分の本質」がその行動にあるわけではないことを発見する。あれよりもこれをすることができ、自分の行動を修正することができる――そして実際にそうする（ボールをより上手く投げる）――ことを発見するのである。遊びを通して、子どもは自己批判的になるために必要な自己客観性を獲得する。彼は自らの誤り易さを認め、批判的フィードバックを寛大に受け入れるようになり、批判に照らし合わせて行動を修正し始めるのである。

子どもが自己批判的になる時、彼は自制的な能力を獲得し、他人に害を与える影響を考慮しながら自らの行動を修正し、変更するのである。この点について、子どもは道徳的、社会的行為を改善する方法を学んだと言うことができる。子どもは道徳的、社会的に敏感——行動の結果に対して——になった。しかし、自制的、つまり自己批判的になることに加えて、サマーヒルの子どもたちは、自らを守る方法も学んだ。他人の行為が自分に不利益な影響を及ぼす時、他人に対して批判的になることを学んだのである。

サマーヒルで行われた道徳性と社会性の教育は、モンテッソーリ・スクールを含む多くの学校における伝統的なそれとは異なるものである。伝統的方式は、道徳性と社会性の教育を社会化と呼ばれる伝達の問題にする。教師は子どもが現実の社会に「順応」し、あるいは「適応」するのを助けるべく、あらかじめ予定された行動様式を子どもたちに押しつけるのである。

批判者たちの中には、ニイルをサマーヒルに子どもたちを「適応させる」ための「適応主義者」であると見なした者もいる。彼らによれば、このような適応による社会化は、生徒たちに外の（「現実の」）世界で生きるための準備にはなっていないという。しかし、ニイルは社会化を商売にしていたわけではなかった。思い出してほしい。サマーヒルの基本理念は、子どもを学校に合わせるのではなく、学校を子どもに合わせることであった。彼は社会化をはっきりと否定し、それを自制的共同体の概念と置き換えたのである。全校集会を通して、学校は実在の生徒組織に適応する。そこには、すべての生徒に課されるべきサマーヒル的な行為あるいは行動様式があったわけではない。サマーヒル共同体それ自体は、生徒組織そのものが変化したように、その規則や慣習、文化を変更し、修正してきた。もちろん、こうしたことはすべての学校で起こることであるが、サマーヒルにおける変化は意識的、慎重で、かつ自由に執り行われていた。総会は、慎重な試行錯誤による誤りを排除する共同的な手続きの場であった。

各全校集会での議題は、サマーヒルの基本原理――「各個人は他人の自由を妨げない限り、好きなことをしてよい」――の意義とその原理の様々な適用を探求する具体的問題で構成されていた。共同体における個人の自由をめぐる具体的問題の事例は、スミッツァー（Herb Smitzer）による『サマーヒルでの生活』に紹介されている。その中で、彼は集会について正確にレポートした。ここに、いくつかの議論された問題がある。朝食前や夕食時、ある人たちがレコードを聴いている間中の騒がしさの問題、校庭を離れる問題、電気をつけっ放しにしておく問題、トイレシートの上での男子の小便の問題、等々。(19)

毎週起こる人間の行動をめぐる具体的問題を扱うことによって、共同体は基本原理を如何に適用し、解釈すべきか、そして如何に規則の拡大を図り、またそうした拡大を修正すべきかを学んだ。共同体は如何にしたら自制的であり得るかを学んだ。間違えることによってこれを学んだのである――共同体として。ある週の会議では、新しい規則が提案され、議論され、そして可決された。やがて、皆はそれがある点で不十分であると認めるようになる。そこで後日、別の総会で、共同体はその規則を修正、変更し、あるいは廃止した。個人がそうであるように、共同体は試行錯誤による誤りの排除という選択的手続きを通して成長、進歩するのである。

その事によっても、我々はサマーヒルが規則、規律、制限を蔑ろにするわけではないことを理解できるのである。しかしながら、サマーヒルと他の学校との違いは、サマーヒルでは、子どもたちが規則を作ること――そして、変更すること――に参加できることであった。子どもたちはこれに参加した。すべての法律は共同体の構成員を保護するために存在するものであったからである。しかし、法律は誤り易い人間が作ったものであるから、それらはいつも適切なものであるとは限らない。そのため、サマーヒルにおいて生徒たちは法律批判を通じて改善され得ることを学んだのである。

この自制的共同体への参加によって、生徒たちは社会的責任感、ある種の特別な社会的責任感を自らの中に育んだ。忍耐力を培われ、「生きて、生きさせる」という態度を身につけることができたのである。サマーヒルでは、子どもたちは自由な共同体の維持は構成員の責任によるものであることを学んだ。彼らは共同体が開かれていて、応答的であることに配慮しなければならなかった。それは、既存の方針や法律、実践、手続きを快く受け入れ、不平や痛みの叫びを寛大に受け入れるということであり、すべての批判や不満、痛みの叫びに対して応答的ということである。サマーヒルにはこのような開放性と応答性が常に存在していた。ただ、それは維持される必要があった。ニイル自身はより大きな社会に対する過大な希望を抱くことはなかったが、時々、サマーヒルの卒業生たちが社会をより良くするために、社会をもっと開かれた応答的なものとすることに責任を果たすであろうと述べていた。「サマーヒルはいかなる指導者にも追従しない自由な市民の新しい民主主義を目指している。子どもたちを去勢された羊に作り上げる必要がなくなるまで、民主主義には偽りと危険が存続するのである」。(20)

サマーヒルにおける社会的責任とは、他人の人生に干渉する準備ができていることを含んでいた。

他人のために良いことをするのではなく、彼らを害から守る、あるいはより適切に守る。つまり、彼ら自身が守るのを助けるのである。サマーヒルの人間は他人に対して何が良いのか、どのように行動すべきか、あるいは何をすべきかを告げることはなかった。サマーヒルの人間は、皆誰もが自分たちのやり方で自由に幸福を追求すべきであると信じていた。サマーヒルで起きた干渉主義——他人が苦しんでいる時、傷ついた時、辛い時に助けること——は、他人の自由と権威を守ったのである。そして、皆のための自由を創造し、維持するためには、自らを守ろうとする人々を助ける手はずを整える必要があった。これが、サマーヒルの生徒たちが全校集会への参加を通して学んだことである。

子どもたちはサマーヒルで育んだ道徳的・社会的感性によって、サマーヒルを卒業してから、いかなる社会、いかなる社会的グループでも生きていくことができる。サマーヒルの人間は自制的であり、それは子どもが間違いから学ぶことを意味する。サマーヒルの子どもは試行錯誤による誤りの排除を通じて行動を変更し、修正する準備ができていて、また実際にそうすることが可能である。つまり、彼は他人に不利な影響を与えるような行動を排除する。さらに、自制的なサマーヒル共同体への参加によって社会的責任を自覚し、卒業生はより大きな社会で既存の制度を改善すること——例えば、人々にもっと自由を与えるためにより大きな社会を変えるというように——に進んで力を尽くすのである。これは、サマーヒルの卒業生が政治に介入したことを意味するものではない。ほとんどそのようなことはなかったのである。「もし、昔の生徒の一人が総理大臣になったとしたら、サマーヒルは彼を駄目にしたということであろう」とニイルは書いている。[21] しかし、サマーヒルのかつての生徒たちは彼らの家庭や仕事において、また社会活動を通じて、より開かれた応答的な制度を創り上げるために働き、そのことによって社会を改善しようとしているのである。サマーヒルで学んだ五〇人の卒業生たちの追跡研究において、エマヌエル・ベルンシュタイン（Emmanuel Bernstein）は、彼らのほとんどが人生の多くの側面で自由で応答的な環境を創造したことを発見した。[22]

私は、ダーウィン的進化の一例として、サマーヒルにおける子どもたちの道徳的・社会的成長を説明しようとした。つまり、成長は試行錯誤による誤りの排除という選択的手続きによって生ずるのである。サマーヒルの自由で応答的な環境において、生徒たちは自らの間違いから学ぶことができる。しかし、批判的フィードバックによって行動を変化、洗練、修正することは、そう簡単にできるものではない。もし、サマーヒル——自由な環境である上に応答的環境を備えている——が、援助的環境でもなかったとしたら、そうしたことはもっとできにくいであろう。

第三節　援助的環境

ニイルによれば、サマーヒルにおける成功は次のような戒めによるものであった。すなわち、汝、子どもの側に立つべし——。子どもの側に立つというのは、子どもに愛情を注ぐことである。所有欲の強い愛ではなく、情緒的な愛でもなく、ただあなたが子どもを愛し、認めていると子どもに感じさせるような愛である。ニイルは元々サマーヒルの子どもたちに治療を施そうとしたわけであるが、最終的には自分の領域が治療ではなく、予防であることを発見した。

ニイルはサマーヒルに来た子どもたちの夢の分析に数年を費やし、盗みや嘘、あるいは非行によって他の学校を追い出された生徒たちが立ち直って卒業するという事実を誇りに感じていた。しかし、ニイルの分析を断った他の少年、少女たちが同様に立ち直ってサマーヒルを卒業した事実にも気がついていた。彼らを救ったのは自由と承認であった。

ニイルは、自分の仕事の中心はじっと座って、子どもの行動を認めてあげることであると結論づけた。「新しく来た少年は毒づくことがある。私は微笑んで言った。『やりなさい！　毒づくことは何も悪いことではないよ』。それはマスターベーション、嘘、盗み、他の社会的に非難される活動についても同様である」。(23)

「汝、子どもの側に立つべし」というニイルの戒めは、次のような懐疑的質問を生じさせる。もし少年がグランドピアノにハンマーで釘を打ち込んだとしたら、あなたはどうするだろうか。ニイルの答えはこうである。もし子どもに対するあなたの姿勢が正しければ、あなたの行為自体はさして重要ではない。子どもがそれを道徳的なものとして説明できない限り、あなたは個人の権利を主張できるのである。あなたが子どもの側に立っていることをその子が認めながらも、あなたに迷惑をかけるようなことをした場合、あなたはその子を罵ることさえできるのである。

ニイルは個人と共同体との間には絶えざる対立が存在することを当然のものとして認めていた。そして、自由が勝手気ままになる時、ニイルはその行為を断じて容赦しないのである。このことに関して、彼はある少女が全校集会で批判されたことに対して訪問精神科医が示した反応を紹介している。その精神科医は次のように述べたのである。「すべてが間違っている。その少女の表情は不幸そのものであった。彼女はこれまで愛されたことがなかった。そして、全校集会での自由な批判によって、自分がこれまで以上に愛されていないと感じてしまったのだ。彼女にとっては愛が必要なのだ」。ニイルは述べている。「愛すべき彼女。私たちは彼女を愛によって変えようとした。何週間も、私たちは彼女の非社交性につき合った。私たちは愛情と忍耐を示したが、彼女はそれに応えてはくれなかった。むしろ、彼女は私たちを馬鹿者として、また自らの反抗心をぶつける標的として見ていたのである。私たちは個人のために共同体のすべてを犠牲にすることはできない」。(24)

けれども、それが勝手気ままではなく、自由の問題として判断される時――すなわち、「悪く」て「腕白な」行為ではあるが、それが共同体における他人の自由を侵害するわけではない時、ニイルは躊躇することなく子どもの味方であった。「子どもと一緒に隣家の鶏を泥棒したり、学校のお金を失敬するのを私が手助けしたりした」(25)時、盗みという行為を超越した救済が始まったとニイルは報告している。

なぜ承認は効果があるのか。なぜそれが子どもたちを救うのか。子どもには愛が必要だとニイルは述べた。愛される時、子どもには本来の善良さが現われる。サマーヒルにおける受容的な環境は、隠れたもの、沈潜したものを顕現させる。このことは全く空想的な駄弁であるように思われる。多くの人々は、こうした見方を徹底的に拒否しないまでも、割引して受け取るであろう。しかし、私はニイルは正しいと思う。子どもは本当に愛を必要とするし、愛されていると感じる時、道徳的・社会的行動を改善するのである。援助的環境は道徳的・社会的成長にとって必要――不可欠――である。それは、私たちが見たように、試行錯誤による誤りの排除というダーウィン的手続きを通じて起こる。援助的環境なくして、そうした手続きによる成長はあり得ないのである。

子どもは自らに対する支持あるいは承認を感ずる時、「批判を受け入れる」ことができる。そして、他人が感ずる苦痛や害悪に照らし合わせて、自らの行動を修正することができる。けれども、もし子どもが自分は愛されていないと感ずるならば、すべての批判を自分自身に対する拒絶として認識する。子どもは拒否されていると感ずる時、批判によって彼の行動が改善されることはあり得ない。彼は批判に対して反応することができず、自分自身に不利な影響が及んだ場合にのみ、自らの行動を修正するのである。

とはいえ、たいていの「普通」の子どもたちは、――彼らが正しく行動する場合は――彼らへの愛情と支持を表現する「普通」の両親を持つ。このような両親――そして、教師――によって、子どもたちは多少なりとも両親の命令に従って自らの行動を修正、変更することによって、批判的フィードバックに対する反応が可能となり、また実際に反応するのである。しかし、両親と教師によって付与されたここでの支持は、子どもの妥当な行為を条件としてのものであり、そのためこのような支持はいつでも撤回され得る。そのため、「普通」の子どもは、しばしば恐れや心配――そして、恨み――を抱くのである。もっとも、子どもはそれらの思いをほとんど隠しているのであるが……。

問題のある子どもたちについて、ニイルはそうした子どもたちというのは存在せず、ただ問題のある両親が存在する、と述べている。私はこれを初めて聞いた時、馬鹿らしいと思ったが、しかしニイルの言うことは正しいのである。「問題児」たちは、自分の子どもに援助的環境を提供することに失敗した両親によって作り出されるのである。問題のある両親は、ほとんど――あるいは気まぐれ的で、もしくは決して――子どもたちを支援しない親たちである。親たちがそうである時、ほとんどの子どもたちは常識的な流儀で反応する。彼らは無関心、無頓着になるのである。ニイルは数々の〝問題のある少女〟が彼に次のように言ったと報告した。「私は母を喜ばすことが一つもできません。彼女はすべてのことを私がやる以上に上手にやってしまうのです。そして、私が縫い物や編み物をして間違えれば、彼女はかっとなって怒るのです」。[26] 子どもは大人からの支持や賛成を得ることが出来なければ、その子があれこれやったとしても何も変わらない。その子どもは自分の行為の結果も気にかけず、無関心になる――そして、このようにして、批判的フィードバックに対して「正常」に反応しなくなるのである。そのため、その子は批判に照らして行動を修正したり、変えたりはしない。そして、その子は「問題児」となるのである。

子どもたちが無頓着で、自分たちの行動の結果に無関心である時、そして批判的フィードバックに対して反応しなくなる時、親と教師たちは（再び、常識的に）子どもたちを罰する。罰の影響は、問題児における無関心さを憎しみへと転化することである。差し当り、子どもは両親あるいは教師によって課された罰を憎しみの行為として解釈し、その仕返しに通常は両親や教師を嫌うという反応を示す。（さもなければ、子どもは自分自身を嫌い、罪悪感を感ずるという反応を示すかもしれない。）もし、子どもが憎しみを直接的に――あるいは象徴的に破壊や残虐性という行為を通じて――示すことができなければ、その子は引き篭り、自分自身の空想の世界、自らを憎しみの対象とはしない世界を創造するかもしれない。

問題児たちは群れをなしてサマーヒルにやって来た。そして、彼らは幸福で、責任感のある子どもとしてサマーヒルを巣立っていった。嫌われ者、破壊者、引っ込み思案――サマーヒルは彼らすべてを癒した。癒す過程においては、「承認、信頼、理解を示すこと」が中心的要素となった。その長きに亘る活動において、ニイルはたくさんの問題児たちを相手にしたが、彼らの多くは非行少年であった。これらの不幸な憎むべき子どもたちはニイルが権威であり、敵であるからという理由で、ニイルに対して傲慢かつ無礼に振る舞った。彼は子どもたちの憎しみや疑いと共に生きた。しかし、サマーヒルでの短い数年間に、こうした嫌われ者たちは幸福で社会的な存在として世の中に出ていったのである。ニイルは書いている。「私の知る限りでは、サマーヒルで七年過ごした者で刑務所に送られたり、強姦をしたり、あるいは反社会的になった非行少年は一人もいない。サマーヒルは彼らを癒す環境――なぜなら、サマーヒルの環境には非難や評価はなく、信頼、安全、共感に満ちているから――である」(27)。

ニイルは、愛と承認が極度の閉所恐怖症や病的なサディズムを直すことはないと認めているが、一般的には愛は盗みや虚言、非行の大半を直し得る。サマーヒルでの彼の実績がこれを証明した。盗みを取りあげてみよう。ニイルは褒美によってこれを直した。子どもがたとえ盗みをしたとしても――お金、タバコ、食べ物、おもちゃなど何でも――ニイルは子どもたちにご褒美を与えてこれに応えた。若い泥棒たちのほとんどすべてはこれらの褒美に対して十分に反応した。彼らは盗みを止めた。その理由は、ニイルからのご褒美によって、子どもたちはニイルが彼らを承認していることに気づいたからである。子どもはたとえニイルがその子に褒美を与えることを馬鹿らしいと思っても、ニイルが「自分の側」にいることは認めた。ニイルは同様におねしょをしてもご褒美を与えた。ここでは、褒美は承認したことの象徴的表現であった。おねしょをしても大丈夫だと子どもは言われたのである。

そして、やがてこれらの子どもたちはおねしょをしなくなった。

子どもの側に立とうとするニイルの決意は、時々子どもに対する承認を示すために彼に嘘をつかせた。ある時、一人の不幸な生い立ちの少女が一ポンドを盗んだ。学校の風紀委員会は、その少女がアイスクリームとたばこを買うためにそのお金を使うのを見たという三人の少年たちの証言に基づいて、彼女を尋問した。「私はニイルから一ポンド貰ったのよ」と彼女は言ったので、彼らは彼女をニイルのところに連れてきて、「あなたはリズに一ポンド金貨をあげましたか？」と尋ねてきた。ニイルは素早く状況を判断して、「なぜだい？　確かにあげたよ」ともの柔らかに答えた。「もし私が秘密を漏らしていたら、彼女は私を二度と信用しなかったはずだ……。私はともかく彼女の側に立っていることを証明しなければならなかったのだ」とニイルは説明している。(28)

もし愛と承認（そして自由）がサマーヒルに来た問題児たちを直すことを助けたとしたならば、「普通」の子どもたちには何が起ったのであろうか。

「普通」の子どもたちが最初にサマーヒルに来た時、彼らは反社会的行動の時期を経験していた、とニイルは報告している。外見的には正常なこれらの子どもたちは、前にも述べたように、大人の愛と承認が取り消しになるかもしれないという恐怖心や不安感を抱いていた。そのため、サマーヒルでのニイルと他の大人たちによって自由に与えられる承認は、前もって決められた「正しい」行動を条件とするものでは決してないことを子どもたちが理解した時、彼らは抑圧していた恐怖心や不安――そして憤り――といった欲求不満のはけ口を反社会的行動の中に求めた。だが、これらはすぐに治まり、彼らは自制的になったのである。

ニイルはある私立学校からサマーヒルに来た一七歳の男子の例について話した。彼はサマーヒルに来て一週間後、駅で手押し車に石炭を一杯に詰めた人たちと仲良くなり、彼らの荷物の運搬を手伝い始めた。食事の時、彼の顔と手は真っ黒であった。しかし、誰も何も言わなかった。また、誰も気にしなかった。数週間後、彼は石炭の運搬を止め、以前のように清潔になった。一風変わってはいるが、彼は清潔にしたかったのである。

なぜ承認は効果があるのだろうか。

なぜ愛されていると感じている子どもたちは批判される行動を修正し、誤りを排除することによって批判に応えるのだろうか。ニイルはこれを子どもが本質的に善であることによって説明した。(29) したがって、子どもが自由で、援助的な環境で生きる時、そこに本質的な子どもの善性が現れるのである。私は子どもたちが本質的に善なる存在であるとは思わないが、しかし彼らは常により善くなることはできる。そして、このことはダーウィン的用語で説明されるはずであると私は思う。

子どもは秩序を――認知的秩序と同様に社会的秩序も――求める活動的創造者である。そして、子どもは消極的な方法で秩序を求める。つまり、試行錯誤的な誤りの排除という選択的手続きによってである。すなわち、子どもは行動を試し、そこから認識された不十分さに照らして自らの行動を修正する。子どもは間違いから学ぶのである。無秩序をもたらす行為は誤った、不十分なものである。応答的環境において、子どもはそうした行為に対する、あるいは他人に迷惑をかけるそうした行為の結果に対する批判的フィードバックを与えられる。そのため、共同体において子どもの反社会的行為は無秩序の原因となる。そして、環境が応答的であると同時に援助的である時、子どもは自分の悪い行動を排除する。無秩序の原因となる自らの行動を修正するのである。

しかし、なぜだろう。なぜ援助的環境はこうしたことをなし得るのだろうか。

援助的環境では、試行錯誤による誤りの排除という手続きを「正しく」機能させることができる。すなわち、援助的環境において、子どもは自分に与えられる愛と承認は彼の行動に左右されるものではなく、自らの攻撃的行動の排除を条件とするものでもないことに気づく。それによって、彼は自らの攻撃的行動を排除するのである。これは逆説的だと思われるが、恐らくサマーヒルで起きたことと、「普通」の家庭や「普通」の学校で起きることとの比較がこのことをはっきりさせるはずである。

「普通」の家庭や「普通」の学校では、大人の子どもに対する支持は子どもの「正しい」行動を条件とする。子どもは常に秩序を求める。それは社会的領域において、すべての子どもたちが苦痛や自己攻撃を避けることを意味する。そこで、「普通」の家庭や学校では、子どもは多少なりとも大人の要求に合わせて自分の行動を修正するのである。子どもは順応する。しかし、子どもはこの大人の愛をいつでも取り消される可能性があるものとして認識している。従って、子どもはこうした大人に恨みを抱くばかりでなく、完全に自己中心的で、自分のことだけに関心をもつのである。彼は両親や教師の愛と承認を獲得し、それにしがみつこうとする。愛と承認が快く与えられ、それが「正しい」行動を条件としないサマーヒルに「正常」な子どもがやって来ると、その子はかつて取り消された愛についての恐怖、不安、憤りによって引き起こされた怒りをぶちまけることになる。しかし、反社会的行動を伴うこの短い爆発よりもっと重要なのは、この絶対的な援助的環境において、今や子どもは愛と承認の要求にはとらわれないという事実である。子どもは自己中心的になる必要がなく、実際にそうならない。そして、他人の幸福に関心を持ち始めるのである。

これは、共同体の一員になるという問題である。子どもは大人の愛と承認に疑念を抱いている限りは、自己没入的で、自己中心的なままである。これは子どもがいかに秩序を求め、またよりよく求め、いかに無秩序から抜け出そうとしているかである。子どもにとって無秩序とは、「その子自身」の苦痛に他ならない。これは子どもが避けようとし、またそこから抜け出そうとするものである。しかし、子どもは絶対的な支持を体験すると、自己没入的にはならず、自己中心的にもならない。彼は共同体の一員となり、共同体の無秩序を気にかけるようになる。そして、時々自分の行動の結果として他人を苦しめることを認め、これが共同体の無秩序の原因となることを理解し始める。共同体の一員として、子どもは無秩序の原因となるいかなるものも排除して共同体の秩序を求めるのである。

サマーヒル共同体の一員になることは、サマーヒルがそのような援助的環境であるという事実によって容易なものとなった。サマーヒルでは、子どもは批判的フィードバックから逃げることはできなかった。サマーヒルにおいて、子どもは共同体が存在したことを認め、他人が感ずる痛みに敏感にならざるを得なかった。サマーヒルは自制的共同体だったので、「それぞれが常に他人の観点で見ることが求められる」とニイルは言う。[30] そのような応答的、かつ援助的環境において、子どもはそのうち自らの行動を修正することによって、批判に反応し始めた。彼は自制的になったのである。彼は道徳的・社会的行動を改善した。彼の人格と性格が改善されたのである。

ところで、このようなことは急速に起こったのではない。時間がかかった。さらに、ニイルは子どもが自分は愛されていて、大人からの支持の中で安全であると確信するまで、しばしば子どもをすべての批判的フィードバックから保護した。子どもが批判を受け入れるのはその時だけである。ニイルは言う。「もし私が戸にペンキを塗っていて、そこにやって来たロバートが新しく塗ったペンキに泥を投げつけたとしたら、私は彼を本気で罵るだろう。というのも、彼は長い間私たちの仲間の一人であったから、彼にそうしたことを言うことは大した問題にはならないのである。しかし、ロバートが嫌がる学校からちょうどやって来たばかりで、彼の行為が権威との戦いの試みだったとしたら、私は彼を救うことの方がペンキを塗った戸よりも重要なので、彼のそうした行為に加担したであろう。子どもがもう一度社会的存在になるためには、その子が嫌いなものを切り抜けるまで、彼の側に立たなければならないことを私は知っている。それは簡単ではない。私は、ある少年が私の大事な旋盤をひどく扱うのを傍らに立って見ていた。もし私が抗議したら、その少年は道具に触るといつも彼を叩いて脅す彼の厳しい父親と私を同一視することを私は知っている」。(31)

ニイルは子どもたちとの長い付き合いの経験によって、その子どもが批判に対して心の準備ができているかいないかを適確に知ることができた。

新しくやって来た少年ビルは、もう一人の子どもからいくらかお金を盗んだ。その犠牲者は、「この次の総会で彼を告発すべきでしょうか?」と私に尋ねた。

私はさして考えもせず、「いや、私に任せてほしい」と言った。私は後でそう言った理由を考え出すことができる。ビルは自由には慣れていないし、新しい環境の中で落ち着けない様子であった。彼は人気者になりたいがために、大言壮語して見栄を張り、仲間たちに受け入れられようと懸命であった。彼の盗みを公にすることは、彼に恥をかかせ、守勢に立って従わされるという恐怖心を与えるであろうし、また反社会的な行動へと彼を駆り立てることになる……。

別の時、ある子どもはこう言う。「メアリーがクレヨンを盗んだので彼女を告発したい」。私はたいして関心がない。私はその時さして意識的には考えていないが、メアリーが学校に二年間いて、そうした事態を処理できることを知っている。(32)

承認は最初に表明されなければならない。子どもは愛されている、支持されていると感じなければならない。彼は自分自身であることに拘束を感じてはならない。そうすれば、やがて子どもは批判を受け入れることができるのである。

問題児たちに関して、その治癒には長い時間がかかる。彼らは自らが憎しみを感ずる世界からやって来た。彼らの自己没頭性はより深く、より顕著なものがあった。なぜなら、彼らは秩序の探求――すなわち無秩序の排除、いわゆる憎むものからの脱却――が、もっぱら自分自身、つまり自らの攻撃性や引き籠り、あるいは自らの悪賢さによって決まるものと信じていたからである。けれども、サマーヒルはやがて彼らを癒す。彼らは自制的になった。彼らは社会的・道徳的行動を改善したのである。

サマーヒルにおける道徳性と社会性の教育は、子どもたちに課された一連の行動から成り立っていたわけではない。このことは重要なので、繰り返し述べておきたい。サマーヒルでの教育は社会化を目的とするものではなかった。サマーヒルは子どもが広い意味――共同体という文脈――で、自分自身だけに限定せず、全員が試行錯誤による誤りの排除に参加することを可能にした。サマーヒルの自由で応答的、かつ援助的な環境は、子どもの行為が他人に及ぼす不利益な結果に対する子どもの感受性の発展を促進した。そして、子どもの行為が他人に迷惑をかける時、それを修正することによって批判的フィードバックに応えるためのレディネスを促進した。この感受性とレディネスによって、子どもは自らを改善し続けることが可能になる――彼のその後の人生のために――のである。なぜならば、知的成長と同様に、社会的・道徳的成長も無限のものだからである。

第四節　制　限

私が理解したように、サマーヒルは社会的・道徳的成長を促進した。しかし、ニイルは知的成長を傲慢にも無視した。私は彼が無責任であるとさえ言いたい。(「若きフレディ・ベートーベン少年とトミー・アインシュタイン少年は彼らの本領が発揮できないことを拒否する」。) こうした無責任さは、実際のところ彼の道徳的・社会的成長への関心から生まれる。なぜなら、権威主義はこのような道徳的言質を徐々に弱体化させることをニイルは正しく知っていたからである。そこで、彼はサマーヒルを反権威主義の学校にしたのである。本来、そこには知的授業がなければならなかった。しかし、ニイルは不当にも人間は権威主義的であることなくしては知的成長を促進できないと思っていた。そのため、彼は知的授業を自発的なものとして、子どもたちが必要な時に必要なことを学ぶと主張したのである。

このロマン主義的主張は、次のような事実によって説得力を欠くものとなる。すなわち、卒業生たちはサマーヒルについての不満をベルンシュタインに述べて彼らの思いを分かち合ったが、それはサマーヒルには知的成長を重視する視点が欠けているというものであった。子どもたちは自然に、自発的には学ばないのである。私たちと同様に、子どもたちも秩序を探求する。したがって、私たちは現在の知識が不十分であることを発見する時だけ、また認知的無秩序を体験する時だけ学ぶのである。そして、モンテッソーリが示したように、これは学校の仕事——認知的無秩序を作り上げることであり、生徒たちの現在の知識の不十分さを暴露すること——である。もし生徒たちがそれに挑戦せず、心の均衡をはかることができなければ、彼らの成長はあり得ないであろう。

私は教師たちがモンテッソーリとニイル、両方の方法を採用することを薦めたい。一つは知的成長を促進するために、もう一つは道徳的・社会的成長を促進するためにである。二つの方法は共にダーウィン的であるから、教師たちはそうすることができる。両方が間違いから学ぶことのメタ理論を具体化している。二つの方法によって、教師たちが教育的環境——生徒たちが成長できる自由な援助的環境——を創造することは可能である。

最も自由で、応答的で、また援助的なサマーヒルのような学校は、世界にもほとんど例がない。だがサマーヒルが私立の寄宿舎系の学校であったにしても、このような私立学校はほとんど存在しないはずである。サマーヒルがすべきことは、助言を期待する公立の全日制学校に対して示唆に富んだ着想を提供することである。どの教師も自分の教室を今よりもっと自由に、もっと応答的に、そしてもっと援助的なものにすることができるはずである。

第七章　カール・ロジャーズ

モンテッソーリやニイルと同様に、カール・ロジャーズ（Carl Rogers, 1902-1987）の教育理論もダーウィン的理論として解釈され得る側面を持つ。彼らと同様に、ロジャーズは教師が知識を伝達するという権威主義的な考え方を否定し、教師を教育的環境の創造者として位置づけている。ロジャーズにとっても、教育的環境とは自由で、かつ応答的、援助的であり、また権威主義的ではない教育が成立し得る環境、生徒が間違いから学ぶことができる環境である。

モンテッソーリ・メソッドは、知的成長へのダーウィン的アプローチであると解釈できる。ニイルのサマーヒルに関して、それは社会的・道徳的成長へのダーウィン的アプローチであると考える。カール・ロジャーズにとって、テーマは精神的成長である。知的・道徳的成長と同様に、精神的成長もダーウィン主義的である。それは試行錯誤による誤りの排除という選択的手続きを通して生ずるからである。人々が知識と行動を「試し」、そこに含まれる間違いや誤りを排除するように、彼らはまた「自分自身」を「試し」、自らが築いた自己の中に発見した間違いや誤りを排除した。自己の中のこれらの間違いや誤りは、恐れや不安、悩みを生じさせた。精神的成長とは、自己に関するこれらの不安や恐れ、悩みを排除し、減少させることで成り立つのである。

ロジャーズは、ニイルと同様、自分のテーマが教育であると主張した。教育の目的は「自分の役割を十分に果たせる人間」を育てることであると彼は主張する。それはまた、治療の目的でもある。けれども、教育は療法とはなり得ず、教師もセラピストにはなり得そうもない。しかし、知的成長と社会的・道徳的成長を促進することに加えて、若者が自らのことをより善く思うように援助し、彼らの精神的成長を助成することも、二〇世紀における教師の役割の一つであると思われる。[1]

ロジャーズの独自の業績は、精神療法の分野においてであった。この分野において、ロジャーズは後に彼だけが教育に適用することになる、療法へのアプローチを完成させた。そのため、私たちは教室において教師が精神的成長をいかに促進することができるかを議論する前に、ロジャーズの精神療法へのアプローチについて検討すべきであろう。

第一節　来談者中心の療法

ロジャーズは療法に対する間接的アプローチを取る——彼はそれを来談者中心の療法と呼ぶ。このアプローチは療法についての伝統的考え方を否定する。すなわち、セラピストがすべてを一番よく知っていて、患者を診断することができ、そしてセラピストが患者に問題解決の方法を教えることができるという、それまでの伝統的な考え方を否定したのである。ロジャーズが理解するように、伝統的アプローチは患者を制御されるべき、また指示されるべき受容的存在として解釈する。それに対して、ロジャーズの理論は、患者を自らの方向を決定することが可能な存在と見る。ここに彼がいかに仕事を行ったかが示されている。「人間は自覚的意識性を潜在的に持ち得る、その人個人の全生活に建設的に関わるための十分な能力を持っている」。(2) ロジャーズはこれを来談者中心療法の「仮説」と呼んでいる。

この仮説の基礎をなすのは、人間は自己強化あるいは自己実現の方向に進むという信念をロジャーズが受け入れていることである。ロジャーズは次のように述べる。「治療の過程は良好な心理的状態において、その人個人によって全体的に達成される。それは前進しようと期した時から、その人個人の成長と十全なる発達によってすでに方向づけられていたのである」。(3) 適切な条件の下で人間が自己強化の方向に進むというこの信念は、きわめて抽象的である。その誤りを証明し得る可能性もほとんどない。たとえそれが真実であるにしても、そこから精神的成長に関する情報は何も得られない。成長がいかなるものであるかも、私たちに教えてはくれないのである。ロジャーズは人間の本性に関わるこの隠喩的信念を、ニイルとルソーのような他のロマン主義の理論家たちと共有している。しかし、精神的成長をダーウィン的選択の一例として説明することはできるから、人間の本性についての疑わしい仮定に立つ必要はない。精神的成長についてのダーウィン的解釈は、なぜ来談者中心の療法が効果を発揮するかを十分に説明する。その一方で、人間が自己強化の方向に進むという仮定が説明し得るものは何もないのである。

第一章で見たように、人間についてのダーウィン的認識とは、人間が秩序を求める能動的創造者だということである。私たち人間は、知識を創造し、行動を創造する。知的成長に関しては、秩序の探求は矛盾を回避し、克服するように私たちを導く。社会的・道徳的成長に関しては、秩序の探求は私たちの行動によって生ずる痛みや苦しみを回避し、また排除するように私たちを導く。精神的成長に関しては、私たちは自己を創造し、あるいはもっと正確にいえば、自己認識あるいは自己理解を創造する。そして、自己理解に伴う矛盾を克服することによって、秩序を探求するのである。

ロジャーズによれば、人間の自己概念、あるいは理解は三種類の認識ないし下位理論で成り立っている。「私は」あるいは「私に」という特徴の下位理論あるいは認識である。それは、他者との関係における「私は」あるいは「私に」という下位理論あるいは認識である。そして、これら二つの認識に含まれる評価の下位理論もしくは認識である。たとえば、「私は」あるいは「私に」の認識は、次のようなものかもしれない。「私の身長は五フィートです」。また、他者との関係における「私は」の認識は、「私は背が低い」であるかもしれない。これらの認識に含まれる評価は「私は背が低すぎる」であるかもしれない。

自己をめぐる人間の理解は、組織化された下位理論の集合体を構成している。下位理論のいくつかは間違っているだろうが、未だに効果的なものかもしれない。人がそれらの虚偽性を認識しない限りは、肯定的な自己感情を持ち、自己を価値あるもの、満足できるものと見なすかもしれない。彼の行動は自己理解と一致し、それを適切であると認識するかもしれない。例えば、小さな街の高校で主役である生徒は、自分自身を極めて優秀な人間として認知するかもしれない。この自己理解は、その生徒がその環境に留まる限りは彼にとって役立つものかもしれない。

人間の行動が自己理解と一致しない時、自己理解における矛盾を認識する時、あるいは自己が現実の状況でもはや適当に機能しない時、問題は起こる。これら三種類の問題例として、ロジャーズは以下のような人々を挙げている。自らの行動が予測不能で「自分自身ではない」と感じ、もはや自分自身が理解できない患者、またその女性と結婚したいと思いつつも結婚したくないと思ってしまう患者、大学では自分自身の実力は大したものではないと悟っている小さな街の「優秀な」高校生。[4]

これらの三種類の問題のそれぞれにおいて、人は自己をめぐる矛盾を経験する。その人自身の行動は自己理解と矛盾する。また、個人の自己理解は内的矛盾を含み、現実世界での出来事は自己理解と矛盾するのである。前記のような問題は、そうした個人が療法を必要とするに十分なほど深刻である。療法――来談者中心の療法――を通じて、患者はこれらの矛盾を克服し、それに伴って不安や恐れ、悩みを減らしていくのである。

来談者中心の療法は、直接的療法とは異なり、セラピストの役割を助成者へと変えた。セラピストは質問をせず、分析することもせず、方向づけもしない。以下は一人の患者が来談者中心の療法でどのような経験をしたかについて述べたものである。「たいへん驚いたことに、カウンセラーであるL氏は私に思いのまま話をさせた。私は彼が私の問題の様々な点について質問してくるだろうと思った。彼はある程度まで質問したが、それは私が予想するほどではなかった。L氏との相談において、私は話している間自分自身に耳を傾けた。そうすることで、私は自分の問題が解決できたと思うようになった。[5]」

来談者中心の療法において、セラピストは患者が言うことを単に「明らかにする」に過ぎず、あるいは患者の言葉をよりよく「映す」のである。セラピストは患者が言うことの「主観的内容」を映す。セラピストは、患者による報告の範囲を越えた詮索的な質問や意見、あるいは咎め立てを完全に差し控える。この間接的アプローチが成長を促進するのである。以下は、アーネスト（E）と彼のセラピスト、ヴァージニア・アックスライン（T、ロジャースがオハイオ州立大学にいた時の学生の一人）との会話の一部である。六歳のアーネストは精神的に非常に不安定で、普通に口から物を食べることができなかった。普通に水を飲むことさえできず、点滴による食事に頼らなければならなかった。この会話が行われた時、学校の中でアーネストと彼のセラピストは他の子どもたちが楽しそうに飲用水泉の水を飲んでいるのを見ていた。

E　面白そうだね。
T　君も飲用水泉の水を飲むのは面白いと思うかい？
E　（賛成してうなずく）でも、僕はできない。
T　飲用水泉の水を飲めるとは思わないのかい？
E　楽しそうには見えるけれど。
T　飲めるとは思わないけれど、そうしたいのかい？
E　やってみたい。
T　試したいと思うのかい？
E　僕は病院にいた時、飲用水泉の水を飲んでいたこともあるんだ。でも、今は飲まないんだ。
T　楽しかったのかい？（E、にやりと笑い、飲用水泉のところに行った。）
E　止まらないかもしれない。
T　止まらないと思っても、試してみたいのかい？（E、うなずく。そして把手をひねると水が高く舞い上がり、また元に戻った。）

E　たくさんの水だよ。
T　君にはたくさんの水に見えるね。
E　びしょぬれになってしまうよ。（一杯飲んでから先生を見て、大きくにやりと笑った。）水が止まった。
T　そう、止まったね。
E　（もう一度水を飲む。）止まった。（とても嬉しそうに見える。）(6)

ロジャーズは来談者中心の療法における三つの側面（一、解放　二、洞察、三、洞察に基づく肯定的行動）を分析した。

療法の第一の側面である「解放」において、患者は自分の問題や心配事から気持ちが楽になり、自分の思いや意見を明らかにする。つまり、自分自身をありのままに表現するのである。セラピストには患者を解放するための何か特別な方策があるわけでもない。けれども、すべてにおいて重要なことは、セラピストの態度である。セラピストは患者を受け入れなければならない。患者が自分のことを語ることに対して承認も非難もせず、単に患者のあるがままを受け入れ、尊敬する。

これが、受け入れるための「条件」は何もないということの意味である。受け入れることは、患者がこれをするとか、それを言うとかに左右されるものではない。そして、それは患者の「気持ちのよい」、積極的で、豊かな、また自信に満ちた感情と同様に、「気分が悪い」、苦しい、防御的な、普通の感情を受け入れることも含んでいる。それは、患者の現在の態度を受け入れること、そしてそうした態度が絶望や混乱の嘆き、あるいは自信の表明になったとしても、継続して彼の態度を受け入れることを意味する。セラピストは患者を一人の価値ある人間として賞賛すべきなのである。ロジャーズは時々、セラピストは患者のために「無条件の肯定的関心」を持たなければならないと述べて、これらのことをすべて表現した。

完全に受け入れるというセラピストの態度は、患者のための自由な環境を創り上げる。この自由な環境の中で、患者は自分の感情と態度のすべてを自由に表わすことができる。さらに、患者は自分の感情や態度を自由に探究し、何を排除し、また保持するかを自由に選択できるのである。療法が継続するのであれば、この自由は徹底的かつ完全でなければならない。この自由をいかに徹底すべきかは、ロジャーズの次のような質問において生じる。

セラピストは結果に従って、患者に完全な自由を喜んで与えようとしているか。セラピストは患者が自分の生活を組織し、管理するのを誠実に喜んで援助しようとしているか。セラピストは、患者が社会的あるいは反社会的、道徳的あるいは不道徳的である目的を選ぶのを喜んで援助しているか。……セラピストは、患者が成長や成熟よりも後退することを選ぶのを喜んで援助しようとしているか。患者が精神的健康よりも神経症的であることを選ぶことはないか。援助を受け入れることよりも拒否することを選ぶことはないか。生きることより死を選ぶことはないか。

ロジャーズ自身の答えはこうである。「い、か、な、る、結果や方向づけが選ばれようとも、セラピストは積極的な行動に向けた患者の能力と可能性の発展が期待できる時だけ、喜んで援助するのである。」(7)

療法の第二の側面である洞察において、患者は自らの感情と自分の関わる出来事との間につながりを作り始める。患者は原因と結果との関係を理解し始める。自らの行動のパターンを理解し始め、行動の重要性を理解し始めるのである。

患者は自分の現在の自己認識や自己理解が、ある意味で偽りで、また間違い、不十分であることに気づく。患者自身がこのことを発見する必要がある。セラピストは助成するのみである。患者が語った事柄の客観的内容を反省しつつ、セラピストは患者に批判的フィードバックを提供する。この反省の方法によって、セラピストは患者自身の感情や態度を客観化し、また具体化する。セラピスト自身が述べた事柄の「客観的内容」は、患者にとって批判的フィードバックとなる。(「それはそのままだとあなたは思うけれど、試してみたいと思わないだろうか？」) 批判的フィードバックによって、患者は嘗て自らが否定したり、歪めたりしたもの、つまり自己理解に固有な矛盾を認識、経験することを助けられる。あるいは、その自己理解は自分が一体何者であるかを説明するのに不十分であることを理解し始める。また、その自己理解が単なる誤りであることを理解し始めるのである。

患者がセラピストに対して語ったことの客観的内容からなる批判的フィードバックに加えて、ロジャーズは後期の仕事において、患者に対するもう一つのフィードバック――セラピスト自身からのフィードバックを主張した。セラピストは真実を述べ、また調和する人間でなければならない、とロジャーズは言う。このことはセラピストが「自分の経験した感情、そうした感情の理解、一致もしくは類似するすべての感情表現と」(8) 一体化した人間でなければならないことを意味する。したがって、もしセラピストがどうしても面談に退屈したり、患者の言うことが信じられないと感ずるなら、こうした感情を表現すべきであって、興味があるふりをしたり、信じているというふりをすべきではない。

一見すると、真実をめぐるこの態度はセラピストが受容的であるべきだとするロジャーズの主張と矛盾するようであるが、実際にはそうではない。セラピストは患者に対して「飽き飽きしている」とか「嘘をついている」とは言わない。セラピストがするのは、自分自身の感情を表現することである。「私はこの面談には退屈させられている」。あるいは「私はあなたの言うことを信じない」。セラピストがこのように自分の本当の気持ちを表現することは、患者を辱めたり、がっかりさせたりすることにはならない。患者は拒否されたり、反対されたりするわけではないのだから。

客観的、かつ調和的であることによって、セラピストは患者に真実の人からの批判的フィードバックを提供するが、それは患者を脅したり恐怖を与えたりすることではない。批判的フィードバックによって、患者は表現された自己がもう一人の「真実」の自分に対して与える実際の影響を思い知るのである。もう一度述べるならば、批判的フィードバックは患者に対して、その自己理解が不十分で、矛盾しており、また単なる偽りであると認識するのを援助するのである。

この時点で、患者が正常な方向づけをされているならば、自分の自己理解は修正を必要とすることを理解し始める。これは、来談者中心の療法における第三の段階につながるものである。積極的な行動は洞察力に基づくものである。幼い、怖がりやの少年は、飲用水泉の水を一飲みする。ある男性は、自分が恨んでいた病気の妻に花を持って来た。ある母親は自分の息子を躾ける方法を変えた。そこには、患者を苦しめる諸問題を克服しようとする自己修正の手続きに着手する自己主導的な行為がある。

そして、セラピストは何をするのか。第三の側面におけるセラピストの役割とは何か。セラピストはいかなる指示も与えないし、計画された行動の起こり得る結果についても教示しない。また、患者に自らの状況を通して考えることを援助するための明確な質問さえしないのである。セラピストはあくまでも非指示的である。しかし、援助的環境を創り上げることによって、患者の積極的行動を助成するのである。

セラピストは患者に対する自らの態度によって、患者の積極的行動を助成することができる。なぜならば、受容的であること、誠実であること、また調和することに加えて、セラピストは患者について、あるいは患者の内的な評価基準について共感的理解を示さなければならないからである。これは、セラピストが患者の視点から彼らの考えや気持ち、もがきなどを理解することを厭わず、また実際それが可能であることを意味する。患者の評価基準を受け入れようとするセラピストの試みは、試験的で受容的な姿勢で――共感的に――なされなければならない。セラピストは患者の立場でその世界を理解しながらも、「あたかも」自分自身を見失ったかのような患者と全く同じ心境になることは決してない。

患者がその内的な評価基準から述べる事柄を受け止めることは難しい。ロジャーズはそうした難しさを例証するため、面談に関する次のような引用を提供している。

患者：自分は極めて正常というわけではないが、そう思いたい……私は何か話したいと思った――そのうち頭がクラクラしてきた。自分が何を言おうとしているつもりなのかを考えようとした。それからここに来たが、うまくいかなかった……あなたに言っておく。私は全く決心がつかない。何がほしいのかもわからない。私はこのことを論理的に理由づけようとした――どのようなことが私にとって重要であるかを調べようとした。そこには人間の自然な行為である二つのことがあると思われた。人間は結婚し、家族を養う。しかし、もし彼が独身で、暮らしを立てているならば――それはあまり良いことではない。私は子ども時代を振り返り、思わず泣いてしまった。これまでの障害が解決されたのである。私は四年半軍隊にいたことがある。その頃、私には困った問題もなかったが、同時に希望も望みもなかった。私のただ一つの思いは、平和になったら軍隊を抜け出すことだった。今は外にいるが、私の問題は相変わらずである。私は軍隊にいたずっと前からその問題を引きずっていた。……私は子どもたちを愛している。私がフィリピンにいた時――私が若かった頃、不幸せな子ども時代を決して忘れないと思った。――そこで、子どもたちとフィリピンで会った時、私は彼らにとても優しく接した。彼らにアイスクリームを買ってやったり、映画を見せたりしてやったものだ。それはほんの一時期のことであった――回顧してみると――けれど、それは、私の心の中に長い間埋もれていた何らかの感情を呼び起こしたのだ。（中断。彼は涙を流す寸前だった。）

これに対してセラピストは何と言えるであろうか。セラピストは患者がその評価基準から語る事柄を判断しながら、評価的コメントを述べることができるのである。

私は彼が話し始めるのを助けるべきなのか。
彼の依存性を抑制させるのは不可能だろうか。
なぜ決心しないのか。その原因は何か。
結婚と家族への執着は何を意味するのか。
彼は独身であるように思える。私はそのことを知らなかった。

「障害」という叫びは、大きな後悔があったにちがいないことを感じさせた。彼は兵役経験者であった。彼は精神病患者だったのだろうか。私は四年半の兵役を送った誰に対しても気の毒に思う。時々、私たちは若い頃の不幸な経験を振り返ることが必要となるであろう。子どもたちへのこの関心は何であろうか。同一化か。ホモか。

これらのコメントはすべて援助的なものではあるが、認識の視点は患者の外側にある。それに対して、患者の内的評価基準を価値判断することができる来談者中心のセラピストは、以下のようにコメントするであろう。

あなたは正常になろうと懸命に努力しているのですね。
あなたがそれを始めるのは本当に難しい。
決定することは、あなたにとってほとんど不可能でしょう。
あなたは結婚を望んでいますが、その可能性が余りあるようには思えません。
あなたは自分自身が子どもっぽい感情に支配されていると感じています。
子どもたちにとても優しくすることは、あなたにとって何か意味がありそうです。
しかし、それはあなたを不安にさせる経験であって——今もそうなのですね。(9)

一九五七年、ロジャーズは「治療的人格変容の必要かつ十分な条件」というタイトルのエッセイを出版した。その中で、彼は次のようなことを主張した。それはセラピストが受容と共感的理解と調和的姿勢をもつとき——それは、すでに見たように、自由で援助的、かつ応答的な環境を創造する——、ある時期を過ぎると、患者は発展的に人格変容し続ける、と。ロジャーズは、このことを研究と観察によって発見した。すなわち、患者は自己認識においてより現実的になり、またより自信をもって自らの方向づけを行い、自分自身によって肯定的に価値づけられるのである。また、自分のこれまでの経験領域を抑えつけるようなことはせず、その行動においてより成熟して社会化され、適応力のある人間となり、また人格形成においても健康で融和的な、非常に活動的な人間となるのである。

第二節　学習者中心の教育

一九五一年の著書『来談者中心の療法』において、ロジャーズは「学習者中心の教育」という章を設けた。もし自分の生活状況に建設的に対処しようとする患者の能力が信頼できるのであれば、教育において何故そうしたことができないのか、と彼は尋ねている。セラピスト中心の療法は余りに権威主義的であるため、ロジャーズはそれを否定した。そして同様の理由により、教師中心の教育を学習者中心の教育に転換することを提案したのである。教師中心の教育は権威主義的であると共に、間違った教育の概念、すなわち教育は伝達の過程であるという認識に基づいている。この認識は間違っているのである。ロジャーズは、「私たちは直接他人を教えることはできない。私たちができることは唯、その人の学習を刺激することである」(10)と主張している。セラピストと同様に、教師は助成者となるべきなのである。

教師は助成者となるべきだというこの提案はタイトルの変化以上のものであり、ロジャーズはハーヴァード・ビジネススクールでの今や有名となった会議において、それを一年後に明らかにしたのである。その会議の席上、ロジャーズは次のように述べた。

他人に教えられることが可能なものはどれもそれほど重要ではないし、行動にさほど大きな影響は与えないと私には思われ……行動に重要な影響を与える唯一の学習とは自己発見的・自己評価的学習である、と私は感じるようになった……そのような自己発見的学習、すなわち経験の中で自らが認め自分のものとしてきた真実は、他人にはすぐに伝達されない……そうしたことの結果として、私は教師になることに興味を失ったのである。(11)

ロジャーズの意味するところは、当然のことながら、伝達型の教師になるべきではないということである。したがって、教師は伝達ではなく、学習の助成・促進を試みるべきであった。しかし、課題が学習を助成・促進することであるならば、教師はどのようにしてこれを実行すべきなのか。それは教師の態度である、とロジャーズは説明する。教師が誠実で調和的である時、すなわち受け入れて、褒めて、信じて、そして理解することから、意義深い学習が始まるのである。一九八九年の著作『学ぶ自由』において、ロジャーズは学習者中心のアプローチは有効であることを示す多くの証拠を提示した。ロジャーズは、コートランド大学（ニューヨーク州）のパトリシア・ブル博士の学生たちからの沢山の手紙を転載した。ブル博士は彼女の青年心理学のクラスで、ロジャーズ的アプローチを用いたのである。以下はそうした証拠の一つである。

私は、あなたが私も含めた他人に対して尊敬の念を持ち、関心を寄せていることを評価する。……クラスでの自分の経験に加えて、読書の影響の結果として、学習者中心の教授方法は、学習のための理想的枠組みを提供したと確信している。単なる事実の蓄積ばかりでなく、もっと重要な、他人との関係における私たち自身についての学習が可能となったのである。……九月頃の浅い意識と今の私の洞察の深さを比べると、この方法は他のいかなる方法でも得ることのできなかった極めて価値ある学習経験を私に与えてくれたと思っている。(12)

ロジャーズによれば、教師が創造する教室の雰囲気は、強い永続性と共に、異質な学習やペースの異なる行動を助成・促進する。諸感情——肯定的、否定的、混乱したそれら——は教室での経験の一部となる。学習は「実に活気のある生活」になる、とロジャーズは結論づけている。このような教室では、学生が自分のやり方で、時には興奮し、時にはためらいながら学び、それまでとは違った自分になろうとするのである。学生たちは自ら、より現実的、受容的、協調的になるのである。

ロジャーズ的アプローチは、学生の精神的成長を実際に促進する。『学ぶ自由』（一九八三年版）の中で、ロジャーズは六〇〇人の教師と一万人の学生たちを対象にした研究から次のような事実を明らかにしている。それは誠実で、受容的で、共感的であるよう教育された教師の受け持つ学生たちが、より積極的な自愛を示しながら、自己理解の評価に関する得点を増やしたということである。(13)

精神的成長に加えて、ロジャーズ的アプローチは知的・社会的成長も促進した。上で紹介した同じ研究において、精神的成長を促進し得る教師の受け持つ学生たちは数学的処理と読書の得点を含めた学業成績の評価において大きく伸びている。知能テスト（段階K―5）においても得点を増やし、九月から五月にかけて創造力に関する得点も増やしている。それらの学生たちはより自発的で、レベルの高い思考活動をしていたことがわかる。

ロジャーズは同様に、小学校六年生のクラスで学習者中心のアプローチを用いたバーバラ・シェルの経験を紹介する。彼女は以下のような結果を報告している。

　前回の報告から二ヵ月後のその学期の最後まで、私はプログラムを続けた。その頃になると、子どもたちに連続的な変化が見られた。彼らは依然として仲間同士で言い争いをしたり、喧嘩をしたりしていたが、社会を構成する学校や大人、教師、財産などに対する尊敬の念を発現させたように思われた。そして、彼らが自分たち自身をより一層理解し始めるにつれて、彼ら自身の悪しき行動――激発、喧嘩――は消え失せた。

　……彼らは自分自身の力で行動についての価値、態度、基準を発展させ、それらの基準に従って行動した。彼らは決して「天使」になったわけではないが、そこには明確な変化を認めることができた。他の教師たちや遊び場の管理人たちは、子どもたちを罰する必要はほとんどなかったし、彼らの行動や態度の変化に反対意見を述べる必要もなかった。子どもたちは規則違反を犯して事務所に連れていかれることはほとんどなく、一年を通して子どもたちの情緒的安定について親からは一つの不満も出なかった！　子どもたちが学業と社会性の面で素晴らしい成果を上げるにつれて、親の態度にも大きな変化が現れた。

私は特別に問題のない子どもや、成績が平均以上の子どもたちについて述べるのを忘れていた。すぐれた才能を持つ子どもたちはこのプログラムから最も利益を受けることができる、と私は確信する。彼らは互いに切磋琢磨しつつ、共通の仕事に対する関心を深め、学習の遅れている子どもたちに制限されることなく、先へと進んだ。彼らの進歩は私にとって驚くべきものであった。学習が最も困難であった子どもたちも、また大きな成果を上げた。かけ算の九九（小学校四年生で学ぶべきであった）を記憶できなかった何人かの子どもは、六月までに最低限のミスで分数の掛け算、割り算ができるようになったのである。(14)

ロジャーズは、ルイス＆クラーク大学（オレゴン州）のボルネイ・フォーによる研究についても報告している。それは学習者中心のアプローチで教えられた学生たちの仕上げた「作品」の数と種類に関する研究であった。フォードはこれを伝統的な教師中心のアプローチで教えられた学生たちの作品と比較した。学習者中心のグループは、数多く、また多様な作品を完成させたばかりか、それらの作品は個性に溢れ、型にはまらないものが多かったのである。(15)

オペラント集団と対比集団における作品の数と種類

	教師中心の 対比集団　N 38	学習者中心の オペラント集団　N 38
目標の記述	0	26
新聞の報告記事	0	165
研究の提案	0	25
実験（独創的なもの）	0	18
グループ企画	0	3
実演	0	2
図書館研究（期末レポート）	38	8
校外見学	0	23
職業テスト	5	7
相談	0	1
ＨＤＩプログラム	0	19
指導者との面談	0	32
他の活動	0	4
課程試験	190	190
生産の合計	233	523
平均値	6	13.7

学習者中心の教育のもとでは、学生はより学んで、自らの行動を発展させ、自身について肯定的感情を持つようになる。そこには知的成長、社会的・道徳的成長、さらに精神的成長がある。

なぜ学習者中心の教育は効果があるのか。それはなぜ成長を刺激するのか。私の解釈——すでに来談者中心の療法の分析から明らかであるが——は次の通りである。つまり、教師が誠実で、受容的で、理解がある時、そうした姿勢が自由で、援助的で、応答的な教育的環境を創り上げるというものである。

教師たちが受容的であれば、生徒の言うこと、行うこと、感じることを真剣に受けとめるはずである。彼らは自分たちの学生を尊敬の念と積極的関心をもって扱う。このような人間関係の中で、学生たちは現在の知識や考え方、思い、行動を自由に表現してみようと感じるのである。

第二に、教師たちが誠実で、調和的である時、また学生たちの言動に反応する時——正直に直接的に反応する、つまり賛成の時も不賛成の時もそれを示す——、真実の人からの批判的フィードバックを受け入れる応答的環境が創造されるのである。

最後に、教師たちが共感的である時、学生たちの視点から問題を見ようとする時、そして学生たちの考え方を理解しようとする時——評価したり審判を下したりするのではなく——、そこに学生たちのための援助的な環境が創られるのである。

そのような環境のもとで、人間は自分の現在の知識や行動、感情を自由に表現することができる。また、自分の間違いや不十分さを認識するのを助けるフィードバックを受け入れるのである。さらに、間違いを排除し、新しい理論、新しい行為、新しい行動を試みるための十分な安心感を持つのである。

要するに、学習者中心の教育は、試行錯誤による誤りの排除という選択的手続きを促進する。その手続きを通して、知的成長、社会的成長、精神的成長という、すべての成長が生ずることになるのである。

第三節　ロジャーズの権威主義

カール・ロジャーズの教育的アプローチの扱いにおいて——モンテッソーリとニイルと同様に——、私はロジャーズ的教育が——モンテッソーリ的アプローチやサマーヒルと同様に——有効に作用するという事実を受け入れた。しかし、ロジャーズの学習者中心の教育の成功を、私はダーウィン的教育理論という手法によって説明しようと試みた。

だが、ロジャーズ、モンテッソーリ、ニイルたちは、教育への彼らのアプローチにダーウィン的解釈を与えなかったのである。結果として、各々のアプローチは限定されていて、教育への総合的アプローチとしては明らかに不十分である。モンテッソーリの道徳的・社会的教育への伝達的アプローチは権威主義的であったし、自律と成長よりもむしろ服従と従順を助長した。知的教育に対するニイルのアプローチ——子どもの自発性にまかせる——は、無頓着で無責任であった。

知的教育へのモンテッソーリ的アプローチと道徳的・社会的教育へのニイル的アプローチ両方のダーウィン的解釈を提示することで、私はこれらが教育への総合的アプローチとなり得ることを示した。ロジャーズに関しては、教師のための補足的役割を追加しておく。それは、精神的成長への関心である。私はロジャーズにおける学習者中心のアプローチがダーウィン主義として解釈され得ること、モンテッソーリやニイルのアプローチと融合することが可能であることを示してきた。しかし、ロジャーズの学習者中心のアプローチは、私がまだ検討していない領域も含んでいる。それはカリキュラムについての構想であり、何が知る価値のあるものかについての彼の思想である。この領域において、ロジャーズ理論は権威主義的なものとなる。

教育理論家たちは、過去において、何が知る価値のあるものかという問いに対して二つの異なるアプローチを取った。第一のアプローチはプラトンにまでさかのぼり、現実の社会、あるいはプラトンの『国家』における理想の社会、いずれかの社会から始まる。それ故、ほとんどの価値に関する知識は、社会の存続に不可欠な知識である。第二のアプローチはアリストテレスにまでさかのぼり、人間を参考にしている。それ故、ほとんどの価値に関する知識は、人間性の実現を最もよく助成する知識である。

学習者に何か決定された知識を与える限りは、これらのアプローチは共に権威的である。ロジャーズはこれを権威主義的なものと認識した。「この現代世界で、私たちが将来に対して賢明で若者は愚かであるという仮定を正当化するのはどうであろうか。私たちは彼らが何を知るべきかを本当に分かっているのであろうか？」彼は私たちに言う。今日、学生に教えられている物理学は一〇年も経てば古くさくなることを確信していると――なぜなら、私たちは絶えず変化する環境で生きているからである。ロジャーズはこの調子で続ける。心理学で教える内容も、二〇年後には確かに時代遅れになっているであろう。歴史的事実は文化の様式や性格で決まる。そして、化学や生物学、遺伝学、社会学も、そうした流れの中にあり、今日においては不動の見解も「学生たちがその知識を用いようとする頃には大半が修正を余儀なくされるのである。(16)」

そうであるとすれば、何が知る価値のあるものかという質問に私たちはどのようにアプローチしたらよいのか。ロジャーズは学生たち自身に決めさせるであろう。教師は学生に学ぶ自由――学びたいことは何でも学べる自由――を与えるべきである。ロジャーズは多くの教室や学校では、教師が学習者にまで拡げることのできる自由の大きさには制度的制約があることを認識している。しかし、彼は教師たちがそうした制約の中にあっても仕事に取り組むことは可能であり、できる限り多くの自由を学習者に与えて、彼ら自身に知る価値のあるものを決定し選択させることを提案している。

ロジャーズは、その質問に対するアプローチのための三つの主張を提示している。まず最初に、これが重要な学習を導くことを彼は主張する。重要な学習とは「行動を変える」学習を意味する。自己主導的で学習者にとって意味のある学習、学習者が個人的に関わる学習、このような種類の学習だけが行動を変えることになるのである。(17)

しかし、ロジャーズの主張に対しては多くの反例がある。私たちの中で、読み、書き、計算の学び方について手ほどきを受けた者は少数である。これらの活動はしばしば意味がないようにも思われるが、私たちの多くが方法を学んだのである。たとえ、読み、書き、計算の学び方を自由に選べなかったにしても、私たちの行動には変化が生じたし、その学習は意味あるものとなったのである。

知る価値のあるものを学習者に選ばせるというロジャーズの第二の主張は、すべての人間はそれぞれにとって何が一番良く、あるいは正しいかを決定するための「生命体としての知恵」を持っているというものである。したがって、もし学びたいことを何でも学ぶ自由が与えられるなら、その人は自分自身の成長を刺激するような学習を選ぶであろう。不幸にも、ほとんどの人たち――学生を含めて――は、何が良いか、あるいは何が正しいかについて他の考え方を引き継ぎ、彼ら自身の持つ「生命体としての知恵」を取り込む機会を失ってしまった。これらの注入された価値は、人間とその「生命体としての知恵」とを分離させてしまったのである。

学習者に何が知る価値のあるものかを選択する自由を与えることによって、各々の学習者は何が正しく、何が良いかについての権威として自分自身を認識し始めるであろう。ロジャーズによれば、「人間はすぐに『正しいと感ずる』ことをするし、これが一般的にも適切で信頼に足る自らの行動への指針であることを発見するのである」[18]。

「生命体としての知恵」を通しての選択が、良いもの、正しいもの、自己実現を導くものであることを実際に証明できる保証はない、とロジャーズは認めている。しかし、彼は次のようにも述べている。

証拠事実は何でも利用できるし、人間は自らの経験に対して開かれているのであるから、間違いの訂正は可能である。もし選ばれたこの行動過程が自己啓発的なものでなければ、そのように理解して、行動の適応ないし修正が可能となるのである。彼は最高のフィードバックを成し遂げたのである。このようにして、船上における回転式羅針盤のように、絶えず自己達成の真のゴールに向かって自分の進行コースを修正するのである。[19]

これはもっともな主張である。もし誰かが自己実現とは何かを選ぶ際に間違いがあれば、自分の「訂正」や、それに続くいかなる訂正も間違いなしにできるとは、どうして信ずることができようか。

人間は誤りやすい存在である。私たちは未来を知ることができない。何が自己実現で、何がそうでないかを知らない。私たちは信頼できるいかなる規準も持たず、また何が正しく、何が良いことであるかを決定し得るいかなる権威——内にも外にも——も持たないのである。

ロジャーズは、学生たちに既成の知識を押しつけるためのあらゆる企てが権威主義的であることを当然のように認識していた。しかし、何が最も価値のある知識かという疑問に対する彼のアプローチもまた権威主義的である。学習者が「生命体としての知恵」を持つと仮定することによって、彼は教師の権威主義を学習者の権威主義に置き替えたのである。私たちはそれを心理学的権威主義と呼ぶことができよう。学習者の真の興味は、彼を知る価値のあるものへと方向づけるであろう。

しかし、ロジャーズは教師（セラピスト）が受容的で誠実で共感的である時、なぜ成長を促進するのかを説明するために、人間が生命体としての知恵を持つことを仮定する必要はなかった——それは、ニイルがサマーヒルにおける自由と愛はなぜ社会的・道徳的成長を促進したかを説明するために、人間は生まれながらにして善良であると仮定する必要がなかったのと同様である。ロジャーズもニイルも、共に自由で応答的で援助的な環境としての教育的環境を創造した、と私は論じてきた。そして、人間は秩序を求める誤りやすい創造者であるから、そうした環境は成長を促進することになる。そうした環境の中で、学習者は自らの知識と行動、自己認識を高めることを通して、試行錯誤による誤りの排除という不断の行為に関わることができるのである。

知る価値のあるものを決定するための自由を学習者に与えよ、というロジャーズの第三の主張は、学び方をどのようにして学ぶかである。自分自身の興味や目的、自身の問題に焦点を合わせることによって、学習者はそれぞれに学び方を学ぶことになろう。

ここで、ロジャーズは「人間は生まれながらにして学習の可能性を持つ」という前提を強く主張するほどの議論はしていない。これは人間が好奇心を持って生まれ、「成長し学ぶことを切望している」[20]ことを意味する。しかし、すべての学習は、苦しいものである。学習そのものも苦しく、また以前の学習を中断しなければならないので苦しい、とロジャーズは付言する。そこで、秘訣は、学習者の学ぶ可能性を彼ら自身で現実のものとできるように、教師がその苦しみを軽減したり、小さくすることである、とロジャーズは結論づける。学習者はその教科が彼ら自身の目的と関連性を持っていると認識する時、彼らを脅かすものではない時、彼らが個人的に関わっている事柄である時、容易に学ぶのである。それ故、教師たちは学習者に学ぶことを課すべきではないし、学習者が学んだことを評価すべきでもない。学習者は自由に学ぶべきである。[21]

学習が苦しみを含むことを指摘する点で、ロジャーズは確かに正しい。しかし、学習者に苦しみを回避し、あるいは迂回することを許していては、学習を促進することはできない。そうした回避は、彼らが学ぶことを選択できる時に生ずるのである。人間は生まれながら好奇心を持ち、苦しみの恐怖が軽減される時に学習するのだ、と想定する代わりに、私が本書で提案したのは、人間はすべての物と同様に、秩序を求める存在である、という考えに基づいた理論である。学習すなわち成長を促進するためには、学習者は現在身につけている知識や理解しているものが、無秩序なものであることを明らかにさせる批判的フィードバックを受け入れなければならない。学習者が現在の知識を発展させようとするならば、このことは苦しみではあるが必要でもある。

教科は、知的成長を促進するために計画された教育的環境の不可欠な部分である。教科は学習者に伝達されるものではなく、むしろテーマとして学習者に提示され、それと批判的に出会うことが求められる。この批判的出会いは、学習者から現在の知識を引き出し、同時にその知識を徹底的に調査、吟味する。そして、知識における不十分な部分、混乱した部分を発見するのを助けるのである。このように、教科は魅力あるものとして提示された時、いわゆる自由で応答的な環境を創り上げるのである。そして、その環境が十分に援助的なものである時、教科との批判的出会いによって、学習者は現在の不十分な知識を修正し、発展させるように導かれるのである。

しかし、もっとも価値のある知識とは何か。

学生たちが批判的に出会うべき知識とは何か。

異なる時に、異なる場所で、また異なる状況において、人々はこの質問に対する様々な答えを提出する。さらに、どの知識が最も価値があるかという決定は決して完全なものではなく、常に不十分である。たとえ誰が決めようとも、どのように決めようともである。知る価値に関するすべての決定は人間の決定であり、人間は誤り易い存在なのである。

なお、学習者のためには学習指導要領がなければならない。したがって、たとえ私たちの決定が不完全なものであっても、それを決めなければならない。私たちが民主主義における政治的決定を下すのと同様の方法でそれを決定することを私は提案する。私たちは最高のものを望むが、最悪の事態にも備えている。それが政治的指導者の選択であろうとなかろうと、法律の承認もしくは司法による決定であろうとなかろうと――これらのどれも最終的なものではないし、取り消すことができる。私たちはこれらの決定のすべてにおいて人間の誤りやすさを認識するとともに、私たちの政治的決定は批判を受け入れており、批判が続く時はその批判に照らして修正でき得ることを了解することによって、最悪の事態に備えてきたのである。

さらに、政治的領域において、私たちはこうしたことを行う手続きを制度化してきた。限られた権力を規定する制度、国家権力の分割、国家の三権力のチェックとバランス、頻繁に行われる選挙、リコール、弾劾、裁判の再審理、上訴――その他にもあることは言うまでもない。ここで重要なことは、意に添わぬ政治的決定の影響を受けた人たちは賠償を手に入れるための有効な手段を持つということである。これは、批判、意思決定者をめぐる反応に対する保証、そして反駁し得ない批判に照らし合わせた決定変更への希望を表明しつつ、意思決定へと近づくための手段を含むのである。

もし私たちが政治的問題を取り上げるように、知る価値のあるものは何かという問題を取り上げるならば、私たちの最初の関心は、教科と学習指導要領を容易に、また効果的に変更することのできる制度を準備、工夫することになろう。たとえば、すべての教科とすべての学習指導要領に関して、「日没」(静)と「日だまり」(動)両方の方針を採用するであろう。それぞれの教科と学習指導要領は計画された何年かに亘って教えられ、それによって影響を受けるすべての人々、生徒たち、卒業生、親、職員、教師、行政官、その他の教育関係者によって批判的に評価されるのである。

ちょうど私たちが以前の決定に関する批判的議論を通して政治的決定を改善させようとするように、学校での教科の選択を改善しようとすることができる。私たちは何が知る価値のあるものかという問いに答えることはできないが、現在の教科についての批判的議論を通して、現在、学校で提供されているものより、もっと知る価値のある教科を提案することができるのである。

第四部　誤りからの学習

第八章　教育のダーウィン的理論

西洋の歴史を通じて、教育には三つの支配的な隠喩があった。それらは、導きの隠喩、伝達の隠喩、成長の隠喩である。これらの隠喩はそれぞれが生徒の本質、教師の役割、教育内容について異なる概念を提供している。

導きの隠喩は最初古代ギリシャに出現し、一九世紀まで教育の思想と実践を支配してきた。導きの隠喩については、教育は内容中心である。教育内容は教師と生徒の関係において最も重要な要素であった。内容は西洋文明の文化的伝統――考えられ、語られ、行なわれてきた最高のもの――で構成されている。ここで、教師は少なくとも一部の伝統的文化の親方であり、生徒を文化へと導く良き指導者である。そして、生徒は勉強する存在であり、彼が勉強するものは、文化的伝統を含む書物、古典、偉大な著作である。

第二の隠喩、伝達の隠喩は最初一七世紀にいわゆる「新しい哲学」の産物として出現した。新哲学の思想家たちは知識を進歩させようとした。それは単に伝統的な知恵ではない。そして、この知恵は現実の世界についての注意深い観察から獲得できることを彼らは主張した。それが教育理論に適用された時、新哲学は伝達の隠喩を生むのである。

伝達の隠喩は教師中心の教育を生み出した。なぜなら、ここでは教師が教育関係において最も重要な要素だからである。教師は教育内容を計画し準備する——それを整理し、順序づけ、まとめる。教師はまた生徒に準備させなければならない——生徒を動機づけ、管理する。最終的に、教師は生徒に内容を伝達しなければならない。これが教授と呼ばれるものである。生徒はいまや学生というよりは学習者となるのである。その教育内容を学習する以外に学ぶものはない。学習者は程度の差こそあれ知識の受容においては消極的である。教育内容について、伝達の隠喩はそれを教材に転換する。最新の最も確かな知識のすべては、各分野すなわち諸教科および諸教育課程に整理、分類されたのである。

伝達の隠喩は、教育における権威主義を構築した。つまり教師によって生徒を管理し、知識を注入する。また教師は生徒たちの行動を定め、型にはめようとする。一八世紀、ルソーが最初に成長の問題としての教育の隠喩を提起したのは、伝達の隠喩に基づく教育の権威主義に対する反動であった。この最新の隠喩は生徒中心の教育を打ち立てた。ここにおいて、子どもは知識の伝達を待ち受けている空白の名簿ではないし、知識で一杯になるのを待つ空のバケツでもない。教師の要求に添って形作られる蠟のボールでもないのである。否、今や、子どもは成長・発達するダイナミックな生命体である。教師の役割は、子どもの成長を助成し、促進させることにある。

不幸なことに、子どもがいかに成長するかというルソーの概念は、思弁的なロマン主義以上の何ものでもなかった。その後一九世紀になって、デューイが人間の成長は経験をめぐる問題であるという前提に立って、成長の隠喩という新しい解釈を打ち立てた。人間は問題解決によって成長し、実験的に問題を解決すると、デューイは述べた。

しかし、デューイの成長の隠喩という解釈も以下の二つの点で不十分である。第一に、問題解決の方法としての実験を想定することによって、デューイは教育の権威主義的理論に終始している。第二に、成長の隠喩をめぐる彼の解釈は、実際には伝達の過程としての教育のもう一つの解釈にすぎない。生徒を学校に参加させようとする実験も、生徒にとっては単に教師が彼らに伝えようとする知識を「再発見」するようなものである。

最も経験を積んだ教師は伝達の隠喩に賛同し続けるが、教育の理論という点で普及し得るのは成長の隠喩である。それは特にモンテッソーリ、ピアジェ、スキナー、ロジャーズといった二〇世紀の教育理論家たちの仕事にその大部分が引き継がれている。本書において、これらの理論家たちは人間の成長をめぐる共通の認識――ダーウィン的概念――を共有していると私は論じてきた。教育をめぐる二つの競い合う隠喩について、その主な特徴をまとめると次のような図式となる。

教育、教師、教材、学生の概念

伝達の隠喩	成長の隠喩
教育は伝達の過程である。	教育は（ダーウィン的）成長の手続きである。つまり試行錯誤による誤りの排除、実在する知識の継続的修正である。
教師は学生に準備させ、教材を用意し、授業の形	教師は教育的環境――自由で、応答的、援助的――

式で課題を伝達する（教授し、取り組ませる）。	を創造する。学生は試行錯誤による誤りの排除を通して彼の現在の知識を発展させる（修正する）ことができる。
教材は伝達されるもの、学生が学ぶものである。	教材は学生の現在の知識のどの部分が改善されるべきかを明確にする材料である。教材は学生の現在の知識を刺激し、試す。（現実の知識の不十分さを明らかにする）。
学生は学習者であり、多かれ少なかれ管理され動機づけを必要とする消極的受容者である。	学生は秩序を求める、間違い易い知識の積極的創造者である。現在の知識における矛盾（誤り、間違い、不十分さ）をはっきりと認める時、学生はそれを修正することになる。

ダーウィンによれば、生物学的進化は自然淘汰によって起こる。生命体は子孫を創り、子孫は親とは若干異なる。その時、自然は適さないものを淘汰し、排除する。適したものが生き残り、自分の子孫を持つ。それはまた親とは若干異なり、再び、自然は適さないものを淘汰し、排除するのである。長い間にわたる多くの変化の結果として、新しい種が進化する。種のこのような成長あるいは進化は、生物学的な試行錯誤による誤りの排除という問題である。各々の生命体の世代が新しい試みの子孫を創造し、自然がそれらにおける間違いを排除するのである。

今日に至るまで、教育のダーウィン的理論に向けての最大の障害は、「知識についての常識理論」

が広く普及したその魔力にあった。この理論によれば、知識は心の中の観念から構成されていて、それは私たちが外側から受け取るものである。これらの観念は私たちがそれらを正当化できるときだけ合理的である。この理論によれば、最終的に私たちの考えは帰納法を通じて発展する。

カール・ポパーは知識についての常識理論を吟味してその矛盾を暴き、それに代わるものとしてダーウィン主義に基づく進化論的認識論を提案した。ポパーの知識理論によれば、人間は知識を創造する。この知識は客観的側面を持つ——それは彼が「第三の世界」と呼ぶ部分である。私たちは知識を決して正当化できないが、それを批判することはできる。そして、これは批判を通じていかに知識が発展するかということである。これは、現実の、また実在する知識が間違いであることを発見する時、その間違いを排除し、それによって知識を改善するということである。私たちは批判に耐え得る知識を試験的に受け入れる。そのような知識は合理的であると言うことができる。

本書において、私は何人かの著名な二〇世紀の教育理論家たちのダーウィン的解釈を構築する基礎として、ポパーの進化論的認識論を用いた。

私は、これらの理論家たちが試した教育へのアプローチの主張に対する経験的正当性を試したわけではない。私は彼らの成功したという主張を額面通り受け取りつつ、なぜ彼らのアプローチが成功したのか、という理論と説明に注意を傾けた。そのため、本書の大半は彼らの提示した諸理論に対する批判となったのである。

デューイについて、私は彼の成長としての教育というとらえ方を受け入れたが、彼の成長についての規準（さらなる成長へと導くもの）については否定した。なぜなら、この規準は無限の後退を導くからである。この規準をもって、いかなる変化も成長の一例であることを証明することは決してできない。私は科学的方法が問題解決の方法である、という彼の主張も同様に否定した。なぜなら、科学的方法とはむしろ問題を引き起こす方法（いかなる、そしてすべての解決に対しても）だからである。しかし、私は成長は問題から始まるというデューイの主張については受け入れた。問題を私たちの現在の知識における不十分さ、間違い、誤りと同意語として見るからである。

ピアジェについて、認識主体は秩序を求める誤りやすい創造者である、とする彼の概念を私は受け入れた。私は認知構造の存在について否定はしなかったが、受け入れる必要性もないと思っている。疑いないことは、認知発達における不変的秩序とも言うべきものが存在することであり、これは必要な（論理的）学習の連続的結果であると思われる。それらは最初の感覚運動的活動、それから言語的活動、さらに具体的、形式的操作活動である。

スキナーについて、私は彼の決定論、及び学習がオペラント条件づけを通じて起こるという主張を共に否定した。この代わりに、すべての生命有機体が、試行錯誤による誤りの排除という手続きを経て間違いから学ぶことを私は論じた。しかしながら、遺伝的性質は生存の偶然性の結果（試行錯誤による誤りの排除）である、という彼のダーウィン的考え方を容認しつつ、人間のそうした内的傾向は矛盾に対する自らの反感であることを私は特に強調しておきたい。また私は、知識のあらゆる進歩は実在する知識の修正にすぎない、というスキナーの考え方を受け入れた。しかし、知識を修正するのは学習者自身であり、環境ではないと私は論じた。

モンテッソーリについて、私はその道徳性および社会性の教育へのアプローチに対しては権威主義的で、実際にはその自発的な知的成長へのアプローチと矛盾するものとして否定した。自発的な知的成長へのアプローチについては、成長を促進するうえで教師の役割の模範として私は容認した。

ニイルについて、私は学校教育の知的機能に対する彼のアプローチを無責任ゆえに拒否したが、生徒の自律を助成するための社会的・道徳的成長への彼のアプローチについては容認した。

ロジャーズについて、私は心理的成長を促進する彼のアプローチを受け入れ、そのようなアプローチが知的、社会的、道徳的成長を同様に促進したことを容認した。しかし、知るに値いするものをめぐる彼の概念が、ロマン主義的かつ権威主義的である点については否定した。

ここで、ダーウィン的教育理論をめぐるこれらの理論家たちの様々の貢献をまとめておきたい。このダーウィン的教育理論は、生徒、教科内容の役割、教師の役割、教育目的についての新しい見方を私たちに与えてくれるのである。

第一節　生徒の概念

私が提示したダーウィン的解釈によれば、人間は知識、行動、自己概念を創造する。人間は自分が住む宇宙についての理論を創造し、また宇宙と付き合う技術を創造する。人間が知識を創造することにスキナーもピアジェも同意したことに注目してほしい。私がこれらの理論家たちを解釈したように、両者は人間は秩序を求める積極的創造者であると分析する。したがって、その時、人間は文字どおり世界を「理解する」。彼ら自身の理解を創造する。彼らは技術の発明家でもある。知識は一人の人間から他人に伝達されるものではなく、本によって伝達されるものでもない。それは受け取るものでも発見するものでもない。知識は創られるものである。人間は皆誰もが知識の創造者である。

しかし、また人間は誤り易く、それ故、人間が創造する知識は決して完全ではないことに気づくべきである。人間の理論は誤りや間違いを含み、その技能は不十分である。そして、人間の行動も決して完璧ではない。このことは三年生の子どもが創造する知識が不完全であるように、核物理学者によって創造される知識も不完全であることを意味する。これは、泥棒の行動と同様に聖者の行動も不完全であることを意味する。また、精神分析学者の自己理解と神経症患者のそれがともに不完全であることを意味する。もちろん、核物理学者はより優れた知識を持ち、聖者はより良い行動をし、精神分析学者はより良い理解をするが、これはそうした人たちが三年生、泥棒、神経症患者よりも間違いが少ないというだけである。知識、行動、自己理解のすべては、推測的——誤りやすい人間の推測——である。

しかし、それらはいつも推測的であるが、知識、行動、自己理解は改善でき、良くなり得るし、進歩し成長し得る。私たちが創造するものはすべてダーウィン的理論が提案する方向に沿って成長する。それは、選択により、適さないものの排除によって、間違いで、誤りで、正しくなく、不十分で、限られているものを排除することによって成長するのである。この選択あるいは排除は、私たちが創造する知識、行動、そして自己理解が私たちが住む宇宙と関係を持つ限りにおいて自然に起こる。そして、その宇宙は適さないもの、間違っているものをすべて排除し、消し去るのである。

しかしながら、私たち人間は自然が間違いを排除するのを待つまでもなく、自分自身で現在の知識、行動、自己理解に働きかけることができる。自然は間違いを排除する時しばしば私たちを排除するから、この方が好ましいのである。（私たちが飛び込むプールの水深について間違った知識を持つ時、自然は私たちに何をするかを考えてほしい。）何よりも私たちには言葉があるので、このような批判的排除が可能なのである。このことにより、私たちは創造する知識を暗号に直すことができる。そして、私たちは自らの行動や自己概念を表現するために言葉を使うことができる。

このようにして、私たちは言葉を通して理論、行動、自己理解を客観的知識に変換することができる。客観的知識としてそれは批判され得るのである。批判は人間が知識、技能、行動における矛盾を発見することを通じての手続きである。ピアジェが示したように、すべての生命体は矛盾を発見することができる。私たち人間がこれを一番うまくできるのは認知発達の操作的段階に達した後ではあるけれども。私たちは理論的知識によって、理論それ自体が持つ矛盾あるいは二つの理論の間の矛盾を通して、理論には間違いがあり、私たちも間違いを犯すことを知るのである。

私たちの技術や行動についても同様のことが言える。これらが期待しない結果を導く時——私たちが起こることを期待するものと実際に起こることとの間に矛盾がある時——、私たちは現在の技術あるいは行動が不十分であると教えられるのである。私たちの行動については、矛盾は痛みの形式を取る。苦痛を引き起こすような行為——自分自身に対して、また私たちが世話をする他人に対して——は望まないにもかかわらず、そのようなことをしてしまう時、私たちは自らの行為が間違いであることを悟るのである。さらに私たちが理解したように、人間は秩序感覚を持っている。それは私たちがいつでも矛盾を避け、克服することを意味する。スキナーの言葉を用いるならば、矛盾は私たちにとって「嫌悪」である。あるいはピアジェの言葉を用いるならば、人間は「均衡」へと向かう傾向を持つのである。

矛盾は私たちにとって不本意であるから、私たちはそれを克服し、あるいは排除しようとする。そうするための一つの方法は私たちの知識を修正し、変化させ、洗練することである。私たちの理論が矛盾を導く時、私たちは理論を修正する。私たちの技術が期待に矛盾する結果を示す時、それを変更する。つまり、苦痛を引き起こす時、私たちは行動を修正する。これが試行錯誤による手続きである。これが私たちが間違いから学ぶための方法である。

もしこの人間的成長についてのダーウィン理論が正しければ、教師は生徒を秩序を求める間違い易い創造者と見るべきである。生徒は知識を受け入れるのではなく、強いられた行動をとるのでもない。生徒は知識を創造する。彼らは行動の実行者である。このことは、彼らがいつでも知識と共に教室・学校へ来ることを意味する。幼稚園に入るにしても大学院に入るにしても、どちらも理論、理解、技術、行動パターンを伴っての入学なのである。

しかし、生徒は創造者であると同時に、間違い易い創造者でもある。このことは、生徒の実際の理解は間違いであり、彼らの現在の技術が不十分であることを意味する。愚かな生徒も頭のいい生徒もである。皆が無知なのである。幼稚園、小学校、高校、大学、大学院の生徒・学生たち皆が同様である。事実、これが生徒が学校に通う理由である。つまり、自分たちの無知を発見し、間違いを見出すためにである。

しかし、このこと以上に、彼らは理解、技術、知識を発展させるために学校に通う。人間の誤りの可能性についての良い知らせ、楽観的で、勇気づけられる知らせは、生徒がいつでも知識や行動を発展することができることである。生徒にとって必要であることのすべては、現在の知識のどこが不十分かを発見するのを助けることのできる教師がいることである。

生徒は知識の間違い易い創造者であるだけではなく、秩序を求める生命体でもある。これが間違い、誤り、不十分さの発見が発展を導くという理由である。すべての人間と同様に、生徒は間違い、すなわち矛盾に対して反感を持っている。そこで間違いを排除することによって矛盾を克服しようとする。この解釈によれば、生徒は現在の知識あるいは現在の行動を修正することによって学び、向上し、成長する。生徒は発見された間違いや誤り、それを含む不十分さに照らして現在の知識や行動を修正する。

これが意味するものは、生徒は学ぶように動機づけられてはいけない、あるいは無理に注目させられ、支配され、強制されてはいけないということである。生徒は現在の知識、行動が不十分であることを発見したとき、それを学び、すなわち修正するのである。不十分さ、誤り、間違いを認識し、認めるのは生徒自身であることに注目してほしい。他の誰か（たとえば、教師）に指摘されても不十分である。生徒たちが彼ら自身の間違いを発見しなければならない。

彼らがタイプライター、歴史、物理、コンピューター・プログラム、ラテン語あるいは数学のいずれを学ぶにしても、生徒はいつも独学者である。彼らは自分の力で、一人で、現実の理解、技能、理論のどこに間違いがあるかを発見することによって学ぶ。生徒たちは試行錯誤による誤りの排除という手続きを通じて学ぶのである。

この理論は生徒が本質的に善良で賢く、好奇心があり、あるいは生来の学習者であることさえも仮定しないことに注目ほしい。生徒が認知的不均衡に出会い、間違いを認識しさえすれば、学習は生じるのである。ひとたび自分の知識や行動における間違いを認めるならば、生徒はそれを新しい試みで取り除こうとする。この試みは、間違いが減少する限りにおいて改良されるものである。これこそ生徒が間違いから学ぶ方法である。

第二節　教師の役割

教師は試行錯誤による誤りの排除という選択の手続きを促進することによって、生徒が間違いから学ぶのを援助する。最も重要な点は――すべての二〇世紀の教育理論家たちが主張しているように――教師が生徒のための教育的環境を創造しなければならない、ということである。教育的環境において、生徒たちは自らの実際の行動や知識の間違いや誤りを認識、発見することができ、それらを排除し、もう一度試みる。私の理解によれば、教育的環境とは三つの特徴を持つ。それは自由で、応答的で、援助的であること。

自由な環境は生徒に刺激を与え、彼の現実の知識、行動、自己概念を明らかにすることを可能にする。応答的環境は生徒に彼の現実の知識、行動、あるいは自己概念における間違い、不適切さ、不十分さを発見するのを援助できる批判的フィードバックを提供する。そして援助的環境は生徒に間違いを排除させ、不適切さを克服させ、また不十分さを緩和させる新しい試みを可能にする。環境が自由で、応答的で、援助的である時、成長――知的、社会的・道徳的、心理的なそれ――はすべて試行錯誤による誤りの排除という手続きを経て生じる。

私のダーウィン的解釈では、教師はいつも生徒中心である。しかしながら、教師は生徒が知りたいことではなく、すでに知っていることに中心をおく。生徒が行動したいと思う方法（または教師が生徒にどのように行動して貰いたいか）ではなく、彼が実際にいかに行動するかに中心をおく。生徒がなりたい自分にではなく、あるがままの自分に中心をおく。教師の仕事とは生徒が現実の知識、行動、自己理解を発展させるのを援助することなのである。

1　知的成長の促進

知的成長の領域において、教師の仕事は生徒が現在の知識を発展させるのを援助することである。そのため、最初の一歩は生徒がその知識を自由に表現できる環境を創ることである。自由な環境では、生徒たちは彼らの現在の知識を恥じることはないし、それを示したり、公のものとすることを嫌がることはない。

自由な環境は、ある部分教師の態度からも引き出される。教師は生徒の現在の技術や理解を受け入れて、彼らを尊敬すべきである。彼らを一面的に判断し、非難し、軽蔑し、放逐などすべきではない。教師は生徒が現在の知識を示すことを誉めるべきである。それは知識が素晴らしいとか十分であるからではなく、現在の知識が発達のための出発点だからである。教師は生徒の現在の知識がより良いものになる期待、生徒自身が知識を発展させ得るということの期待を表現すべきである。

生徒の現在の知識に対する態度に加えて、自由な環境はまた、教師の教科内容についての解釈と教育的関係における教科内容の役割についての理解によって決まる。

ダーウィン的教師は教科内容を、誤り易い人間の創造した不完全なものと考える。物理学者は物理学を創造し、歴史家は歴史を創造し、また数学者は数学を創造するといった具合にである。これには技能も含まれている。つまり、人間は泳ぐこと、タイプを打つこと、歌うこと、書くこと、踊ること、描くことなどを生み出してきた。私たちは、過去において創造された膨大な理論と技能を受け継いできた。それらすべては推測的であるが、批判によって時を経て発展、成長した。理論は、批判に耐え得るものである限りは「合理的」である。この「合理的」知識が教科内容を構成しているのである。

教科内容は教育的関係においてどのような役割を果たすのか。

ダーウィン的教師は、教科内容を最終的な知識として提供することはしない。たとえそれが通用する最高の知識であるとしても。ダーウィン的教師はむしろ、付加的批判によって、なお発展可能な推測的知識を教科内容として提供する。端的には、生徒に批判されるべきもの、改善されるべきものとして教科内容を提供するのである。生徒たちは教科の中身を批判することを期待されている。それがつまらない、無価値なものではなく、文字通り重要で価値あるものだからである。私たちの教科内容は、現代文明における人間への主要な関心と疑問に対する回答と問題への解決策から構成されている。批判によって回答や解決策を改善し、それを私たちにとって価値あるものにする——と教師が説明できる——ことが、これらの回答や解決策の重要な部分である。

教科がこの魅力的な方法で提示される時、それは生徒の現在の知識を発展させる。つまり、それは彼らを刺激して教科内容によって提起された問題や疑問への彼ら自身の答えを明らかにさせる。たとえば、物理を取り上げてみよう。これは宇宙についての多くの特定の疑問に対する推測的解答を構成している。今、たとえ生徒たちの答が不明瞭で、不完全で、はっきりしていないとしても、彼らはそれらの疑問に対する答を一応は持っているのである。生徒たちは、彼ら自身の理解を明らかにする気になれないことがしばしばある。しかし、教師が生徒の現在の知識に対して開放的かつ受容的で、それを賞賛し、信頼する態度を示すなら、そして教科の中身が誤り易い人間の創造した推測的知識として提示されるのであれば、生徒はもっと彼ら自身の理解を明らかにしたくなるであろう。彼らは物理の教師が提示した諸理解に対するまさしくその批判の中で、自らの理解を明らかにするであろう。なぜなら、生徒たちの批判は、彼ら自身の現在の理解から生ずるものだからである。

したがって、教科内容の第一の機能は、生徒の現在の知識を発展させることである。各教科、各「授業」は課題、すなわち問題の範囲を明確にしている。例えば、歴史は過去に関する生徒の現在の知識を発展させる。物理学は宇宙に関する生徒の理解を発展させるのである。

教師が教科内容をこうした目的のために用いる方法には様々なものがある。教師は単に教材を提供するに過ぎない——講義、読書、あるいはビデオテープによって——。そして生徒からの批判的反応を、口答で（「どのように思うか？」）あるいはリアクション・ペーパーという形で確認する。あるいは、教師は教科内容についての批判的対話と記述による批判的反応の両者を用いるのである。このようにして、すべての学生は現在の彼ら自身の知識を明らかにできるのである。

技能の領域——読み方、書き方、タイプすること、絵を描くこと、箱に入れること、木工仕事など——において、教師は技術を提示し、生徒にそれらを真似ることを求める。生徒の試行的取り組みは、彼らの現在の認識レベルを示している。

教師は教材、具体例、運動、問題を通して、生徒の技能に関する知識を引き出すこともできる。たとえば、低学年において、教師は子どもたちがいま身につけている手先の技能、説明する技能、考察する技能を引き出すために、様々な教材や教具を用いる。

教科内容についての概念と教育活動における教科内容の役割を理解すると共に、教師は生徒に知識を伝達するのではないことに注目してほしい。知識は受容されるのではなく、創造されるものであるから、教師は知識を伝達することはできない、と私は述べてきた。生徒たちは自らの知識を創造する。教師は生徒に知識を与えることはできるが、生徒はその時提示されたものについて自らの理解を膨らませる。しかし、知識の伝達は存在しないが、知識を伝達しようとする教師は実際に存在する。このことは自由な環境より強制的な環境を作り上げる。教師が生徒に対してすでに決定されたひとまとまりの技能や理解を伝えようとし、またそれを課そうと必死になる時、生徒は現在の自分の技能を自由に表現しようとはしなくなる。

しかし、自由な環境が知識の成長や改善を促進する上で十分ではないことに気づくことも重要である。生徒に自らの現在の知識を明らかにさせることは、彼らに知識を改善するように導くより、むしろ単に知識を強調したり、知識との関わりを強めたりするだけかもしれない。

ここで私が強調したいのは、自由な環境は応答的環境である場合にのみ知識の改善を促進するということである。応答的環境において、生徒は自らが公にした知識に対する批判的フィードバックを受け入れるのである。彼らは現在の理解や現在の技能において何が悪いか、あるいは何が間違っているか、不十分であるかを発見する。

ここでの教師の役割は、生徒が間違いを発見するのを助ける応答的環境を創り上げることである。モンテッソーリとスキナーが明らかにしたように、応答的環境とは構造化された環境である。もし生徒が自らの知識や行動を示す時に構造化された環境に出会わなければ、どのような批判的フィードバックも受け入れないであろう。事実、物質界（ポパーが第一の世界と呼んでいるもの）は構造化されており、人間が創った世界、文化、工芸、言語、知識の世界（ポパーが第三の世界と呼ぶもの）も同様に構造化されている。

私たちが感覚的ないし運動的行為を行う時、物質界の構造は私たちに批判的フィードバックを提供する。私たちは短い直径の穴に、それより長い直径の釘を入れることはできない。そのため、感覚運動的技能の成長においては、物理的環境それ自体が応答的環境である。モンテッソーリが実際にそうしたように、教師は生徒が安全でかつ探求的な手続きにおいて反応が得られるように物質界の複雑な構造を記号化し、具体化する特別な教材を提供することができるし、実際そうするのである。

上級の運動的技能――水泳、タイピング、大工仕事、洋裁、自動車技術――の場合、物理的環境の構造と人工的環境の構造（タイプライター、自動車、ハンマーと釘、針と糸）は、何かを行い、何かを作る生徒の試行的取り組みへの批判的フィードバックを提供する。

言語的技能の領域では、言葉の世界もまた構造化されていて、そのため、話す、書く、読む際の生徒の試行的取り組みに対してフィードバックを提供するような「自然な」応答的環境であることが理解できる。言語は文法的構造、構文的構造、そして事物、行動、出来事の各々に名称があるように語彙的構造を持つ。子どもたちは言葉の世界との相互作用を通じて、すなわち言葉を話し、書き、読む人々との相互作用を通じて言葉を学ぶのである。このことは子どもが発言し、また他人の発言を理解するための試行的取り組みに対する批判的フィードバックを受け入れる時に――子どもが話す、聞く、書く、読もうとする時に――生ずる。教師は環境を創造することによって生徒の成長を促進することができるし、また実際にそうする。そうした環境において、生徒は自分の発言と、他人の発言についての自らの理解に対する一定かつ継続的な批判的フィードバックを受け入れるのである。

物質界の自然的構造と言語の自然的構造に加えて、それぞれの、またすべての教科領域には固有の「論理的」構造がある。数学において、これは明らかである。しかし、これは他の分野においても同様である。たとえば、物理学において、月が地球から一〇マイル離れているという言説を物質界に関する人間の願いとすることはできない。物理学には論理的構造があるからである。そのような言説は、私たちが物理学と呼ぶ構造化された知識体系の一部をなす他の言説と矛盾するから、間違いであると証明されるのである。歴史学の教科内容についても同様である。そこには、知識体系に固有の論理的構造が存在する。それは論理的構造に矛盾した過去についての言説を排除するような知識体系である。

物理学、歴史学、その他すべての教科内容の構造と同様に、言葉の構造も時を経て変化することに気づくことが重要である。その上、大半の物理学者は今や非決定論を受け入れる。その非決定論とは、物質界の構造もまた時を経て変化するというものである。しかし、これは構造が存在しない――構造は変化するのみ――ということを意味するのではない。応答的環境を創造する時、感覚的技能、運動的技能あるいは何らかの実践的技能の成長を促進しようとする教師は、実際に授業、単元、練習、企画を構成し、作り上げる。それらは、物質界と人間が発明した人工的世界に固有の構造を記号化し、具体化する。教師は言語的技能の成長を促進しようとする時、言語に固有の構造を用いる。そして、多様な教科領域での成長を促進しようとする時、これらの領域についての論理的構造を用いるのである。教師は、生徒たちの製作、実行、理解しようとする試行的取り組みに対して批判的フィードバックを提供する応答的環境を構築するために、これらの構造を用いるのである。

教師が生徒たちの発達段階と教科それ自体に多くを依存しつつ応答的環境を創造する方法は色々とある。年長の生徒たち――批判を受け入れることのできる――に対して、教師は彼らが現時点での知識の間違いや不十分さを発見するのを直接的に助ける批評家としての役割を果たすのである。年少の生徒たちや批判を受け入れるのが困難な人たちに対して、教師は批判的フィードバックが組み込まれているモンテッソーリ教具をモデルにした教材や教具を用いるのである。

応答的環境においては、生徒それぞれの知識と教師によって与えられた知識の間に、また技能においては、生徒の諸技能とそれらの帰結との間に絶えざる批判的相互作用が存在する。理論に関して、この批判的相互作用は、しばしば批判的対話の形態を取る。そこでは、生徒は提示された理論について批判し、教師と別の生徒は最初の批判に対する反批判を唱える。それは弱点、限界、間違いのすべてが探し出されるまで続くのである。批判的対話の機能は、一つや二つの理論を真実として正当化するのではなく、むしろ各々の理論が持つ間違い、誤り、不十分さを見い出そうとすることである。このような批判的対話は、少なくとも生徒たちの現時点での理論を精査、吟味する。そして、彼らが自らの理論の問題点を発見するのを大いに援助するのである。

そのため、多くの教室では批判的対話に専念すべきである。生徒が認知発達の形式的操作の段階に到達し、論理的議論に参加することが可能になってからは特にそうすべきである。しかし、教師が応答的環境を創造できる方法は他にもある。たとえば、科学の授業において、教師は特定の理論を吟味し、またある理論から引き出された批判を吟味するための実験を生徒に考案させることができる。歴史の授業において、教師は理論または理論への批判を吟味し、反駁するような研究を提案するかもしれない。このような場合、生徒たちは教室での大半の時間、実験を行い、計画を綿密に調査し、その結果を議論、批評することになるのである。

ここで、教育のダーウィン理論がすべての教科を客観的側面を持つものと見なしていることに注目したい。それらは、ポパーが第三の世界と呼ぶ部分である。文字通り、物理学の世界、歴史学の世界、数学の世界、水泳の世界、文章の世界、タイピングの世界などである。これら各々の領域は、人々が特定の分野ないし領域において生み出した諸問題と仮説で成り立っている――理論の場合は疑問と反論を含み、技能においては運動とその様式を含む――。これらすべての異なった教科内容は、私たちが文化と呼ぶものの一部を構成する。文化は人から離れたところに存在する。文化は客観的実在を持つ。文化は成長、進化することが可能である。そして、文化はダーウィン的選択を通じて成長するのである。

この点に、私たちは教えることと研究の類似性を見出すことができる。両者の取り決めとして、その手続きの一つとなっているのが、間違いを明らかにして排除するということである。教える時、教師は生徒の現在の（試行的）知識で始める。研究において、研究者はその分野において一般に承認されている現在の（試行的）知識で始める。その際、教師も研究者も共に、不十分さや間違いを発見しようとして、そうした知識を批判しようとする。この批判は、現在の知識を修正し、精練する方向へと導く。教える場合、自分の知識を精練し、修正するのは学生であり、研究において、反駁されることのない批判に照らして現在の知識を修正するのは研究者自身と、その分野における他の学者たちである。

上記の事柄が正しく、教えることと研究が共に試行錯誤による誤りの排除という手続きであるならば、ここで私が提案した教えることへのアプローチをめぐる利点の一つは、生徒が始めから研究の企画への参加者となることである。最初から、生徒たちはすべての知識が推測的なもの――間違い易い人間が創造したもの――であると理解する。そして、彼らは知識はそのままでは決して正当化されないが、改善され得る――継続的に――ものであることを更に理解するのである。その教育活動の当初から、それぞれの生徒は知識の進歩への参加者として導かれるのである。

教科が絵画やタイピング、水泳、歌などの技能から構成される時、批判的フィードバックは教師が提示する模範、見本、実演から生じる。生徒は自分の試験的取り組みが、提示された見本ほど上出来ではないことを知る。自分がすることと模範を比較することによって、生徒は自らの間違いを発見し、次の試みで間違いを排除しようとするのである。

技能に関して、教師は通常、生徒に彼の仕事が不十分であると言ってはならない。なぜなら、生徒は自分が読みが下手で、タイプを打つのも遅く、絵も下手で、また箱詰めも下手であることを知っているからである。生徒がわからないのは、なぜ自らの試みの結果が不十分なのかである。生徒は自分が間違ったやり方をしていることに気づかない。ここで教師は、期待に反する結果を生み出した生徒の具体的行動を位置づけようとする。「『これ』をすることが、『それ』の原因となっている。あなたは『それ』を望んでいないのだから、『これ』のどこかが間違っているということになるね」。

技能の教師は、生徒にすべきこと、あるいはその方法を教えない。しかし、教師は生徒が誤りを発見するのを助け、その発見に照らして自らの試みを修正するのを認める。上手な読み手、綴り手、タイピスト、水泳選手、大工になることは、発見した不十分さに照らし合わせて現時点での技能を常に修正するということなのである。

批判的フィードバックは、教育活動の要である。それは生徒たちが自らの知識の不十分さを発見し、それによって現在の知識を修正して新しい知識を創造するという仮定に基づくものである。批判的フィードバックなしには、学習も起こり得ない――知識の成長もあり得ない。そのため、どのクラスであろうと、学習が行われる時は必ず批判的フィードバックによってそうした状況が生じるのである。知識の伝達は決してあり得ない。それは幻想――視覚的幻想――にすぎない。すべての学習は、現在の知識の修正である。

たとえば、ある生徒が「猫」という言葉の綴り方を学習する例を取り上げてみよう。教師は黒板にその言葉を書き、それを写す（真似る）ように命ずる。それから、後で（記憶によって）それを再生するように命ずる。生徒が実際にそうすると、教師はあたかも「猫」という語の綴り方に関する知識を生徒に伝達したかのように見える。しかし、ここで起こったことは、生徒が自分の現在の技能や理解を修正し、それによってこの新しい技能を創造したことである。以下のことに注意してほしい。教師との関わりに先立って、生徒は話すことができ、「猫」という言葉の適切な言い方と使い方を知っていた。生徒はその発音を知っていて、識別もでき、たぶん「a」「t」「c」の文字を作ることもできた。彼はどう鉛筆を持つか、それを使ってどのように紙に印をつけるかを知っていた。これらの技能をすべて自分のものにし、教師によって導かれる時、「cat」という語を書こうと試行的取り組みをする。この取り組みが、生徒の現在の技能と理解の修正であった。さらに言えば、最初の取り組みでは、生徒はたいてい不十分な出来である。黒板における模範、あるいは教科書における模範は、生徒が明らかにしたように、彼の取り組みが不十分であることの発見を助ける批判的フィードバックを提供するであろう。付加的な取り組み（継続的な試行錯誤による誤りを排除する活動）は、改善された行動を伴うのである。

したがって、「猫」という言葉の綴り方を学ぶ時、そこに知識の伝達はなく、単に生徒による試行錯誤による誤りの排除という手続きが存在するのみである。教師は生徒が自らの技能と理解を提示することのできる自由な環境を創り上げる。教師によって提示された模範は生徒の現在の技能を引き出し、また生徒自身の取り組みの不十分さや間違いを発見するための批判的フィードバックの源泉として生徒を助ける。

このように、知識の伝達は存在せず、すべての学習は発見された間違いに照らした現在の知識の修正ではあるが、この修正の手続きは伝達のように見えるし、結果として、ほぼ大多数の教師は自分が知識の伝達を司る仕事に従事していると考えているのである。そして、知識の伝達が起こるわけでは決してないが、生徒たちは「伝達」型のクラスで実際に学ぶのである。しかし、生徒たちは伝達を通して学ぶのではなく、常に試行錯誤による誤りの排除という手続きを通して学ぶのである。

「伝達」型のクラスにおいても、教師たちは多少は自由で、応答的で、援助的な環境を創り上げる。しかし、教師たちは意識的に、また熟考してそうするのではない。それは状況の論理としてそうなるのである。たとえ権威的で威嚇的なタイプであっても、すべてにおいて不自由な環境を創り上げる教師はいない。それぞれの教室で、生徒たちはいつでもある程度までは、自分の現在の知識を示すことができる。その上、ほとんどの教師は生徒のための援助的環境を実際に創り上げるのである――もっとも、それは往々にして「良い」生徒のためだけにであるが――。ついには、自称「伝達者」である教師は生徒に対して批判的フィードバックを提供してしまうのである。自称「伝達者」である教師によって運営されるクラスでは、生徒は教科内容を、彼自身の現在の知識に対する暗黙の批判的フィードバックとして教師から提示されたものと理解する。そのため、生徒は自らの知識をそれとなしに修正するのである。自称「伝達者」である教師は、他の方法でも批判的フィードバックを提供する。たとえば、質疑応答、議論、教室外での読書、宿題、クイズ、テスト、定期試験、これらはすべて学習者である生徒が自らの間違いを発見するのを助ける。

しかし、もし伝達型クラスが実際に機能し、そこで学習が行われるなら、なぜ、教師の役割を修正したり、再構築することを求めるのか。なぜ、教師に自称「知識の伝達者」であり続けさせないのか。

私の答えは次のとおりである。自称「知識の伝達者」である教師は学習を促進させることは事実ではあっても、彼らが期待したほどの促進ではない、ということである。

「伝達」型クラスに固有のいくつかの深刻な弱点ないし限界について指摘させてほしい。すでに述べたように、そのようなクラスは強制的である。さらに、そこにおいて促進される学習は制限されており、大部分は偶発的なものである。結局のところ、「伝達」クラスでは学習進度の速い者が優遇されるのである。

自称「伝達者」によって運営される教室では、生徒は大きな明瞭な声による伝言を受け取る。技能の問題に関して、これらの生徒は教師が絶対的、断定的にものを言うのを耳にするのである。たとえば、「このようにやりなさい！　私のようにやりなさい！」というように。理解の問題についても、教師が絶対的、断定的に言うのを耳にする。すなわち、「これが正しい理解の仕方です。先生のように理解しなさい」。生徒たちは、教師が強制した通りに作業をするので、自称「伝達者」である教師たちは、多くの教師たちによって認められ、また哀れみの対象となる、以下のようなタイプの生徒を生み出す。

第一は、恐怖あるいは強制に対する怒りのいずれかによって身を引くタイプの生徒たちである。彼らは試行錯誤による誤りの排除には参加せず、したがって教師との関係をめぐる自らの技能と理解を改善することもしない。教師たちは、そのような生徒を愚か者であると分類する。

第二は、学校教育をゲームとしてとらえるようなタイプの生徒たちである。それは教師が望むものを見つけ、そうするための技能や理解を組み立てるゲームである。これらの生徒はもの知りで、偽りの知識、特に教師のためのそうした知識を創り上げるのであるが、そうした知識は行事の間に、通常は試験後に消え失せてしまうのである。

第三のグループは誠実な信奉者たちである。知的な社会化を経験する生徒たちである。彼らは教師（または教科書、各分野の専門家）を最終的権威とみなし、意見が何であれ、権威が広めるものに合わせて彼ら自身の知識を修正するのである。（私はこれら多くの誠実な信奉者たちは、教えること［それは真の知識の伝達として解釈される］を魅力的な仕事としてとらえていると見ている。彼らにおける豊かさは神のみぞ知る。）

このような生徒たちのタイプは伝達の働きによって作り上げられたにも関わらず、教師たちは、教室におけるそうした生徒たちの存在をしばしば嘆くのである。なぜなら、彼らが愚痴をこぼすように、愚か者、もの知り、あるいは誠実な信奉者である生徒たちを「本当に教えることはできない」からである。

伝達型クラスの最も顕著な弱点は、焦点がすべて狂っていることである。自称「伝達者」である教師は、生徒のことを知識の消極的な受容者であり、積極的な創造者とは見ていない。したがって、生徒が自分の知識に関して受け入れるいかなる批判的フィードバックも附随的、断続的、偶発的で、たいていい判定的なものとなる。これらの要因のすべては、伝達型教師が生徒の知識の成長を促進する可能性を減少させるのである。（これは［伝達型クラスの］生徒たちが、教師の存在をものともせずに学ぶという告発を信じさせるものである。）

伝達型アプローチのもう一つの弱点は、生徒の現在の知識と教科内容との批判的出会いを奪い取り、あるいは制限することである。伝達型クラスでは、生徒の現在の知識と教師から提供される教科内容との批判的出会いの範囲、深さ、親密さを決定するのは生徒である。その生徒は教科内容と現在の自分の知識の間にどのような葛藤があるのかを確認する。理解できることであるが――誤りは人間にとって不本意であるから――、生徒は自ら限られた葛藤だけを打ち明けることになる。その結果は、生徒の自己限定的な批判的出会いが、現在の知識の中でなされる変化や修正を制限するであろうということである。さらに、生徒が打ち明けるそのような葛藤と生徒に見られる変化は表面的なものであるかもしれない。（これは「良い成績」を修める生徒を含む多くの生徒たちの考えが、学校教育の影響をそれほど受けるわけではない、ということを説明するのに役立つ。）

非伝達型クラスでは、生徒たちは自らの現在の知識を公にすることができる。そして、批判的フィードバックは教育活動のよく練りあげられ計画された部分となる。そのクラスでは、教科内容と生徒たちの現在の知識との批判的出会いの厳しさ、深さ、親密さを制御するのは教師である。教師は教科内容についてよりよく理解しているので、生徒たちの現在の知識の間違いを容易に認識できる。この種のクラスでは、教師は教材、問題、質問などを計画したり、それらを使いこなすことができる。そして、これは生徒がこれらの間違いを認識するのを援助することになる。

環境が自由で応答的な非伝達型クラスで提供される批判的フィードバックの様式と、伝達型クラスによって提供される批判的フィードバックの様式を比較し、両者の違いを説明するために隠喩を使わせてほしい。伝達型クラスでは、教師が提示するいかなるもの――たとえばニュートンの理論やシェークスピアの『ハムレット』など――についても、それらを調べるために頼りとなるのは、生徒自身の現在の知識である。私は教育活動を生徒が自分の現在の知識を改善するのを助成するための約束事と見ている。また、こうした改善が現在の知識の間違いの発見とそれを排除することで成り立っていると見ている。その意味で、生徒たちの現在の知識を徹底的に調べるための指針として教師に教科内容を活用させることは、教育的行動をより良く発展させることになるのである。

伝達型クラスについてのより明白な欠点は、そのクラスの生徒に課す学習進度である。伝達型クラスでは、生徒たちの多くは現在の知識の間違いを発見し、それを排除する時間的余裕をほとんどもたない。質問や課題、あるいはテストに追われるクラスの学習形態と通常の授業実践に関わる標準的編成では、一番速い学習者だけに学習を修正する時間が与えられている。そのため、伝達型クラスは進度の速い学習者にとって有利に作用しているといえる。

私の理解によれば、これはベンジャミン・ブルーム（Benjamin Bloom）と彼の同僚たちによる刺激的な発見である。彼らが「完全習得学習」と呼ぶものは、教師に自由で応答的な教育的環境を創造させ、また生徒を試行錯誤による誤りの排除に参加させ、現在の知識を試したり間違いを発見しながら、次の試みにおいて誤りを排除させるという教授方法である。（同様に、プログラム化された教授とモンテッソーリ教具によって起こり得る知識の大いなる改善について説明できるのは、試行錯誤による果てしなき誤りの排除であることを示唆しておきたい。）

試行錯誤による果てしなき誤りの排除という考えは、私を教育的環境についての究極的側面に導く。なぜならば、教育的環境は自由で、（批判的に）応答的であることに加えて、援助的であるべきだからである。

私が理解するところ、援助的環境は知識の成長にとって必要である。というのは、生徒が現在の知識の間違いを打ち明ける時、彼らはしばしば狼狽、落胆、恐れをなし、心配するからである。彼らの知識を修正したり、変えるどころか、彼らは独断的になったり、あと戻りさえするかもしれない。援助的環境はこのような状況を避けることができる。援助的環境は生徒たちがもう一度試みること、発見された間違いに照らして知識を継続的に修正することを援助するのである。

援助的環境では、生徒は自分の誤りや間違いをすぐに認め、受け入れる。彼らは理論が間違っていて、技能も不十分であることを快く認める。援助的環境では、生徒たちは間違いを犯すことを恐れない。むしろ間違いを捜す。このため、彼らは自分たちの現在の知識をいかに改善できるかを悟る。彼らは「自己」と自らの知識を区別し、あるいは距離をおくことができる。変容、修正、改善され得るものとは別に、自らの知識を客観的なものとしてとらえることができるのである。

援助的環境の構築に関しては、多くが教師の姿勢にかかっている。教師は人間中心的でなければならない。すなわち、教師は生徒の知識の改善を援助することに関心を持たねばならない。生徒を評価し、判断し、点数をつけることには関心を持つべきでない。生徒を援助するために、教師は共感的であり、生徒と共に問題を理解しようとしなければならない。もちろん、教師はいつでもこうしたことができるわけではない。しかし、教師がそうしようと努めているのを生徒が見れば、このこと自体、援助的環境を創造するのに役立つのである。

教師たちは生徒を褒めたり、生徒の仕事に対して賛辞を贈るべきである。「良い」「立派だ」「素晴らしい」「素敵だ」「すごい」などは教師によって、大いに、またしばしば使われるべき言葉である。

マーヴァ・コリンズ（Marva Collins）は生徒を賛美する喜びの歌によって素晴らしい成果をあげた。教師は、常に生徒たちの仕事の中に褒めるに値するものを捜し、それを生徒に伝えるようにすべきである。しかしながら、この積極的なフィードバックはそれだけでは教育的でないことに気づくことが重要である。それは現在の知識を修正へと導くわけではないので、成長を促進するわけではない。しかし、積極的なフィードバックは援助的環境を創り上げることによって、間接的には成長を促進する。その環境は生徒に更なる動機づけを与え、実際に現在の知識を修正へと導くような批判的フィードバックを受け入れることが可能である。

援助的環境の構築には、教師の姿勢に加えて、教育的取り決めについての捉え直しが必要となるであろう。それは私がすでに描いてきたダーウィン的考えに沿った捉え直しである。教師がこれらの概念を生徒たちと分かち合う時、彼らは安心し、本当に支持されていると感じるのである。

まず第一に、教科内容についてのダーウィン的捉え方が教育的業務に密接な関係をもつものと理解してほしい。教師が教科内容を推測的なものと認める時、生徒は安心する。というのは、歴史は間違い易い歴史家の推測した以上のなにものでもなく、物理も間違い易い物理学者の推測だからである。タイピング、水泳、書き方など、すべての技能は実際のところ全く人間の創造であり、実験である。こうした技能には不足した点もあるため、長い間修正・変更されてきたし、今後もそうあり続けるであろう。そして、生徒たちは与えられた教科内容を「学ぶこと」、「習得すること」、「記憶すること」、あるいは「再生すること」を期待しないと教師が宣言すると、気が楽になる。その代わりに、彼らは教科内容との批判的出会いを期待されるのである。生徒たちは教科内容が単なる議題、つまり彼ら自身の知識を引き出したり、呼び起こしたりするものとして存在することを理解すると、教科内容を恐れなくなる。

教育内容についての新しい概念は、教育目的に密接な関係を持った生徒の本質についてのダーウィン的概念と本質的に結びついている。生徒たちは授業の目的が現在の知識の改善にあると聞かされると安心する。なぜなら、これは生徒たちが実際に知識を持っていることを意味するし、また教育という旅は、生徒が現在の知識を改善することができるという楽観的な考えを持ち続ける限りは、現時点での理解のレベルから始まることを示しているからである。また、生徒たちは彼らが導かれる最終の目的地や目標は存在しないと聞かされると、更に安心する。なぜなら、知識の改善には終わりがなく、授業についての唯一の関心は、彼らの知識が学期または年間を通して良くなり続けることだからである。「良くなる」とは、間違いが少なくなるという意味である。そして、知識の改善は試行錯誤による誤りの排除という手続きを通じてなされる、と教師が生徒たちに教える時、彼らはその意味を完全には理解しないが、興味をそそられる。生徒たちは私たちが間違いから学ぶという着想を評価しつつも、学校と教室は人々が間違うことを期待される場であると聞かされると、常に当惑するのである。

生徒の本質についてのダーウィン的概念と教育内容についてのダーウィン的概念を生徒たちと分かち合うことに加えて、教師は、教師の役割についてのダーウィン的概念を生徒たちと分かち合うことによって、環境をより援助的なものとすることができる。教師の役割とは、判断し、評価し、分類し、成績をつけることではないという宣言を生徒たちは歓迎するが、彼らは一般的には疑い深い。教師の役割が教育的環境、すなわち間違いから学ぶことができるクラスの創造だと聞かされると、生徒たちは好奇心をそそられつつも、当惑する。

教師の役割についての捉え直しはそのような教育環境への実際の参加を必要とするので、これはすべての生徒たちを当惑させる。しかしながら、大半の生徒は教育についてのこのダーウィン的構築に挑戦しようとする。生徒たちは知識の消極的受容者ではなく積極的創造者として扱われることを好む。そして、生徒に自由を与え、応答的で援助的である教師を愛するのである。生徒たちが現在の知識を公にし、批判的フィードバックに対して自らを開き、批判的対話に参加し、反駁不可能な批判に沿って自らの知識を修正する限り、彼らは成長し続けるのである。

ここで明らかにしておくが、私にはダーウィン的教師であることの処方はないし、生徒たちが間違いから学ぶことを助けるために月曜日にすべきことをまとめたリストもない。ダーウィン的教師であることは、第一に既成の概念を変えていくという問題であり、多くの教師が通常持つものとは根本的に異なる教師、生徒、教科についての概念を必要とする。教師たちが知的成長を促進するために用いる実際の方法、計画、戦術、行動は、教育を伝達の過程としてではなく、成長の手続きとして再認識する真に実行力のある教師たちによって最もよく獲得されるのである。

2　道徳性と社会性の発達と促進

道徳性と社会性の発達の分野において、教師は生徒たちが慣れ親しんだ方法で行動し、相互に影響を及ぼし合える自由な環境を創造しようとする。教師は生徒たちを社会化しようと必死になったり、彼らに「学校」的行動を課して管理・支配するのではなく、むしろ生徒たちが相互に影響を及ぼし合えるよう働きかけるのである。そのために、まず初めに教師は、生徒が自らの自然な習慣となっている日常の行動を気楽に見せられるような環境を創造しなければならない。

そのためには、ニイルが言うようにクラスを子どもに合わせなければならない。このことは、教師が生徒たちの行動のあり方について先入観をすべて捨て去り、彼らをあるがままの存在として受け入れるべきことを意味する。教師は人間としての生徒を積極的に尊敬すべきである。これ以上に、ロジャーズは教師たちが生徒一人一人を独自な存在として賞賛すべきである、と主張する。このような開かれた受容的で気遣いのある環境の中で、人間は自由に現在の行動様式を明らかにするのである。

しかし、環境は自由であっても、それは規則がないことを意味するのではない。いかなる社会組織にも行動のルールがあり、ニイルが示したように学校での基本的ルールや原理は何人も他人の自由を邪魔してはならないというものである。この基本原理から、どのクラスや学校も、構成員それぞれの自由を保障するために計画されたより具体的な規準を引き出すのである。そこから引き出された基本原理とその当然の結果としての規則は、学校とクラス環境が応答的であることを保証する。それは、すべての人がこの基本原理に同意する時、他人の行動によって不幸な影響を受ける人は誰でも、相手の行動を批判できるからである。生徒たちは皆、行動が他人を傷つける時は、その行動に対する批判的フィードバックを受け取るのである。

すべての生徒は規則——他人の自由を邪魔しないという基本原理から引き出された——の制定に参加すべきであるとニイルは主張したが、私はそのような全体的参加が必要であるとは思わない。スタッフは規則を作ることができるし、それらの規則は職員と生徒で構成される委員会で作ることが可能なのである。必要なのは、すべての生徒が彼ら自身を護るための、そのような規則の存在に気づくことである。さらに言えば、すべての学校は何か制度化された協定を持つべきである。たとえば、サマーヒルの全校集会において、生徒たちはルール違反について取り上げ、それらを裁定する。ここでもまた、生徒たちはルールを批判し、批判に照らしてそれらを修正することができるのである。なぜなら、規則が何であるのかを知ることに加えて、生徒たちは誤りやすい人間によって規則が作られたことを理解しなければならないからである。すなわち、規則は完全なものではなく、批判を通して改善され得るのである。

基本原理から引き出された規則はそれぞれの学校によって異なり、生徒の年齢によっても異なる。はっきりさせるために重要なことは、規則は第一に教育的であって、管理的なものではないということである。規則が存在するのは生徒の自制を助けるためである。規則はスタッフが効率よく制度を運営するのを助けるためにあるのではない。生徒たちは自分自身を護るために規則を用いるのである。しかし、このこと以上に、他の生徒の行動を批判するためになされた規則の採用は、それらの生徒が行動を修正するのを助ける――そうした生徒たちが良くなるのを助ける――。その上、このような自制的コミュニティで生活することは、皆が自制的個人になるように構成員の道徳的・社会的感性を豊かなものにする。

しかし、このことが可能となるためには、環境それ自体も援助的なものでなければならない。援助的環境においてこそ、生徒は誤り、間違いを犯した自分を認識、受容して、自分の行動が不十分であることを認める。つまり、自分の行動が他人に不幸な影響を及ぼしたことを認めるのである。援助的環境では、生徒たちは自らの行動に関して防御的ではなく、逃避的でもない。彼らは無関心でも、不注意でも、無感覚でもない。援助的環境において、生徒たちは他人に迷惑をかけないことを真剣に考え、仮にそうなりそうな場合は、自らの行動を変更、修正しようとするのである。

援助的環境の創造は、教師の姿勢にもかかっている。ロジャーズが指摘するように、教師は共感的理解を持ち、いつも生徒の立場から状況を捉えようとしなければならない。援助的教師は、決して生徒個人を非難しない。決して彼らを否定せず、無視せず、押さえつけることをしない。教師は、生徒の行為を（生徒個人ではなく）非難する。生徒が自分自身とその行為を客観的に見つめることができる時だけ、「生徒個人を批判する」のではなく、行為それ自体を「批判する」のである。

教師はまた、生徒たちと人間――そして生徒――に対する考え方を共有することによって、援助的環境を創造することができる。人間は、どんなに一生懸命に頑張ろうとも、誤り易い存在であり、他人に苦しみや苦痛を与える存在だと教師は説明できる。しかし、人間は誤り易いが故に、他人からの批判的フィードバックによって、自らを絶えず改善し、その行動を修正することができるのである。私たちが他人を必要とする理由がここにある。私たちは批判という援助によって、向上することができるのである。

3　精神的成長と促進

すでに見てきたように、ロジャーズは精神的問題の三つの原因を確認した。すなわち、それは人間の行動が自らの理論と不一致である時、自らの理論に矛盾を認める時、自分自身が現実の状況において十分に活動できない時などに関してである。私たちは皆、様々な状況で三種類の精神的問題を経験している——それらは、しばしば青年期（私たちの学校時代）に起こった——。したがって、生徒たちの少なくとも何人かは、そうした問題を経験しているに違いないのである。これらの問題の解決策は精神的成長にある。私たちは自己に関してより良く、より十分な、そしてより正しい理論を創造する。また、教師たちは自由で、かつ応答的、援助的な環境を創ることによって、精神的成長を促進することができるのである。

カール・ロジャーズの理論をめぐる議論において、そのような環境は主として教師の姿勢の結果であり、教師が生徒と自分自身との間に築いた人間関係の結果であることが確認できた。しかし、教師はセラピストではないことをまず明らかにしておかなければならない。教師は情緒障害や精神的問題を抱えた生徒を扱うことのできる資格を与えられているわけではない。そのような生徒がいた場合、教師は資格を持つ専門のセラピストに任せるべきである。精神的領域における教師の役割は、生徒の自己理解の進歩を助けることである。それはちょうど、生徒が物質界と自分の住む社会的世界について理解を深めるのを教師が助成するのと同様である。

種々様々な方法で、生徒は自己理解を日々明らかにしていく。語る内容、語る方法、語る時間において、また書く内容において、さらに立つ、座る、歩く方法においてである。そのような生徒の事実に直面した時、それがたとえどのように奇妙で、無作法で、不正確で、足のつま先が曲がっているとしても、教師は受け入れるべきである。生徒の自己理解は、大抵は不十分で不完全で誤りである。しかし、教師は生徒が自らを明らかにすることを許容するような風潮と自由を創造しなければならない。

可能ならば、教師は生徒が自己理解を高めようとする人間である時、彼を賞賛すべきである。教師は、生徒が自分自身についての現在の理解を修正し、改善できるよう、生徒に対する信頼感を明らかにしなければならない。

教師は生徒の自己理解の提示に対して応答的であることによって、生徒の精神的成長を促進することができる。ここで、反応とは第一に、生徒が話す、書く、身振り手振りをする時に明らかとなる客観的内容を、生徒に対してフィードバックすることで成り立っている。「貴方は、今日……と感じているようだ」。これは辛辣な批判の方法としてではなく、生徒がどのように感じているかを気にかける、教師の関心の表現として語られるべきである。

しかし、生徒の自己理解に対するフィードバックだけにとどまらず、教師は自らの感情表現によって反応を示すこともある。ロジャースの言葉を用いるならば、教師は一貫性を持たなければならない。すなわち、教師は自分の気持ちを確認することによって、生徒に対してそれを表現することができる。「私はこれが好き」。「これはまずい味だ」。明らかにされた生徒の自己理解を熟考し、生徒への本当の気持ちを明らかにすることによって、教師は応答的環境を創り上げる。その環境は、生徒が現在の自己理解の不十分さを認識するのを助ける（「私は本当にそのような人間なのか？」）。この発見は生徒たちの理解を修正することによって、彼らをより良い自己理解へと導くであろう。

応答的であることは、生徒と教師の双方にとって痛みを伴うこともあり得る。これは、環境が援助的で、また教師が生徒に対して共感的理解を持つ場合は軽減される。（「これは私の気持ちであるが、なぜ貴方が自分のしたことを話したかは理解できる。」）

精神的成長を促進することは教師の責任の一部ではあるが、それは教育における（初等・中等学校においてさえ）最優先項目ではないと考える。精神的成長に重きを置きすぎることは、教育制度において一番に優先すべき知的成長の促進をないがしろにするのではないかと心配するのである。

第三節　教育のダーウィン的理論のさらなる深い意義

本書において、私は知識の成長、行動の成長、自己理解の成長について述べてきた。しかし、成長についてのダーウィン的概念は、人間が創造するすべてのものに当てはまるのである。文化のすべてに、三つの世界のすべてに当てはまるのである。人間は社会的調整、経済的調整、政治的調整を創造的に行う。したがって、これらの面に関しても成長が期待できる。そして、それらは同様のダーウィン的な試行錯誤による誤りの排除という手続きを通して成長するのである。間違い易い人間は政治的、社会的、経済的調整を創造的に行う。そこでの人間は完全ではあり得ないが、批判を媒介にして改善を成し遂げることができる。批判を通して、私たちはそこでの不十分さや限界を発見することができるのである。

このことは、私たちが学校の社会的、政治的、経済的機能を構築するために成長の隠喩を用いることもできる、ということである。教育の伝達概念と歩調を合わせるように、伝統的に教師はこれらの諸機能を社会化の一過程としてとらえてきた。教師は、生徒を既存の制度に適応させるために社会化しようと試みる。教師は、生徒にある決定された考え方、技能、理解、信念、態度を与えることによって、社会の一員、市民、働き手となる準備をさせるのである。学校の機能は、既存の社会的、政治的、経済的制度を受け入れ、維持する人々を作り出すという社会の再生産として解釈される。これは権威主義的である。それは進歩を妨げる。しばしば、改革者は社会を改善するために学校を利用しようとした。しかし、伝達理論の魔力に魅せられて、彼らは社会化のもう一つの見解のみを提示することになった。この場合、ある理想的社会、理想的政治、理想的経済システムへの社会的適応となる。学校教育は権威主義的なままであった。

しかしながら、私たちが既存の社会的、政治的、経済的制度を第三の世界の一部として、つまり批判を通していつでも改善可能な、間違い易い人間の創り上げた不完全なものとして見るなら、私たちは学校のための新しい機能を築き上げることができる。生徒を社会化する代わりに、私たちは彼らを教育して社会的問題に関心のある批評家、すなわち批判的市民、批判的労働者、批判的雇用者、批判的消費者へと導くことが可能となる。そのような教育、すなわち既存の制度を保持、改善することに関わり、また改善の積み重ねを通して批判的対話への参加を準備する学校教育によって、主体的に学ぶ生徒が現れるのである。

これは最終的には、教育のダーウィン的理論によって提供された教育目的についての新しい概念を私たちにもたらす。すでに理解したように、最も古い教育の隠喩は若者を文化へと導くことを目的としていた。最も新しい隠喩に関しては、その目的は文化の発展、すなわちポパーが言う第三の世界を促進することである。そうするために、学校は若者に文化に対する責任、つまり文化の育成と発展に対する責任を促すよう試みるべきである。文化は批判を通して成長するため、教育の目的は人々が文化に対して関心をもつ批評家となるよう準備させることである。このために、学校は若者たちにできる限り多くの異なる文化の諸相を提示することが可能である。生徒に人間の創造したものを提示しようと試みることが可能なのである。それらは過去の批判に耐えてきたが故に合理的なものであるが、同時に批判によって改善され、発展し続けることが可能なものでもある。

最後に、教育のダーウィン的理論の実行可能性について一言述べておきたい。ダーウィン的理論はロマン主義的な教育理論ではない。それは生徒が本質的に善い存在であるとか、賢い存在であるという仮定には立っていない。それは、生徒――すべての人間――は誤り易い存在であるという仮定に立っている。すなわち、私たちは皆、間違いを犯す存在なのである。しかし、教育のダーウィン的理論は、私たちがいかに学ぶべきか――自らの誤りから――を強調する。つまり、誤りを排除し、少なくすることによって、私たちの行動、自己概念、文化と同様に、私たちの知識も成長するのである。

この教育のダーウィン的理論は、それが手段として提供され得る以前に、学校における既存の教育的制度の捉え直しを必要とするわけでもない。教育のダーウィン的理論は、成長を試行錯誤による誤りの排除という手続きとして解釈しながら、成長の隠喩に基づいて教育を捉え直すことを要求するのである。私が示したように、教育をこのように構築することは、教育内容、生徒の役割、教師の役割、教育目的の捉え直しを必然的に伴うものである。しかし、私はこれらすべてについてのとらえ直しは、多くの学校における既存の制度の中で起こり始めていると確信する。大半の学校に見られる現在の制度は、すべては伝達という教育の隠喩の影響下に築かれていることは事実である。しかしながら、これらの既存の制度の枠内であっても、教師は以下のような理由で、生徒の知的成長を促進することができるのである。

一、教科内容は伝達するのではなく、提示することができるものである。

二、生徒に教科内容を受容させるのではなく、むしろそれと批判的に出会うよう導くことができる。

三、これらの批判的出会いを、知識が成長するための試行錯誤による誤りの排除という手続きとして見ることができる。

四、制度的拘束はあろうが、教師は教室をより自由で応答的かつ援助的な環境を創造することによって、生徒たちの成長を促進することができる。そのような教室は、生徒たちがもっと容易に誤りから学ぶことのできる場である。

五、最後に、既存の学校においても、教師が学校教育の目的を私たちの文化発展を促進する積極的な批評家を育てる試みとしてとらえ直すことは可能である。

原注

（二—七章についての邦訳は「参考文献」に記した。）

第一章：教育の三つの隠喩

（1）John Amos Comenius, *The Great Didactic* (London : Adam and Charles Black, 1896), p.41.（鈴木秀勇訳『大教授学』二巻本、明治図書、一九六二年）

（2）Thomas Elyot, *The Boke Named the Governor* (1531) (London : J. M. Dent and Sons, 1962), p.13.

（3）Francis Bacon, *The Advancement of Learning* (1605) (London : J. M. Dent and Sons, 1958), p.34.

（4）John Amos Comenius, *The Orbis Pictus* (1672) (Syracuse, N. Y. : C. W. Bardeen 1887), p.xiv, author's preface.（井ノ口淳三訳『世界図絵』ミネルヴァ書房、一九八八年）

（5）Jean Jacques Rousseau, *Emile* (1760) (London : J. M. Dent and Sons, 1957), p.5.（今野一雄訳『エミール』三巻本、岩波書店、一九六二年）

第二章：カール・ポパーの進化論的認識論

（1）Eric Havelock, *The Greek Concept of Justice* (Cambridge, Mass. : Harvard University Press, 1978), chapter 18. 参照

（2）K. R. Popper, *Conjectures and Refutations* (London : Routledge & Kegan Paul, 1963), Paul A. Schlipp, ed., *The Philosophy of Karl Popper* (LaSalle, Ill. : Open Court, 1974), K. R. Popper, *Objective Knowledge* (Oxford : Oxford University Press, 1972) 参照

（3）前掲、シュリップ編『カール・ポパーの哲学』（ポパー「自叙伝」）p.28.

（4）前掲、ポパー『客観的知識』p.109.

（5）Karl R. Popper and John C. Eccles, *The Self and Its Brain* (New York : Springer International, 1977), p.40.
（6）Ernest Gombrich, *A Sense of Order* (Ithaca, N. Y. : Cornell University Press, 1979), chapter 1. 参照
（7）前掲、ポパー『推測と反駁』p.44.
（8）前掲、ポパー『客観的知識』p.346.
（9）同書、p.346.
（10）同書、pp. 119-20. 及び p.120n.8.
（11）同書、p.25.
（12）前掲、シュリップ『カール・ポパーの哲学』p.1020.
（13）前掲、『客観的知識』p.24.
（14）前掲、『推測と反駁』p.45.
（15）前掲、『カール・ポパーの哲学』p.1015.
（16）同書、p.1020.
（17）同書、p.142.
（18）K. R. Popper, "The Rationality of Scientific Revolutions," in Rom Harre, ed., *Problems of Scientific Revolutions* (Oxford : Clarendon Press, 1975) p.96 n.21.
前掲、ポパー『客観的知識』p.261. も参照のこと。
（19）前掲、ポパー『客観的知識』p.246.
（20）同書、p.119.

第三章：ジャン・ピアジェ

（1）世界中の心理学者たちは、ピアジェの実験を反復した。これらの反復実験は、多くの部分で認知発達の時期

をめぐるピアジェ自身の分析と一致した。ピアジェの業績に対する他の心理学者たちの批判の多くは、行為対能力の問題に関して堂々巡りを繰り返している。批評家たちは、いわゆる認知発達の異なる時期とは、学習された特殊な行動技術の有無を単に示しているにすぎないと主張する。彼らは、ピアジェの主張（すなわち、発達段階の違いとは認知発達の特定の時期に「現れる」特殊な能力の有無によって示されるという見解）を拒否する。行動理論を好む人々は多くの実験をした。それらの実験によれば、子どもたちの中にはピアジェが言うよりも早く特定の種類の行動を示す者もいたのである。これは、こうした行動が学習されるものであることを示している、と批評家たちは論ずる。（これら反復実験の多くは、Charles J. Brainerd, *Piaget's Theory of Intelligence*, Englewood Cliffs,N.J. : Prentice-Hall, 1978. に要約されている。）また、Irving E. Siegel and Frank H. Hooper, eds., *Logical Thinking in Children* (New York : Holt, Rinehart and Winston, 1986) も参照のこと。ピアジェ理論に対する他の批判としては、L. S. Siegel and C. J. Brainerd, eds., *Alternatives to Piaget : Critical Essays on the Theory* (New York : Academic Press, 1978) がある。

　私はこれらの批判がピアジェの業績の妥当性を深刻に損なうとは思わない。批判者は誰一人として認知発達における四つの段階の存在が誤りであるとは立証し得ないのである。文化的に異なる子どもたち、経験の異なる子どもたち、知性において異なる子どもたちが、発達の四段階を通り過ぎる速さに違いがあるのは事実である。しかしながら、段階の順序性は不変である。第二段階はいつでも最初の段階の次に、第三段階は第二段階の後に、第四段階は第三段階の後にというように、段階を飛ばしてしまうことはあり得ない。さらに、後の段階は先の段階を組み入れ、あるいは先の段階に基礎を置くことになる。結局のところ、ピアジェ理論の一番の価値はいわゆる発達の認知段階にあるのではなく、本書の中で紹介したように、人間を知識の創造者としてとらえる彼の人間観にあるのだと私は思う。

（2）これらの発達時期についてのピアジェの主な業績は、以下の著作に含まれている。*The Origins of Intelligence in Children* (New York : Norton, 1963) ; *Play, Dreams and Imitation in Childhood* (New York : Norton, 1962) ; *The Early Growth of Logic in the Child* (New York : Norton, 1969) ; *The Growth of Logical

Thinking from Childhood to Adolescence, with Barbel Inhelder (London : Routledge & Kegan Paul, 1958)

（3）「知性の主要な二つの機能は、発明することと理解することである。」(Piaget, *Biology and Knowledge*, Chicago : University of Chicago Press, 1971, p.213.) ピアジェ自身は「理論」という言葉を使わないが、その代わり「シェマ」(schemes) と「概念」(concepts) という用語を使う。概念とは、「行動と操作の図式以外の何ものでもない」(*La Psychologie de l'intelligence*, Paris: Cohn, 1947, p. 41) とピアジェは説明する。ピアジェは私たちの感覚運動的行為が創る「シェマ」(物をつかんだり、引っ張るような) と私たちの論理的操作が創る「概念」(会話のような) を区別する。私は、シェマと概念の両方とも「理論」と呼ぶことにする。(感覚運動理論［つかんだり引っ張るシェマ］を「方法」理論とみなすほうが役立つかもしれない。)

（4）この実験に関する多くの議論では、解説者は前操作期の子どもたちは保存の概念を持たないと論じている。しかし、ピアジェは前操作期の子どもたち、また感覚運動期の子どもたちさえも実際には保存の概念を持つことを示した。「対象の永続性」は保存の一形態である（ピアジェの娘と、消えた懐中時計の事例を思い出してほしい）。さらに、ピアジェは実際に保存は同一性に基づくと言った（*The Child's Conception of Geometry* with Barbel Inhelder and Alina Szeminska, New York : Basic Books, 1960, p.102)。ピアジェは、「保存」が可逆性に基づくと提案している。もし子どもが逆の認知的操作ができなければ、保存することはできない。このように、見えなくなった時計は見えるようにはならず、従ってそれは存在しないことになる。子どもは保存することができない。対象は永続性を持たない。また、この細長いコップの中の水は、幅広いコップの中にあった時よりも多い。子どもは量を保存することができない。操作的思考は、たとえば加法と減法の逆が可能であり、あるいはコップの幅と水の高さの逆の関係の操作で構成されている、とピアジェは言う。コップの中の水実験に関する私の解釈は、前操作期の子どもたちも同一性理論――同一性の知覚理論を持っているので、保存できるという提案である。しかし、この同一性の知覚理論では、外見は変らないという性質、例えば木の一片の色あるいは形のみは保存することができる。（これがピアジェの言う「対象の永続性」である。子どもたちは外見が変化する性質――例えば、幅の異なるコップの中の水量――を保存することはできない。これは二つのコップの関係の変化に関わるものであるが、前操作期の子どもたちは、この変化を理解して相互に関係しているという理論を生み出すことができない。子どもたちがこの理論を生み出すことができないのは、この理論が常に可逆的（もしA＝BならばB＝Aである）なので、前操作期の子どもたちはこの操作ができないからである。

（5）前掲、ピアジェ『幼児期における遊び、夢、模倣』p.224.

（6）ピアジェの以下の著作を参照のこと。Jean Piaget, *The Child's Conception of the World* (London : Routledge & Kegan Paul, 1929) ; *The Child's Conception of Physical Causality* (London : Routledge & Kegan Paul, 1930) ; *The Construction of Reality in the Child* (New York : Basic Books, 1970) ; with Barbel Inhelder, *The Origin of the Idea of Change in Children* (New York : Norton, 1975) ; *The Child's Conception of Number*,（New York : Norton, 1975.）

（7）前掲、ピアジェ『子どもにおける真理の構築』pp.231-232.

（8）同書、p.261.

（9）同書、p.258.

（10）前掲、ピアジェ『子どもの世界観』p.220.

（11）Jean Piaget, *Judgement and Reasoning in the Child* (New York : Harcourt Brace, 1928), p.229.

（12）前掲、ピアジェ『子どもにおける物理的因果関係の概念』p.228.

（13）同書、p.229.

（14）同書、p.62, p.65, p.71, p.72.

（15）ピアジェの発達心理学に関する最も包括的な解説を書いたジョン・フラベルは、認知的同化というピアジェの考えを最近のアメリカの心理学者ジョージ・ケリーの見解になぞらえている。ケリーは、人間は現実を構築すると主張したが、それは人間が出会う状況の心理的構成概念を創造することを意味する。(John M. Flavell, *The Developmental Psychology of Jean Piaget*, New York : Van Nostrand, 1963, p.48.)

(16) Jean Piaget, *Behavior and Evolution* (New York : Pantheon Books, 1978), pp. xvi, 6, 22–23. を参照のこと。

(17) Jean Piaget, *Structualism*, New York : Basic Books, 1971, 第四章、特にp.63. また前掲、ピアジェ『子どもにおける知能の誕生』pp.85–86. を参照のこと。

(18) 前掲、ピアジェ『生物学と知識』p.12.

(19) 前掲、ピアジェ『行動と進化』pp. xvi, 6, 22–23. 『生物学と知識』pp.300–304.

(20) 前掲、ピアジェ『幼児における真理の構築』p.113.

(21) 前掲、ピアジェ『子どもにおける知能の誕生』p.26.

(22) 同書、pp.27–28.

(23) 前掲、ピアジェ『幼児期における遊び、夢、模倣』p.217.

(24) 同書、p.216.

(25) 同書、p.225.

(26) 前掲、ピアジェ『子どもにおける数の概念』p.164.

(27) 同書、p.176.

(28) Jean Piaget, *Genetic Epistemology* (New York : Norton, 1970), pp.27–28.

(29) Jean Piaget, in *Play and Development*, ed. Maria W. Piers (New York : Norton, 1972), p.27.

第四章：B・F・スキナー

(1) スキナーは急進的行動主義と方法論的行動主義を区別した。方法論的行動主義は、感情や精神状態を行動と関係を持つものとは捉えない。感情や精神状態が存在することは否定しないが、それらの妥当性（「あなたはどのように感じますか？」、「彼は何を考えていますか」）について共通の合意はあり得ないので、方法論的行動主義者は行動それ自体を説明しようとして、精神状態や感情を無視する。急進的行動主義者は、感情や精神状態を測定することはせず、両方を身体の中で起こり得る行動として分類する。急進的行動主義者によれば、感情と精神状態は行動の原因ではない。それらはむしろ人の発生的環境的歴史の内的産物である。

（2） B. F. Skinner, *The Technology of Teaching* (New York : Appleton-Century-Crofts, 1968), p.14.

（3） これについては膨大な文献がある。F. M. Kanter and J. S. Philipps, *Learning Foundations of Behavior Therapy* (New York : Wiley, 1970) ; T. M. Stephens, *Implementing Behavioral Approaches in Elementary and Secondary Schools* (Columbus, Ohio : Merrill, 1975) ; N. K. Burkley and H. M. Walker, *Modifying Classroom Behavior* (Champagne, Ill. : Research Press, 1973).

（4） B. F. Skinner, *About Behaviorism* (New York : Vintage Books, 1976).

（5） 同書、p.41.

（6） 同書、p.44.

（7） 前掲、スキナー『教授工学』p.66.

（8） 同書、p.67.

（9） 前掲、スキナー『行動主義について』p.123.

（10） 同書。

（11） B. F. Skinner, *Beyond Freedom and Dignity*,（New York : Bantam Books, 1972.）

（12） 同書、p.121., p.123.

（13） 前掲、スキナー『行動主義について』p.221.

（14） 同書、p.208.

（15） 『行動主義について』で、スキナー自身は行動主義に対するこうした反論が出されたきっかけを作ったが、彼の返答は批判をはねつけるに十分なものではなかった。第一五番目の議論、pp.5, 158-261. を参照のこと。

（16） 同書、p.82. ここで、スキナーはより専門的な議論をしている。「オペラント条件づけが強化されている時は、いかなる刺激も通常より高い割合の抑制力を感覚に取り込む。そうした刺激は、人を駆り立てる刺激として作用しているわけではない。人を駆り立てる刺激を強制的に生じさせるような感覚の中から反応を引き出すことはしないのである。それは単に反応が引き起こされ、強化される場合の基本的側面にすぎない。」(*Contingencies of Reinforcement: A Theoretical Analysis*, New York : Appleton-Century-Crofts, 1969, p.7.)

(17) 前掲、スキナー『行動主義について』p.53.

(18) 同書、p.226.

(19) 前掲、スキナー『教授工学』p.45.

第五章：マリア・モンテッソーリ

(1) Maria Montessori, *The Montessori Method*, (New York : Schocken Books, 1964) p.115.

(2) E. M. Standing, *Maria Montessori: Her Life and Work* (Fresno, Calif. : Academy Library Guild, 1959.) を参照のこと。

(3) C. H. Patterson, *Foundations for a Theory of Instruction and Educational Psychology*, (New York : Harper & Row, 1977) p.62. を参照のこと。彼は、「彼女の実践は理論から導き出されたものというよりも観察や経験から発展したものであるが、モンテッソーリ的アプローチは理論的基礎を持つ」と述べている。p.56 参照。

(4) Maria Montessori, *The Absorbent Mind*, (New York : Holt, Rinehart and Winston, 1967), pp.246-47.

(5) 前掲、『モンテッソーリ・メソッド』p.19.

(6) Motessori, *Dr. Montessori's Own Handbook*, (New York : F. A. Stokes, 1914), p.27.

(7) 同書、p.31.

(8) 同書、p.77.

(9) 前掲、『モンテッソーリ・メソッド』p.84.

(10) 同書、p.85.

(11) 前掲、『モンテッソーリ・ハンドブック』p.32.
(12) 前掲、『吸収する心』p.246.
(13) 前掲、『モンテッソーリ・ハンドブック』p.32.
(14) 同書。
(15) 学校の中で起きたすべての問題こそ真の問題である、と考えるデューイは、モンテッソーリ教具の重要性を評価しようとはしなかった。John and Evelyn Dewey, *Schools of Tomorrow*, (New York : Dutton, 1915), pp.154-57. 参照のこと。
(16) 前掲、『吸収する心』p.249.
(17) 同書、p.67.
(18) 前掲、『モンテッソーリ・メソッド』p.228.
(19) 同書。
(20) Neil Postman and Charles Weingartner, *Teaching as a Subversive Activity*, (New York : Delacorte Press, 1969.) を参照のこと。
(21) 上記参照のこと。言語の四つの機能に関する議論のための第二章「推測的知識」の部分。
(22) 前掲、『モンテッソーリ・メソッド』p.109.
(23) 同書、p.285.
(24) 同書、p.287.
(25) 同書、p.298.
(26) 同書、p.304.
(27) 前掲、『吸収する心』p.169.
(28) 同書、p.282.
(29) 前掲、『モンテッソーリ・メソッド』pp.105-106.

(30) Maria Montessori, *Education and Peace*, (Chicago : Regnery, 1972), p.92.
(31) 前掲、『モンテッソーリ・メソッド』pp.61-62.
(32) 同書、p.71.
(33) 前掲、『モンテッソーリ・ハンドブック』p.116.
(34) 同書、p.26.
(35) 前掲、『モンテッソーリ・メソッド』pp.348-349.
(36) 同書、p.87.
(37) 同書、p.88.
(38) 同書、pp.92-93.
(39) 同書、p.94.
(40) 同書、p.337.
(41) 前掲、『吸収する心』p.261.
(42) 前掲、『モンテッソーリ・メソッド』p.349.
(43) 私が提示したモンテッソーリの業績に関するポパー・ダーウィン的解釈は、アリストテレス的ではないにもかかわらず、実際には現実主義を受け入れることに頼っている。これは、間違いやすい人間は何が秩序であるかを知ることはできないけれども、固有の秩序によって真の宇宙の実在を仮定し得ることを意味している。
(44) 前掲、『モンテッソーリ・メソッド』p.364.

第六章：A・S・ニイル

(1) 『問題の教師』、ニイルの教師シリーズ *A Dominie in Doubt*, in *The Dominie Books of A. S. Neill*, (New York : Hart, 1975), p.146.
(2) 同書。

（3） Ray Hemmings, *Fifty Years of Freedom*,（London : Allen & Unwin, 1972）, p.47.
（4） A. S. Neill, *Summerhill : A Radical Approach to Child Rearing*,（New York : Hart, 1960）, p.4.
（5） 同書。
（6） サマーヒルとモンテッソーリ・スクールの違いを尋ねられた時、ニイルは次のように説明した。「サマーヒルでは子どもは汚い言葉を使えるが、モンテッソーリ・スクールではそれができない。」A. S. Neill, *Neill! Neill! Orange Peel!*,（New York : Hart, 1972）, p.339.
（7） 前掲、ニイル『サマーヒル』p.114.
（8） 同書、pp.35-36.
（9） A. S. Neill, *The Problem Child*,（London : Jenkins, 1934）, p.217.
（10） 前掲、『サマーヒル』p.48.
（11） 同書、p.348.
（12） 同書、p.107.
（13） 同書、p.155.
（14） 同書、p.167.
（15） 同書。
（16） 同書、p.51.
（17） 同書、p.250.
（18） Richard Sennett, *The Fall of Public Man* (New York : Vintage Books, 1978), pp.216-323.
（19） 前掲、ヘミングス『五十年間の自由』を引用。p.141.
（20） 前掲、『ニイル！ニイル！オレンジ・ピイル！』p.247.
（21） 同書、p.243.
（22） Emanuel Bernstein, “Summerhill Graduates,” *Psychology Today* (October 1968), pp.37-40, 70.

(23) 前掲、『サマーヒル』p.294,『ニイル！ニイル！オレンジ・ピイル！』p.225. も参照。
(24) 同書、p.54.
(25) 同書、p.297.
(26) 同書、p.118.
(27) 同書、p.284.
(28) 同書、p.149.
(29) 同書、p.4.
(30) 同書、p.195.
(31) 同書、p.119.
(32) 同書、p.292.

第七章：カール・ロジャーズ

(1) Henry J. Perkinson, *The Possibilities of Error*, (New York : McKay, 1971) 参照。
(2) Carl Rogers, *Client-Centered Therapy* (Boston : Houghton Mifflin, 1951), p.24.
(3) 同書、p.196.
(4) 同書、p.192.
(5) 同書、p.40.
(6) Howard Kirschenbaum, *On Becoming Carl Rogers* (New York : Delacorte Press, 1971), p.121.
(7) 同書、p.163.
(8) 同書、p.196.
(9) 前掲、『カール・ロジャーズになる時』pp.166-167.
(10) 前掲、『来談者中心の療法』p.389.

(11) Carl Rogers, *Freedom to Learn* (Columbus, Ohio : Merrill, 1969), pp.152-53.
(12) 同書、p.110.
(13) 前掲、『学ぶ自由』(一九八三版年) pp.195-224.
(14) 前掲、『学ぶ自由』(一九六九版年) p.46.
(15) 同書、pp.103-104.
(16) 同書、p.104.
(17) 同書、p.153.
(18) 同書、p.250., pp.286-287.
(19) 同書、p.251.
(20) 同書、pp.157-158.
(21) 同書、pp.159-162.

参考文献（抜粋）

カール・R・ポパー

科学哲学の分野において最も著名で影響力のあるポパーの著作『探求の論理』（*Logik der Forschung*, Vienna: Springer, 1935）は、『科学的発見の論理』（*The Logic of Scientific Discovery*, London: Hutchinson, 1959）として英訳されている（大内義一・森博訳『科学的発見の論理』（上・下）恒星社厚生閣、一九七一）。最近、ポパーはバートレイ三世が編集した『科学的発見の論理・補遺』（*Postscript to the Logic of Scientific Discovery* in three volumes, edited by W. W. Bartley, III, London: Hutchinson, 1982）を出版した。『推測と反駁』（*Conjectures and Refutations*, London: Routledge & Kegan Paul, 1963/1968. 森博・藤本隆志・石垣寿郎訳『推測と反駁』法政大学出版局、一九八〇）には、ポパーの科学哲学についての小論が含まれている。

ポパーは歴史哲学と政治理論に関する業績においても著名である。『歴史主義の貧困』（*The Poverty of Historicism*, London: Routledge & Kegan Paul, 1944-45/1957. 久野収・市井三郎訳『歴史主義の貧困』中央公論社、一九六一）と『開かれた社会とその敵』（*The Open Society and Its Enemies*, London: Routledge & Kegan Paul, 1945/1966. 小河原誠・内田詔夫訳『開かれた社会とその敵』未来社、一九八〇）は、そうした彼の業績の一部である。

ダーウィンの進化論に関するポパーの論文の多くは、『客観的知識』（*Objective Knowledge*, Oxford: Oxford University Press, 1972/1979. 森博訳『客観的知識——進化論的アプローチ——』木鐸社、一九七四）の中に収録されている。『自己とその脳』（*The Self and Its Brain*, New York: Springer International, 1977）は、ポパーとエクレス（J.C. Eccles）の共著である。

ポパー哲学入門の良書としては、ブライアン・マギーの『ポパー』（Brian Magee, *Popper*, London: Fontana/

Collins, 1973. 森博監訳『カール・ポパー』富士社会教育センター、一九八〇）とシュリップ（P.A. Schlipp）編『カール・ポパーの哲学』（*The Philosophy of Karl Popper*, LaSalle,Ill. : Open Court, 1974）を挙げることができる。この二巻にはポパー哲学に対する批判と意見、併せてそれらに対するポパー自身の返答が含まれている。

ポパー哲学に対する批判書としては、アッカーマンの『カール・ポパーの哲学』（R. Ackermann, *The Philosophy of Karl Popper*, Amherst : University of Massachusetts Press, 1976）とオヘアーの『カール・ポパー』（A. O'Hear, *Karl Popper*, London : Routledge & Kegan Paul, 1980）がある。

ポパーの知性的な自叙伝としては、『果てしなき探究』（*Unended Quest*, London : Fontana, 1976. 森博訳『果てしなき探求』岩波書店、一九七八）がある。

ジャン・ピアジェ

ピアジェは子どもの発達に関する二〇冊以上の著作及び共著を出版した。その中で最も有名な初期の三冊は、ピアジェ自身が三人の子どもたちの日々（時間ごと）の観察に基づいてまとめたものである。それらが、『子どもにおける知能の誕生』（*The Origins of Intelligence in Children*, New York : Norton, 1963. 波多野完治・滝沢武久訳『知能の心理学』みすず書房、一九六〇）、『子どもにおける実在の構成』（*The Construction of Reality in the Child*, New York : Basic Books, 1954）、『幼児期における遊び、夢、模倣』（*Play, Dreams and Imitation in Childhood*, New York : Norton, 1962.）である。

ピアジェはまた、時間、空間、活動、速さ、数、物理的因果関係、世界、幾何に関する子どもの概念について数冊の著作を発表した。さらに、『児童道徳判断の発達』（*The Moral Judgment of the Child*, London : Kegan Paul, 1932. 大伴茂訳『児童道徳判断の発達』同文書院、一九五七）、『判断と推理の発達心理学』（*Judgment and Reasoning in the Child*, New York : Harcourt Brace, 1928. 滝沢武久他訳『判断と推理の発達心理学』国土社、一九六九）、『子どもの論理の初期発達』（*The Early Growth of Logic in the Child*, New York : Norton, 1969）を著している。

ピアジェ理論全体とそのアプローチの仕方を著しているのが『発生的認識論』(*Genetic Epistemology*, New York : Norton, 1970. 滝沢武久訳『発生的認識論』白水社、一九七二)、『六つの心理学研究』(*Six Psychological Studies*, New York : Vintage Books, 1968. 滝沢武久訳『思考の心理学』みすず書房、一九六八)である。

ピアジェ思想についての最適の入門書としては、ガードナー著『精神の探究』(Howard Gardner, *The Quest for the Mind*, New York : Knopf, 1973) がある。他の入門書としては、アイザックス著『ピアジェ入門概要』(Nathan Isaacs, *A Brief Introduction to Piaget*, New York : Schocken Books, 1972)、リッチモンド著『ピアジェ入門』(P. G. Richmond, *An Introduction to Piaget*, New York : Basic Books, 1971)、パラッキによる、明快な著作『ピアジェを理解する』(Mary Ann Spencer Pulacki, *Understanding Piaget*, New York : Harper & Row, 1971) がある。ピアジェ思想全般を最も綿密に網羅したものとしては、フラベル著『ピアジェの発達心理学』(John H. Flavell, *The Developmental Psychology of Jean Piaget*, New York : Van Nostrand Reinhold, 1963) がある。グラバーとボネッシュの共著『ピアジェのすべて』(Howard E. Gruber and J. Jacques Vonèche, *The Essential Piaget*, New York : Basic Books, 1977) も参照のこと。ブリングエーの著作『ピアジェとの対話』(Claude Bringuier, *Conversations with Piaget*, Chicago : University of Chicago Press, 1980) は、他に類のない好著である。

ピアジェに対する批判的著作としては、シーガル編『ピアジェ理論と実践における新しい動向』(*New Directions in Piagetian Theory and Practice*, edited by I. E. Siegel et al., Hillsdale, N. J. : L. Erlbaum, 1981)、シーガル、ブレナードの編集による『ピアジェに代わるもの——その理論に対する批判——』(*Alternatives to Piaget : Critical Essays on the Theory*, edited by Linda S. Siegal and Charles J. Brainerd, New York : Academic Press, 1978)、ロットマン著『ジャン・ピアジェ——真実の心理学者——』(Brian Rotman, *Jean Piaget : Psychologist of the Real*, Ithaca, N. Y. : Cornell University Press, 1978) がある。

ピアジェは自分自身を教育者ではないと主張していたが、教育に関する二冊の著作を出版している。『理解することは創造すること』(*To Understand Is to Invent*, New York : Viking Press, 1974) と『教育科学と児童心理学』（*Science of Education and the Psychology of the Child*, New York : Viking Press, 1969）がそれである。

ピアジェ理論を教室でどのように適用するかについては、以下の著作において取り上げられている。バイビー著『教育者のためのピアジェ』（Rodger W. Bybee, *Piaget for Educators*, Columbus, Ohio : Merrill, 1982）、ファース著『教師のためのピアジェ』（H. G. Furth, *Piaget for Teachers*, Englewood Cliffs, N. J. : Prentice-Hall, 1970）、ファースとワッシュ共著『思考は学校へ——実践におけるピアジェ理論——』（H. G. Furth and H. Wachs, *Thinking Goes to School : Paiget's Theory in Practice*, New York : Oxford University Press, 1974）、シュワーベルとラフ共著『教室におけるピアジェ』（M. Schwebel and J. Raph, eds., *Piaget in the Classroom*, New York : Basic Books, 1973）、モルレー編著『教育におけるピアジェ理論の影響——精神分析学と心理学——』（F. B. Murray, ed., *The Impact of Piagetian Theory on Education, Psychiatry and Psychology*, Baltimore : University Park Press, 1979）、ワッズワース著『教室での教師のためのピアジェ』（B. J. Wadsworth, *Piaget for the Classroom Teacher*, New York : McKay, 1977）など。

B・F・スキナー

アメリカの心理学界において、スキナーが最も影響力を持ち、また論争的な人物であることは疑いのないところである。『有機体の行動』（*The Behavior of Organisms*, New York : Appleton-Century-Crofts, 1938）と『科学と人間行動』（*Science and Human Behavior*, New York : Macmillan, 1953）は、スキナーの最も著名な業績とされている。人間行動の科学的制御に基づく理想的社会についての空想的説明を述べたのが、『ウォールデン・ツー』（*Walden Two*, New York : Macmillan, 1948）である。スキナーの最も論争的な業績は、『自由と威厳を超えて』（*Beyond Freedom and Dignity*, New York : Bantam Books, 1972）であり、そこでは現実社会の悪を正すためにはどのように行動修正を取り入れるか、またなぜ行動修正を取り入れなければならないかが説明されている。『行動主義について』（*About Behaviorism*, New York : Vintage, 1976）において、スキナーは自分に対する批判に答えている。スキナーのより専門的な業績は、論文集でもある『言語的行動』（*Verbal Behavior*, New York :

Appleton-Century-Crofts, 1957)、『強化の偶然性』（*Contingencies of Reinforcement*, New York : Appleton-Century-Crofts, 1969)、『累積的記録』（*Cumulative Record*, New York : Appleton-Century-Crofts, 1972）などに収められている。『教授工学』（*The Technology of Teaching*, New York : Appleton-Century-Crofts, 1698. 村井実・沼野一男監訳『教授工学』東洋館出版社、一九六九）において、スキナーは自らの考え方を教育に取り入れている。スキナーは、自叙伝として『私の人生』（*Particulars of My Life*, New York : McGraw-Hill, 1977）と『行動主義者の形成』（*The Shaping of a Behaviorist*, New York : Knopf, 1979）の二巻を出版した。

　スキナーに関する文献としては、エヴァンスによる『B・F・スキナー――人とその思想――』（Richard I. Evans, *B. F. Skinner : The Man and His Ideas*, New York : Holt, Rinehart and Winston, 1981）、カーペンターによる『スキナー入門』（Finley Carpenter, *The Skinner Primer*, Glencoe, Ill. : Free Press, 1974）などがある。教育活動に示唆を与えるものとしては、オレリイ夫妻による『クラス運営』（K. D. O'Leary and S. G. O'Leary, *Classroom Management*, New York : Pergamon Press, 1977）、ポッテー著『行動修正――教師のための実践的指導――』（J. A. Poteet, *Behavior Modification : A Practical Guide for Teachers*, Minneapolis : Burgess, 1973）、ステファン著『初等・中等学校における行動主義的アプローチの実践』（T. M. Stephens, *Implementing Behavioral Approaches in Elementary and Secondary Schools* Columbus, Ohio : Merrill, 1975）、『教育における行動修正』（NSSE 72nd Yearbook, *Behavioral Modification in Education*, Chicago : National Society for the Study of Education, 1972）、コールニック著『教育における人間主義あるいは行動主義』（Walter Kolesnick, *Humanism and/or Behaviorism in Education*, Boston : Allyn and Bacon, 1974）などがある。

　スキナーの行動主義に対する最も的確で一貫した批評家は、チョムスキーであった。『B・F・スキナーへの批判』における「状況を判断するために」を参照のこと（Noam Chomsky, "The Case Against B. F. Skinner," in *For Reasons of State*, New York : Pantheon Books, 1971）。また、スクリヴァンの「行動主義の哲学」（NSSE、年報七二号『教育における行動修正』、一九七二）も参照のこと（Michael Scriven, "The Philosophy of Behaviorism," in NSSE 72nd Yearbook, *Behavioral Modification in Education*, Chicago : National Society for the Study of Education, 1972)。

マリア・モンテッソーリ

モンテッソーリの著作のうち一四冊は、英語に翻訳されている。その中で最も重要なものが、『モンテッソーリ・メソッド』（*The Montessori Method*, New York : Schocken Books, 1964. 阿部真美子・白川蓉子訳『モンテッソーリ・メソッド』明治図書、一九七四）、『モンテッソーリ博士のハンドブック』（*Dr. Montessori's Own Handbook*, New York : Schocken Books, 1965. 平野智美・渡辺起世子訳『モンテッソーリ・私のハンドブック』エンデルレ書店、一九八九）、『吸収する心』（*The Absorbent Mind*, New York : Holt, Rinehart and Winston, 1967. 鼓常良訳『子どもの心』国土社、一九七一 : 菊野正隆監修／武田正實訳『創造する子ども』エンデルレ書店、一九七三）、『教育における自発的活動』（*Spontaneous Activity in Education*, New York : Schocken Books, 1965. 阿部真美子著訳『自発的活動の原理』明治図書、一九九〇）である。

モンテッソーリ・メソッドについては多くの本が書かれている。最も理解しやすい二冊は、スタンディング著『マリア・モンテッソーリ——その生涯と業績——』（E. M. Standing, *Maria Montessori : Her Life and Work*, Fresno, Calif. : Academy Guild Press, 1959. 佐藤幸江訳『モンテッソーリの発見』エンデルレ書店、一九七五）とリラード著『モンテッソーリ——最新のアプローチ——』（P. O. Lillard, *Montessori : A Modern Approach*, New York : Schocken Books, 1972. いいぎりゆき訳『なぜ、いまモンテッソーリ教育なのか』エンデルレ書店、一九七九）である。

モンテッソーリに対する歴史的視点からの適切な批評は、デューイと娘エベリーンの共著『明日の学校』（John and Evelyn Dewey's, *Schools of Tomorrow*, New York : Dutton, 1915. 杉浦宏／他訳『明日の学校教育』明治図書、一九七八）の第六章で述べられている。さらに、キルパトリック著『モンテッソーリ・メソッドの検討』（W. H. Kilpatrick, *The Montessori System Examined*, Boston : Houghton Mifflin, 1914. 平野智美他訳『モンテッソーリ法の検討』東信堂、一九九一）とランブッシュ著『学び方の学習』（Nancy Rambusch, *Learn How to Learn*,

Baltimore : Helicon Press, 1962）がある。

国内向け及び海外向けのモンテッソーリ教育に関する定期刊行物、モンテッソーリ関係の学会、モンテッソーリ教員養成コース、モンテッソーリ関係の映画と同様にモンテッソーリ教具を販売する会社がある。スタンディングの著作の巻末付録には、これらのほとんどがリストになっている。

リタ・クレーマーは洞察力に溢れた伝記『マリア・モンテッソーリ』（Rita Kramer, *Maria Montessori*, New York : Putnams, 1976. 平井久監訳『マリア・モンテッソーリ――子どもへの愛と生涯――』、新曜社、一九八一）を著している。

A・S・ニイル

A・S・ニイルは二一冊の著作を著している。最初の著作『教師のでくのぼう』（*A Dominie's Log*）は一九一五年に発表された（堀真一郎訳『クビになった教師』黎明書房、一九七六）。教師についての三冊は、ニイルの教師シリーズとしてアメリカの出版社から刊行された（*The Dominie Books of A. S. Neill*, New York : Hart, 1975）。彼の最も有名な著作は、『サマーヒル――教育への進歩的アプローチ――』（*Summerhill : A Radical Approach to Education*, New York : Hart, 1960. 霜田静志訳『人間育成の基礎』誠信書房、一九六二）、『自由の子ども』（*The Free Child*, London : Herbert Jenkins, 1949）と『自由は放縦ではない』（*Freedom－Not License!*, New York : Hart, 1966）である。（『自由の子ども』と『自由は放縦ではない』は、霜田静志・堀真一郎訳『ニイル著作集』黎明書房〔全一〇巻、一九六七～七六〕に収められている。）

ウァルムジイは、『ニイルとサマーヒル』（J. Walmsey, *Neill and Summerhill*, Baltimore : Penguin, 1969）でサマーヒル学園について書いた。シュミツァーの『サマーヒルで生きること』（H. Smitzer, *Living at Summerhill*, New York : Collier Books, 1968）、ポペノーの『サマーヒルの内側』（Joshua Popenoe, *Inside Summerhill*, New York : Hart, 1970）も参照のこと。スキデルスキーは『英国の進歩主義的学校』（R. Skidelsky, *English Progressive Schools*, Baltimore : Penguin, 1969）中で、ニイルの人と思想について適切な分析をしている。サマー

ヒル学園の歴史と分析については、ヘミングスの『子どもたちの自由』(R. Hemmings, *Children's Freedom*, New York : Schocken Books, 1973) を参照のこと。

ハートは、サマーヒルについての意見と批判をまとめた『サマーヒル——賛成意見と反対意見——』(H. Hart, *Summerhill : For and Against*, New York : Hart, 1970) を編集した。

ニイルの自叙伝としては、『ニイル！ニイル！オレンジ・ピイル！』(*Neill! Neill! Orange Peel!*, New York : Hart, 1972. 霜田静志・堀真一郎訳『ニイルのおバカさん』黎明書房、一九八三) がある。チャオールが書いたニイルの等身大の伝記『サマーヒルのニイル』(Jonathan Choall, *Neill of Summerhill*, New York : Pantheon, 1983) は、姉妹書『さようなら、ニイル——サマーヒルからの手紙——』(Jonathan Choall, *All the Best, Neill : Letters from Summerhill*, New York: Franklin Watts, 1984) と同様に、出版される以前から注目された。

カール・ロジャーズ

カール・ロジャーズは、「人間主義的心理学」の創始者の一人である。この学派の他の主要な人物としては、メイ (R. May)、少し遅れてマスロー (A. Maslow) らがいる。この運動は、現象学と呼ばれる哲学思想に基礎を置いている。行動主義者の方向づけは、人間を外的環境から与えられた刺激によって支配される消極的有機体と考える点に基礎を置くが、現象学的方向づけは、人間をすべての行為の根源であると考える点に基礎づけられていた。つまり、人間は各々の状況において、自由な選択をする存在なのである。

これら二つのアプローチについては、マン編集の『行動主義と現象学——現代心理学の対比——』(*Behaviorism and Phenomenology : Contrasting Bases for Modern Psychology*, edited by T. W. Mann, Chicago : University of Chicago Press, 1964) において探求されている。ミルホランとフォリシャ共著『スキナーからロジャーズへ——教育への対照的アプローチ——』(Frank Milhollan and Bill E. Forisha, *From Skinner to Rogers : Contrasting Approaches to Education*, London, Neb. : Professional Educators, 1972) も参照のこと。

来談者中心の療法に関するカール・ロジャーズの著作としては、『来談者中心の療法——その最新の実践・意味・

理論――』(*Client-Centered Therapy: Its Current Practice, Implications and Theory*, Boston: Houghton Mifflin, 1951. 伊東博他訳『ロジャーズ全集』岩崎学術出版社、一九六六〜七二)がある。療法についてのアプローチを人間主義的心理学へと発展させようとしたロジャーズの試みは、『人間になる時』(*On Becoming a Person*, Boston: Houghton Mifflin, 1961)、『集団感受性訓練グループにおけるカール・ロジャーズ』(*Carl Rogers on Encounter Groups*, New York: Harper & Row, 1970)、『人間の能力について――内的能力とその革新的影響――』(*On Personal Power: Inner Strength and Its Revolutionary Impact*, New York: Delacorte Press, 1977)などの著作においてたどることができる。

彼の自叙伝は、『自伝における心理学の歴史』(*A History of Psychology in Autobiography*, New York: Rusell, 1968)に収録されている。また、キッシェンバームが、『カール・ロジャーズになる時』(Howard Kirschenbaum, *On Becoming Carl Rogers*, New York: Delacorte Press, 1979)という伝記を書いている。エヴァンスは、『カール・ロジャーズ――人とその思想――』(Richard I. Evans, *Carl Rogers: The Man and His Ideas*, New York: Dutton, 1975)を出版している。その中には、ロジャーズとの対談、及びロジャーズとスキナーとの論争が収録されている。コールソンとカール・ロジャーズ共編『人間と人間の科学』(*Man and the Science of Man*, Columbus, Ohio: Merrill, 1968, edited by W. R. Coulson and Carl Rogers)は、人間主義的理論に対して極めて批判的な一部の人々が参加した会議の報告書である。

ロジャーズの『学ぶ自由』(*Freedom to Learn*, Columbus, Ohio: Merrill, 1969, 1983)は、二版を重ねている。人間主義的教育をテーマにした本も、最近数多く出版されている。その中には、以下の著作も含まれる。教育研究に関するフィ・デルタ・カッパ・シンポジウムによる『人間主義教育――現実と展望――』(Phi Delta Kappa Symposium on Education Research, *Humanistic Education: Visions and Realities*, Berkeley, Calif.: McCutcheon, 1977)、ブラウン著『人間的学習のための人間的教授』(George I. Brown, *Human Teaching for Human Learning*, New York: Viking Press, 1971)、ウェスティンとファンティーニ共編『人間主義的教育の建設――共感のカリキュラム――』(Gerald Weinstein and Mario D. Fantini, eds., *Toward Humanistic Education: A*

Curriculum of Affects, New York : Praeger, 1970)、リードとシモン共著『人間主義的教育』(Donald C. Read and Sidney B. Simon, *Humanistic Education Sourcebook*, Englewood Cliffs, N. J. : Prentice-Hall, 1975) などである。

人間主義教育国民連合（ＮＣＨＥ）はテキサス州ダラスに本部を置く。一九七五年発刊の『教職員連盟ジャーナル』はその書名を『人間主義的教育者』（*The Humanistic Educator*）に変更し、人間主義的教育についての理論的研究、及びその適用に関する論文を出版している。

訳者あとがき

本書はHenry J. Perkinson, Learning From Our Mistakes: Reinterpretation of Twentieth-Century Educational Theory. Contribution to the Study of Education, Number 14, Greenwood Press, 1984の全訳である。著者のヘンリー・J・パーキンソンはニューヨーク大学の教育史の教授で、アメリカ教育史学会会長の要職を務めた著名な学者である。これまでに刊行された主要著作には『万能薬の欠陥』(The Imperfect Panacea, 1968)、『誤りの可能性』(The Possibilities of Errors, 1980)、『ソクラテス以降』(Since Socrates, 1980)、『アメリカ教育思想の二百年』(Two Hundred Years of American Educational Thought, 1987)などがある。

最近では、コミュニケーション・メディアの衝撃に関する次の著作を刊行している。『困難を乗り切る――テレビと道徳的進歩』(Getting Better: Television and Moral Progress, 1991)、『目標なき教師・目的なき学生』(Teachers Without Goals / Students Without Purposes. 1993)、『事態はいかにして改善されたか――演説、執筆、印刷と文化の変化』(How Things Got Better: Speech, Writing, Printing, and Cultural Change, 1955)、『数は危険――コンピューターはいかに全てのものを数量化し、人々に危害を及ぼしたか』(No Safety in Numbers: How the Computer Quantified Everything and Made People Risk-Aversive, 1996)。その他「ハーバード大学教育評論」「季刊教育史学」「教育大学研究論集」などに多くの論文を寄稿している。

パーキンソンが本書を執筆した直接的な動機は、彼が師と仰ぐカール・ポパー（Karl R.Popper, 1902-1994）が自然科学、社会科学および政治哲学の分野において展開した「批判的合理主義」（Criticalcal Rationalism）の思想を教育（学）的に解釈することであった。まず本書の背景の骨格をなしているポパーの思想について見てみよう。以下は、小河原誠氏の力作『ポパー――批判的合理主義』（「現代思想の冒険者たち 第一四巻」講談社、一九九七年）に依拠して、パーキンソンの本書に関係するポパーの思想の中心部分をまとめてみよう。

批判的合理主義は、人間の認識とそれによって構築された理論（知）は絶えざる反駁から発展してきたと考える思想である。ポパーによれば、人間の認識と知識はすべて誤り得るので反駁に開かれた暫定的なドグマの体系にすぎない。したがって、反駁（批判）を甘受して知の誤謬を明らかにし、よりよいものへ改善していくことが大切である。

その反駁の過程は、パーキンソンが本書の第一部・第二章・第三節で図式化して述べているように、問題状況（P_1）でいくつかの解決案である暫定的理論（TT）を試行的に提出し、その誤りを排除（淘汰）（EE）し、批判に生き残ったものを暫定的に保持することで、新しい問題（P_2）に立ち向かっていく過程（試行錯誤）である。それはまたフィードバックの過程といえる。ここには、暫定的理論（解決案）同士の相互競争という批判的＝合理的な等式が含まれている。

この過程にはまたダーウィンを初めとする「進化論的認識論」が含まれている。それはすべての知識はそれ以前の知識の修正であるが、その修正は進化の結果として自然の過程の所産であるという主張であり、認識論を自然主義的に把握しようとする試みである。認識に対してその存在形態より、変化形態を重視するのが進化論的認識論である。この立場から、ポパーは生物の進化もまた人間が創造した知識もともに問題解決的図式（試行錯誤）に従うと考える。生物における突然変異体の出現には、新しい仮説の出現が、淘汰には仮説の批判的除去の過程が、適応すべき環境には問題状況が各々対応づけられる。

次は、ポパーの教育への関心である。ポパーは教育（学）に関する著作や論文は著していないが、ポパーの青年期における「学校改革運動」への実践的関与は、彼の思想形成に多くの影響を及ぼしている。ポパーは一九一九年、個人心理学の創始者アドラー（A. Adler, 1870-1937）の「児童相談所」を通じて、ウィーンの学校改革運動の実践に参加して多くの問題に関心を持ったが、なかでも特に関心を抱いたのは、子どもの学習に関する心理学的理論であった。そして一九二五年から約三年間、ポパーはウィーンの「心理学研究所」で哲学・心理学者ビューラー（K. Bühler, 1879-1963）から心理学を学び、一九二八年には博士論文を提出した。

当時の学校改革運動は、政治の右傾化に抗する先鋭な政治運動でもあり、同時に心理学と哲学をめぐる闘争でもあった。この運動には、後年ポパーの論敵の一人でもあったウィトゲンシュタイン（L. J.L. Wittgenstein, 1889-1951）も小学校教師として参加していた。そして、両者ともこの運動の理論的支柱であったビューラーの心理学理論から大きな影響を受けた。

また学校改革運動の闘争対象は、当時ヨーロッパ各国の教育界を席巻していた教育学の創始者ヘルバルト（J.F. Herbart, 1776-1841）学派たちの教育学理論であった。彼らは一九世紀オーストリアの哲学界、教育界を圧倒的に支配しており、ハプスブルク統治下の権威主義的教育体制を理論的に補完していたのである。

ヘルバルト学派の教育学理論は、人間の精神は知識を受動的に受け入れる容器――ポパーが「精神のバケツ理論」と呼んだもの――に過ぎなかった。人間とりわけ生徒の能動性、自発性は否定されて、生徒は機械的な反復練習によって観念を連合させて知識を蓄積していく受動的な存在と考えられていた。生徒はひたすら教師から伝達される知識を暗記すればよかったのである。討論や作業による生徒の主体的学習は無視されていた。

さらに、学校改革運動が戦った対象が、マッハ（E. Mach, 18338-1916）の哲学とヒューム（D. Hume, 1711-1776）、ロック（J. Locke, 1632-1704）の哲学に源流をもち、とりわけマッハ哲学の影響を受けた論理実証主義の哲学であった。その思想は存在するものは感覚のみとする感覚一元論である。この哲学によれば、人間のもつ観念は視覚とか触覚などの感覚器官を通じて受容するさまざまな感覚印象の経験の連合によって構成される。ロックの言う精神は「白紙」であり、そこに感覚印象の経験が知識として書き込まれるのである。これは、教師が生徒に感覚印象に相当する教材を提供し、それを特定の方法で連合させる、というヘルバルト教育学理論を基礎づけた心理学の基本に外ならなかった。

これに対して、ビューラーの心理学理論の中心は、感覚印象よりも、それらを整え秩序づける枠組み（観念）の優位を主張する理論である。感覚印象から観念が構成されるのではなく、観念（既知の知識）が感覚印象を体系化しまとめあげる、という理論である。換言すれば、ビューラーの心理学理論は、観念は感覚印象から受動的に構成されるのではなく、反対にそれらに先行するのである。学校改革運動との関連で言えば、生徒の知的能動性、自発性の強調である。それは、生徒を受身の存在者として見なして、生徒の知的能動性を認めない従来の心理学とそれに依拠した教育学理論を根本から批判するものであった。以上のように、本書の著者パーキンソンにはポパーの深遠で鋭い思想の骨格が背景にある。

次に、本書の内容の特色について述べてみよう。パーキンソンは本書の書名を『誤りからの学習――二〇世紀教育理論の再解釈』とした。主題も副題も極めて新鮮で漸進的である。輻輳して多岐にわたる二〇世紀の教育理論を、その一つの理論に精通することすら大変な仕事であるが、多くの代表者――ピアジェ、スキナー、モンテッソーリ、ニイル、ロジャーズ――たちの著作を余すところなく丹念に査読し、しかも代表者たちの深遠な理論の核心を特定の視点から「再解釈」することは至難の業である。それを本書においてパーキンソンは見事にやり遂げたのである。私たちはパーキンソンの偉業に敬服するほかない。パーキンソンをしてこの偉業をやり遂げさせたのは、本書の主題である「誤りからの学習」が、今日、全世界の教育（学）界で注目されているテーマであり、その意義を解明することが焦眉の課題であると彼が自覚したからである。

第二は、「序文」に見るように、パーキンソンが二〇世紀を代表する教育論のすべてに、すでに「誤りからの学習」という「進化論的認識論」が終始一貫していたことを見抜いたことである。私たちは上記の代表者たちの一人か二人の教育理論に「誤りからの学習」の強調を読み取っていたかもしれない。だが代表者たちすべての教育理論にそのことを十分に把握してはいなかったのではなかろうか。まして、パーキンソンのように、ポパーの科学的理論に裏づけられた「誤りからの学習」の意義は理解していなかったのである。私たちはパーキンソンの指摘によって、初めてこのことを知り得たのである。

第三は、パーキンソンの人間とくに子どもへの深い暖かい愛情と教育への信頼である。私たち人間は誤りを犯す存在である。誤りを排除することで、私たち人間は成長し、私たちの文化も知識も成長する、というパーキンソンの言葉は、私たちの心の琴線に触れる。試行錯誤の過程を通して誤りを排除する。その過程の中で人間は批判的精神と主体性を身につけて成長するという思想は、教育の新しい把握であり、教育の新しい構築への提言である。それは教育目的、教育内容、教育方法、教師の役割、生徒の役割など、教育過程全体の新しい構築を意味する。パーキンソンが指摘するように、今日の教育は依然として伝達という教育の隠喩に拘束されており、生徒は知識の受容者として見なされているからである。

最後は、わが国の教育改革への示唆である。「生きる力」「個性重視」をスローガンとする今日のわが国の教育改革は、教育実践においては、児童・生徒の「自ら学ぶ関心・意欲・態度」「自己学習力・自己教育力」「主体的な思考力・判断力・表現力」の育成である。こうした教育改革の理念は、世界的に見れば二〇世紀初頭からの「新教育・改革教育」の理念であり、すでに世界各国の教育改革においてかなり実践されてきたが、それは十分な成果を収めることはできなかった。伝統的な「伝達」としての教育の理念が早急には払拭されなかったことと、特に教育改革を基礎づける教育哲学が欠落していたからである。この点はわが国においては顕著である。パーキンソンが本書において論じている内容は、わが国の教育改革を実現するための理論的・実践的指針となるであろう。

訳出にあたっては、まず訳者各自が全訳を行い相互に訳文を検討して訳語の統一をはかり、次に訳文の全体的な調整を平野が行った。できるかぎり原文に忠実にしかも平易な表現にするように心がけたが、不適切な訳語や思わぬ誤りがあるかと思う。読者の方々からのご指導とご批判をいただければ幸いである。また、著者が各章で引用しているおびただしい文献は、すでに邦訳されているものが多くあるので、邦訳書を参照して引用した部分が多くある。訳者と出版社に感謝を申し上げたい。

終わりに、出版事情の困難なときにもかかわらず、本書の刊行をご快諾くださった勁草書房、ならびに終始、細部にいたるまで適切な助言を惜しまれなかった編集部の伊藤真由美氏に心から感謝したい。

二〇〇〇年二月

平野智美

索　　引（人名、事項）

あ　行

か　行

さ　行

訳者略歴

平野智美（ひらの　ともみ）
1932年生まれ。
1961年、広島大学大学院教育学研究科博士課程教育学専攻修了。
教育哲学・教育思想専攻　上智大学名誉教授　教育学博士（広島大学）
主著　『人間形成の思想』編著（学習研究社）
訳書　『現代のドイツ教育哲学』（東信堂）

五十嵐敦子（いがらし　あつこ）
1954年生まれ。
1988年、上智大学大学院文学研究科博士後期課程教育学専攻修了。
教育哲学・幼児教育学専攻　実践女子短期大学講師
主著　『教育の理論』共著（八千代出版）
論文　「フレーベルの教育理論とモンテッソーリ教育理論の再検討」（『保育学年報』日本保育学会　1989）

中山幸夫（なかやま　ゆきお）
1956年生まれ。
1984年、上智大学大学院文学研究科後期博士課程教育学専攻修了。
教育哲学・教育方法学専攻　敬愛大学助教授
主著　『教育方法・技術』共著（八千代出版）
訳書　『モンテッソーリ教育のすべて』共訳（東信堂）

誤りから学ぶ教育に向けて　20世紀教育理論の再解釈

2000年7月10日　第1版第1刷発行

著　者　H・J・パーキンソン

訳　者　平野智美
五十嵐敦子
中山幸夫

発行者　井村寿人

発行所　株式会社　勁《けい》草《そう》書房

112-0005 東京都文京区水道2-1-1　振替 00150-2-175253
（編集）電話 03-3815-5277／FAX 03-3814-6968
（営業）電話 03-3814-6861／FAX 03-3814-6854

三協美術印刷・和田製本

ISBN 4-326-29866-9

http://www.keisoshobo.co.jp